高等院校公共管理教材新系

非营利组织财务管理

莫冬燕　编著

东北财经大学出版社
Dongbei University of Finance & Economics Press
大　连

图书在版编目（CIP）数据

非营利组织财务管理 / 莫冬燕编著. —大连：东北财经大学出版社，2018.6

（高等院校公共管理教材新系）

ISBN 978-7-5654-3149-4

Ⅰ. 非… Ⅱ. 莫… Ⅲ. 非营利组织-财务管理-高等学校-教材 Ⅳ. F235

中国版本图书馆CIP数据核字（2018）第088328号

东北财经大学出版社出版

（大连市黑石礁尖山街217号　邮政编码　116025）

网　　址：http://www.dufep.cn

读者信箱：dufep@dufe.edu.cn

大连永盛印业有限公司印刷　东北财经大学出版社发行

幅面尺寸：170mm×240mm　字数：331千字　印张：16

2018年6月第1版　2018年6月第1次印刷

责任编辑：时　博　王　斌　责任校对：王　娟

封面设计：张智波　版式设计：钟福建

定价：38.00元

教学支持　售后服务　联系电话：（0411）84710309

如有印装质量问题，请联系营销部：（0411）84710711

前　　言

非营利组织是近代西方社会科学研究的热点话题，随着非营利组织数量的骤增、规模的扩大及社会责任的日益加重，非营利组织财务管理逐渐成为实务界与理论界关注的重点问题。党的十八大报告在谈到加快推进社会体制改革时明确要求加快形成政社分开、权责明确、依法自治的现代社会组织体制；十九大报告在提及打造共建共治共享的社会治理格局中，强调加强社区治理体系建设，推动社会治理重心向基层下移，发挥社会组织作用，实现政府治理和社会调节、居民自治良性互动。建立现代社会组织体制，促进社会组织健康有序发展与非营利组织的发展息息相关。改革开放以来，中国的非营利组织取得了显著的发展成效，在经济社会发展中起到了举足轻重的作用。然而，财务管理问题长期以来在非营利组织中受到忽视，非营利组织的财务管理水平远远落后于非营利组织自身的发展，诸多非营利组织因财务方面的问题延缓了发展的脚步，甚至因为财务管理的种种问题而难以持续经营。非营利组织财务管理研究的勃兴，要求非营利组织财务管理学科体系必须与时俱进，这本教材的编著就是在这一想法的基础之上所产生的。

目前，国内外关于非营利组织财务管理的教材还没有形成一整套的学科体系，大多数的教材均将非营利组织财务管理作为非营利组织管理学的一章或一节进行粗略的分析和讲解，缺乏细致微观的分析，导致非营利组织财务管理依旧没有完整成型的体系展现在读者面前。非营利组织财务管理作为非营利组织在运作过程中涉及的所有资金管理事务，包括民间非营利组织的资金来源管理、资金支出管理、资金管理涉及的内部控制、审计监督等事务，在现实的工作活动开展中，亟需有成熟的理论来指导、完备的经验来参照方能实现财务管理的战略目标。因此，细化非营利组织财务管理知识，对于未来更好地推动我国非营利组织的健康协调发展有着显著的指导价值。

本教材共包括十章内容。第一章重点探讨了非营利组织的缘起与发展，目的是让读者更加清楚地理解什么是非营利组织和非营利组织的特点、性质等相关内容；第二到第十章分别是非营利组织财务管理涉及的基础概念、预算管理、日常资金管理、项目资金管理、筹资管理、投资管理、财务报告与分析、财务绩效评估、财务监督等基础内容，目的是让读者对非营利组织财务管理的基本知识从理论上形成全面的认识，掌握财务管理的关键技术和方法，以期为未来非营利组织工作的开展提供理论指导与实践操作。

本教材遵循“顶天立地”的编著原则，具有三个方面的特色和创新：第一，强调理论与实践的紧密结合。本教材设置了相应的案例作为“阅读拓展”，以此进行理论范畴的应用拓展，能够强化读者对理论知识点的理解，使得财务管理的技术、方法和会计核算不再是单纯的理论说明，而是做到理论联系实际，让读者更能清楚地理解、掌握并在实际工作中熟练应用。第二，多学科知识的紧密融合。区别于一般性财务管理的有关内容，本教材综合运用管理学、经济学、社会学、政治学等学科内涵，尽可能体现财务管理与公共管理的特色，从非营利组织的角度探寻财务管理的内容，丰富了读者的眼界，有助于更加深入地理解非营利组织财务管理的内涵和属性。第三，注重时效性与前瞻性的紧密结合。本教材部分章节所涉及的具体问题与完善措施等内容均是目前非营利组织工作开展中所面临的具体情况，对于未来非营利组织的发展具有提示作用和预警优势；此外，本教材注重尝试一种内容体系上的创新，严格区别于营利组织的财务管理，并且密切关注国内外相关研究成果，挖掘成果之精华，具有时效性与前瞻性的创新特色。

本教材由莫冬燕编著，负责全书写作大纲的拟定和编写的组织工作，并对全书进行了总纂。具体分工为：第一、二、九、十章由莫冬燕编写；第三、四章由张明斗编写；第五、六章由马笛编写；第七、八章由陈倩编写。

本教材具有一定的研究性和较强的应用性，可作为公共事业管理、行政管理、劳动与社会保障、财务管理、会计学、城市管理等专业（方向）的本科生和研究生的教材或参考书，也可作为非营利组织财务管理知识培训和非营利组织实际工作者自学的辅导教材。

在本教材编著过程中，参考并引用了大量的国内外资料，因篇幅所限，不能一一列出作者姓名，在此向所有资料的作者表示诚挚的谢意。

由于作者的水平有限，教材中不成熟和值得商榷的地方在所难免，真诚地希望广大读者提出宝贵意见，以便今后进一步修订和完善。

莫冬燕

2018 年 3 月

目　录

第一章　非营利组织的缘起与发展

学习目标：通过本章学习，能够充分理解并掌握非营利组织的产生背景、发展历程和基本概念；了解国内外学者对于非营利组织的不同观点，以及在不同文化社会背景下对于非营利组织的定义；熟悉中国非营利组织发展中所面临的现实困境和自身的不足之处。

第一节　传统民间组织的演变

一、西方民间组织的兴起和发展

在西方，近代社会以来的发展是与各种形式的结社、社团活动紧密联系在一起的。欧洲各国在其近代化的过程中涌现出许多具有公共性质和公共职能的社团，一些国家还以立法的形式规范并保障这些社团的权利，如英国在17世纪初就颁布了著名的《慈善法》。[①]在美国，由于受到基督教传统和移民社会传统的影响，组建社团、参与社团活动从很早开始就成为美国社会的基本生活方式，各种形式的民间社团甚至先于国家而出现，法国思想家托克维尔对此评论道："美国人不论年龄有多大，不论处于什么地位，不论志趣是什么，无不时时在组织社团。在美国，不仅有人人都可以组织的工商社团，而且还有其他成千上万的团体。既有宗教团体，又有道德团体，既有十分认真的团体，又有非常无聊的团体，既有非常一般的团体，又有非常特殊的团体，既有规模庞大的团体，也有规模甚小的团体。"[②]这使得美国社会充满了各种各样的民间结社组织并构成其公民社会得以繁荣的基础。19世纪末20世纪初，英国、美国和其他一些主要资本主义国家的民间组织得到初步发展。资本主义进入成熟期以后，民间组织的数量、活动范围和影响力日增，在各国社会、经济的发展中扮演着越来越重要的角色，并开始活跃在国际舞台上。

第二次世界大战后，民间组织发展势头更加迅猛。从20世纪60年代到现在，西方国家民间组织的产生、发展经历了三个阶段：

（1）20世纪五六十年代，它们着重于贫民的救济和基本福利，以及卫生保健和教育事业。民间组织主要涉及人权、环境、和平等关系人类发展的重要领域并发挥了重大影响力，如开展战争救助的国际红十字会、救助城市贫民的救世军、救助

---

① 王名．中国非营利评论：第一卷［M］．北京：社会科学文献出版社，2007.
② 托克维尔．论美国的民主（下）［M］．董果良，译．北京：商务印书馆，1988.

贫困儿童的救助儿童会等慈善组织，以及塞奇基金会、卡内基基金会、洛克菲勒基金会等民间救助机构。

（2）20 世纪七八十年代，它们主要致力于通过组织和动员发展中国家的当地资源去培育当地的自助活动，它们在发展中国家的活动优先考虑和逐步转向消除贫困事业。

（3）20 世纪 80 年代以来，这些组织不仅要解决各种社会总量的症状，更重要的是它们还试图解决产生问题的根源，希望创造一种制度环境，把尽可能多的人动员起来，为争取更好的明天而奋斗。[①]如此庞大的民间组织，它们的影响力也日益强劲，尤其在诸如动物权利、全球效应、种族歧视等公共议题方面，发挥着举足轻重的作用。在一些发达国家，民间组织的活动范围不仅包括积极参与社区建设、地区自治、公共政策的制定和执行等区域性公共事务，还积极参与国际决策，解决各种全球性问题。因而，这些国家的民间组织已经成为全球化时代国际治理的一支越来越重要的力量。

在经历了这三个发展阶段之后，西方国家的民间组织现已呈现出蓬勃发展之势，且影响大，活动范围广，社会功能突出。

二、中国民间组织的兴起和发展

在我国传统社会中，长期存在着具有一定数量的民间会、社组织，如“善堂”“善会”“合会”“讲学会”“诗文社”等，这些不同形式的民间会、社组织，在一定意义上可以说是我国现代民间组织的历史源流。20 世纪以来，受到西方文明的影响，相对独立于国家的现代民间组织开始活跃起来。20 世纪初到 1949 年中华人民共和国成立前是我国处在各种势力相互争夺的半殖民地半封建的特殊历史时期，在这一时期，我国社会出现了大量的民间组织，如各种“会馆”“行会”“合作社”“学联”“棋会”等，为了规范民间组织管理，1932 年 10 月，国民党政府曾经公布过一部名为《修正民众团体组织方案》的法规，这可能是我国历史上第一部有关民间组织的专门法规。此后，中国共产党领导的边区政府曾于 1942 年颁布了《陕甘宁边区民众社团组织纲要》以及《陕甘宁边区民众社团登记办法》，对当时的民间组织进行规范和管理。

从我国民间组织发展的总体过程来看，1949 年以后大致经历了四个阶段：（1）第一个阶段是从 1949 年到 1966 年的初始发展阶段。这一阶段出于政治吸纳的需要建立了青联、妇联、工商联、科协等大型的人民团体和大量学术性、文艺类社会团体。（2）第二阶段是从 1966 年到 1978 年的停滞期。这一阶段政府为了实现权力的高度集中，几乎没有成立新的社会团体。（3）第三阶段是从 1978 年到 1995 年的快速发展期，这一阶段我国实行了改革开放的政策，为了适应新形势的需要，社会团体大量涌现，特别是行业协会、基金会发展非常迅速。（4）第四阶段是从

---

③ 王绍光. 多元与统一——第三部门国际比较研究［M］. 杭州：浙江人民出版社，1999.

1995年至今，与前几个阶段相比，民间组织在这个阶段的实质性变化最大，活跃程度和社会影响最高，自上而下的民间组织也由隐性走向显性，民间组织在社会经济乃至政治发展中扮演了新角色。在我国公民社会中产生和发展起来的这些民间组织，拥有不断增长的社会基础和社会空间，而且力图相对独立于国家，与传统社会中存在的民间组织或民间社会有很大的不同。在传统社会，民间组织或民间社会是存在于国家权力边缘之外的空间和组织，其生存和发展的空间完全取决于国家权力的边界。[①] 当然，目前我国民间组织的规模还是不如欧美国家和地区民间组织发达，还没有像它们那样形成一个完全独立的第三部门，但是其发展趋势是完全可能成为独立、自治的非政府性社会组织。

第二节　非营利组织的内涵、性质与分类

一、非营利组织的内涵

（一）非营利组织的定义

非营利组织（non-profit organization，NPO）是在1967年美国的税法中首次提出的，最初是指免税机构，是除政府和企业之外的、不以营利为目的的组织的总称。根据美国会计协会（American Accounting Association，AAA）在“非营利组织会计实务委员会报告”（Report of Committee on Accounting Practice of Non-for-profit Organization）中对“非营利”的定义，一个非营利组织应同时具备以下四个条件：（1）无营利的动机；（2）无个人或个别拥有组织的权益股份或所有权；（3）组织的权益或所有权不得任意出售或交换；（4）通常都不可以任何方式给予资金捐助者或赞助人财务上的受益。

目前，西方学者对非营利组织最具代表性的称谓就是“non-profit organization”，这个概念的界定是由美国约翰·霍普金斯大学（The Johns Hopkins University）非营利组织比较研究中心的莱斯特·萨拉蒙教授（Lester M.Salamon）与海尔姆特·安海尔（Helmut Anheier）在1997年提出的。两位学者提出了“五特征说”用以界定非营利组织，即认为具备以下五种特征的组织，都可以归类为非营利组织：（1）组织性，即此类机构需要经过合法注册，并具有明确的章程、制度和固定的组织形式及组成人员；（2）非政府性，即这类组织必须在制度上和政府机构相分离，具有民间性的特点；（3）非营利性，即该组织不以营利为目的，受到法律和道德的双重约束，不得在组织成员间进行剩余利润的分配，股东或组织成员对物质资产具有公开使用权，但没有对资产利益索取的权利；（4）自治性，即该组织能够自我管理，具有相对独立的人事任免权以及决策和执行能力；（5）志愿性，即成员自愿加入该组织，其为组织服务的行为，包括一定程度的时间、精力和资金的付

① 王名．中国非营利评论：第一卷［M］．北京：社会科学文献出版社，2007.

出与捐献均出于自愿。

非营利组织这个概念原本是西方的产物，目前在中国对它的内涵、外延以及概念的解释还没有达成共识。根据国外对非营利组织的定义和清华大学 NGO 研究所所长王名先生编著的《非营利组织管理概论》一书，结合我国实际情况，这里从四个方面全面界定我国的非营利组织：

（1）基本属性：非营利组织是指在政府部门和以营利为目的的企业（即市场部门）之外的，不以营利为目的、从事公益事业的一切志愿团体、社会组织或民间协会。基本属性包括：组织性，即有一定的组织机构，是根据国家法律注册的独立法人；民间性，既不是政府及其附属机构，也不隶属于政府或受其支配；非营利性，即不以营利为目的，不进行利润分配；自治性，即非营利组织有不受外部控制的内部管理程序，能够进行自我管理；自愿性，即成员的参加和资源的集中不是强制性的，而是自愿的；公益性，即组织服务于某些公益目的并为社会公众奉献。

（2）活动领域：环境保护、扶贫发展、权益保护、社区服务、经济中介、慈善救济、维护和平、学术交流、文化娱乐、教育评估、艺术鉴赏等。

（3）分类：会员制组织和非会员制组织，前者主要包括互益型组织与公益型组织，后者则包括运作型组织和实体型社会服务机构。

（4）地位：把非营利组织叫作第三部门是相对于作为第一部门的国家体系和作为第二部门的市场体系而言的。但实际上，非营利组织无论作为整体还是个体，在规模上、构成上、能量上都难以与政府、企业相抗衡，因而在它们彼此之间还难以形成真正平等的相互关系，这一点在我国表现得尤为突出。

（二）相关概念辨析

1. 民间组织

民间组织这一概念突出了公民社会组织的民间性。作为公民社会主体的民间组织，指的是有着共同利益追求的公民自愿组成的非营利性社团。它有以下四个显著的特点：（1）非政府性，即这些组织是以民间的形式出现的，不代表政府或国家的立场；（2）非营利，即它们不把获取利润当作生存的主要目的，而通常把提供公益和公共服务当作其主要目标；（3）相对独立性，即它们拥有自己的组织机制和管理机制，有独立的经济来源，无论在政治上、管理上，还是在财政上，它们都在相当程度上独立于政府；（4）自愿性，参加公民社会组织的成员都不是强迫的，而完全是自愿的。民间组织的这些特征，使得它们明显地区别于政府机关和企业组织。此外，民间组织还具有非政党性和非宗教性的特征，即不以取得政权为主要目标，也不从事传教活动，因而政党组织和宗教组织不属于民间组织的范围。①

2. 志愿者组织

英国组织学学者大卫·比利斯（David Billis）、美国学者拉夫·克雷默（Ralph M.Kramer）等人把非营利组织叫作“志愿者组织”（volunteer organization）或“志

① 俞可平. 中国公民社会：概念、分类与制度环境［J］. 中国社会科学，2006，（1）：109-122，207-208.

愿部门”（voluntary sector），强调组织的运作与管理主要依靠志愿者们（volunteers）在时间、精力和资金方面的投入；加拿大著名管理学者埃里奥特·杰奎斯（Elliott Jaques）对非营利组织的表述是“辅助性活动”（auxiliary function），从非营利组织的社会地位和主要功能的视角，强调其在当代西方社会生活中发挥的作用，是对政府管理与市场活动的补充，相对于政府部门和企业部门，其运营行为具有辅助性作用。

3. 非政府组织

被称为“美国的良心”的美国学者诺曼·卡曾斯（Norman Cousins）、英国著名公共管理学者克里斯托弗·胡德（Christopher Hood）等人则称非营利组织为“非政府组织”（non-governmental organization，NGO），从政治学的角度来描述就是以促进经济社会发展为主要任务的民间组织，NGO 的概念通常被用于定义发展中国家的该类机构。但在中国的语境中，这一概念可能产生两种正好相反的歧义：一是认为只有那些重要的、正式的民间组织，才属于公民社会的范畴。因为非政府组织这一概念最初引入中国，与联合国宪章中涉及的国家间非政府组织在联合国的地位与作用相关，国家间的非政府组织往往是十分正规的，并经过政府的正式批准，而大量存在于社会中的非正式组织有可能被许多人排除在“非政府组织”视野之外。二是把“非政府组织”的“非政府性”理解成与政府没有关系，甚至理解为与政府对立。然而耐人寻味的是，在中国的现实生活中，那些最重要的“非政府组织”恰恰与政府的关系最密切，有些直接就是“政府的非政府组织”（governmental non-government organization）。

4. 慈善组织和中介组织

澳大利亚学者乔瑟夫·布特勒（Joseph Butler），英国学者约翰·威尔森（John Wilson）、阿诺德·古林（Arnold Gurin）①、范·蒂尔（Van Thiel）等人则把非营利组织称为“慈善组织”（charity organization），他们从资金来源的角度侧重强调这些组织的运营主要依靠私人慈善性捐款；肯德尔·杰瑞米（Kendall Jeremy）和纳普·马丁（Knapp Martin）称非营利组织为“免税组织”（duty-free organization），从政策层面界定非营利组织，强调国家税法应给予这些组织免税待遇，并按照相关政策法规提供某些特殊的资金、技术支持；海德利·罗德尼（Hedley Rodney）称非营利组织为“中介组织”（intermediary organization），从经济学视角强调非营利组织的一种中介纽带作用，是政府、单位和个人之间以及单位与单位、个人与个人之间的“非行政联结”纽带，非营利机构组成了介于国家、地区和文化之间的特殊桥梁。

5. 第三部门

美国学者西奥多·莱维特（Theodore Levitt）提出“第三部门”（the third sector）

① 阿诺德·古林（Arnold Gurin），美国社会工作教育家，1917 年 12 月 5 日出生于纽约。1937 年获得纽约市立大学理学学士学位；1943 年获得哥伦比亚大学理学硕士学位；1965 年获得密歇根大学哲学博士学位。

的概念。“第三部门”是一个较为宽泛的说法，属于社会学和经济学名词，既是非营利组织（NPO）的同义表述，也是非政府组织（NGO）、志愿性社会机构（voluntary sector）的同义表述，通常第三部门泛指能够自我管理的、私人的或民间的、非营利的职业组织，这类组织不分配利润给股东或董事，而是在政府机关之外关心公共福利，追求公益目标，因此对其有特殊的相关法律和政策规定。从这个概念的内涵来看，“第三部门”实际上即“非营利组织”，这一说法强调的是该部门相对于第一部门（the first sector）或称公部门（public sector）——政府和第二部门（the second sector）或称私部门（private sector）——企业（在西方主要是私人企业）的独立性。也就是说，那些相对于政府和企业独立运营开展活动的，以服务公众为宗旨，不以营利为目的，其所得不为任何个人谋取私利的机构，都可以称为第三部门。第三部门的提法，实际上是把非营利组织看作与政府机构和市场相平行的组织形态，其前提条件有两个：公私领域充分发育和二者界限清晰划分，即有限的政府职能和较为完善的市场机制。在这两个条件下把非营利组织作为制度空间中解决公共事务的第三种形态。

6. 群众团体或人民团体

群众团体或人民团体是中国现存体制下特定的政治概念，它主要指中国共产党直接领导下的工会、青年团和妇女联合会，以及其他少数特殊的团体，如中国残疾人联合会、中国文学艺术家联合会、中国科学技术协会等。这些组织的主要特征是，具有很强的政治和行政色彩，同行政机关一样，有相应的行政级别，其领导机关与各级政府机构同设，由国家给予正式的编制，并且通常承担一定的行政管理职能。其实，从其职能和性质来看，它们更像是政府组织，而不是非政府组织。“群众团体”或“人民团体”这些概念，有时也宽泛地指所有非政府的社会组织，但由于约定俗成的原因，它的特殊含义已经深入人心。此外，在中国政治的现实语境中，“群众”或“人民”通常是政治性很强的概念，指那些得到党和政府认可的多数公民。

（三）非营利组织的性质

非营利性、非政府性、公益性是非营利组织的三个基本特征。

1. 非营利性

非营利性是非营利组织的第一个显著特征，在市场经济条件下，企业都是以营利为目的的，因此，非营利性也是非营利组织与企业相区别的根本属性。非营利组织的非营利性可以概括为以下三个方面：

（1）非营利组织不以营利为目的。企业虽千差万别，但是其本质都是以营利为目的，其宗旨也是通过营利来实现自身的利益，而非营利组织则不同，它并不是想通过营利来达到扩大组织生产或者规模的目的，而是通过其活动来实现整个社会的公共利益。

（2）非营利组织不能将剩余收入（利润）进行分配（分红）。非营利组织可以开展一定形式的经营性活动，这些活动可能会产生超出经营成本的剩余收入，对于企业而言，这些剩余收入完全可以在投资者之间进行分配，但是非营利组织不能将任何剩余收入在成员之间进行分配，而只能用于该组织开展的其他活动或者组织自身的发展。

（3）非营利组织不得采用任何形式将组织的资产转变为私人财产。企业的资产所有权是属于企业的所有者，产权界定十分明确。非营利组织的资产从严格意义上来讲不属于组织，也不属于捐赠者，而是一种“公益或互益资产”，由社会掌握。因此，非营利组织其实是作为受托人来行使公益资产的所有权。如果非营利组织发生解散或者破产的情况，那么其剩余资产是不能像企业那样在成员之间进行分配的，而是转交给其他非营利组织或者政府。

2. 非政府性

非政府性是非营利组织的第二个基本特征，也是非营利组织与政府相区别的根本属性。相对于企业来说，非营利组织与政府有一个共同属性，就是它们都隶属于社会的公共部门，而非营利组织与政府又有不同之处，它们是非政府的社会组织，不是政府机构及其附属。非营利组织的非政府性可以概括为以下三个方面：

（1）非营利组织是一种独立自主的自治组织。尽管各级政府以及职能部门之间各有分工，但是不能实现完全的独立，否则就难以实现国家的战略目标与任务。而非营利组织则是相互独立的自治组织，它们既不是政府的一部分也不是企业的一部分，而是独立的社会组织，有自己独立的决策、行动力。

（2）非营利组织是一种自下而上的民间组织。为了实现整个国家的意志以及作为国家政权的必要组织形式，政府权力的行使及组成原则都是自上而下的金字塔式的结构，而非营利组织则无法同政府一样自上而下地行使权力，它们通过横向的社会网络联系广大的社会公众，形成了自下而上的民间组织。

（3）非营利组织是一种竞争性的公共部门。政府作为公共部门，无论是社会资源的获取还是各种公共服务的提供，采取的都是垄断性的方式。而非营利组织则与其不同，它们采取竞争性的手段来获取资源和提供竞争性的公共物品。

3. 公益性

非营利组织的志愿公益性可以概括为以下三个方面：

（1）志愿者和社会捐赠是非营利组织的重要组成部分。企业主要通过资本的方式获得社会资源，而政府则是通过税收的方式获得社会资源，对于非营利组织而言，志愿者和社会捐赠则是其主要的社会资源。志愿者可以被视为非营利组织社会资源的人格化，是那些为追求公共利益而无偿地参与公益性或互益性活动的人们；社会捐赠可以被视为非营利组织社会资源的货币化，是人们为了非营利组织目标的达成而无偿提供的货币或物资。

（2）非营利组织的活动具有社会公开性和透明性。企业的经营活动往往具有内部性和一定的排他性，而政府出于安全或保密的考虑也不具有完全的公开性。非营利组织使用的是社会公共资源，向社会公众提供的是社会公共物品，因此其开展的各项活动应该具有公开性和透明性，并且要接受来自政府、社会等方面的监督。

（3）非营利组织为社会提供两种类型的竞争性公共物品：一是提供给整个社会不特定多数成员的“公益性公共物品”，社会大众是其受益者，但无法界定，如污染治理、植树绿化等属于这种类型；二是提供给社会中某一部分特定成员的所谓

“互益性公共物品”，其受益者也是多数社会成员，但可以界定，如会员福利，第二种类型也可以被称为“准公共物品”。

同时满足非营利性、非政府性、公益性这三个基本特征的社会组织，便可以称其为非营利组织。

三、非营利组织分类

各个国家社会制度和文化背景的差异，使得不同国家在非营利组织的概念和内涵上存在差异，但总体而言，其整体外延都界定在政府与企业之外的制度空间，笼统地说社会成员为实现某种非经济性目标而组建的各类社会组织都可以纳入非营利组织范畴。在组织分类上，国际上通常采用两种分类法：一是联合国的产业分类标准（ISIC），它将非营利组织分成3个大类15个小类：（1）教育类，包括小学教育、中学教育、大学教育和成人教育；（2）医疗和社会工作类，包括医疗保健、兽医和社会工作；（3）其他社会和个人服务类，包括环境卫生、商会和行业协会、工会、娱乐组织、图书馆、博物馆及文化、体育和休闲组织等。二是莱斯特·萨拉蒙的活动领域分类法，即按照活动领域、范围、方式、受益对象等把非营利组织分为12个大类24个小类。我国由于非营利组织起步较晚，尚处于发展上升阶段，组织内部制度和外部政策环境还需要健全和完善，完全套用国际分类方法，与我国基本国情和社会制度还有很多不相适应的地方。因此，必须从改革开放的现实需要出发，按照经济社会发展规律，对非营利组织做出客观公正的分类。

（一）按组织性质分类

1. 准非营利组织

准非营利组织，或称转型过程中的非营利组织，主要指教育、医疗机构，包括幼儿园、中小学、普通高校、民办高校、公立医院和民办医院等。通常情况下教育和医疗机构应属于非营利组织范畴，但一个时期以来，伴随教育产业化和医院医药体制及内部分配机制的变革，其服务社会的公益属性日趋淡化，追逐利润最大化的企业属性已成为左右其发展方向的主导基因，各种不合理收费带来的“上学难、看病贵”问题，引起了社会的广泛关注，也呼唤着学校和医院公益属性的回归。如中小学的“办班补课”屡禁不止，公立医院药费多环节加价，重点高中“议价班”等，都给教育体制改革和医疗体制改革提出了新课题、新要求。目前，这种改革正在逐步推进，改革的目标取向正是教育和医疗机构公益性的主导地位。在完成这种改革之前，这些部门只能属于转型进程中的非营利组织，只有转型成功了，才能成为真正意义上的非营利组织。

2. 公益型非营利组织

公益型非营利组织主要指从事公益服务和慈善事业的社会组织，包括各种非营利组织、慈善团体、教会组织、基金会、民间草根社团等。公益型非营利组织具有国际通行的非营利组织基本特征，我国大量的民间草根社团和某些非营利组织虽然没有在相应机关登记注册，但它们所从事的活动、服务的对象、追求的目标，都完全符合公益性、非营利性、志愿性、组织性和非政府性特征。

3. 互益型非营利组织

互益型非营利组织主要指满足组织成员之间的利益互补，以相互关爱、相互帮助，追求组织成员群体共同利益为活动目标的民间组织，包括爱心协会、病友会、同学会、同乡会、车友会、专业合作社和行业协会等。

4. 官民双重属性的非营利组织

此类非营利组织主要指从事群众性社团活动，带有明显政府色彩的群团组织，包括共青团、工会、妇联、残联和有关事业单位。这些组织除了具备非营利组织的一般属性之外，还带有明显的政府“胎记”，组织活动通常都体现政府意图，自主性、自治性不足，在内部机构和人事安排上，官本位比较突出，乃至有些群团组织在一定程度上已经成为孕育各级官员和政客的孵化器。

（二）依据主要社会功能分类

1. 动员资源型

非营利组织为了能够生存和发展，必须动员各种社会资源，包括慈善捐赠和志愿服务。随着这种社会功能日益发展和成熟，动员资源在少数非营利组织身上会逐渐专业化，并出现一些以动员资源为核心功能的非营利组织，包括一些专业筹款的基金会和社会团体，一些专业开展资助活动的基金会和社会团体，一些专业招募、培训和派遣志愿者的社会团体和民办非企业单位。这种类型的非营利组织可能数量很少，但专业化程度很高，有相当高的社会公信度和影响力，对各种类型的非营利组织形成强有力的资源支持平台，因而在公益认定和评估，以及社会监督和监管方面都应有很高的要求和相应的约束。

2. 公益服务型

非营利组织提供的公益服务遍及社会的各个方面，包括公益慈善、救灾救济、扶贫济困、环境保护、公共卫生、文化教育、科学研究、科技推广、农村和城市的社会发展及社区建设等许多领域，都是非营利组织开展公益服务较为集中的领域。随着这种社会功能的不断发展和成熟，公益服务在一些非营利组织身上会逐渐专业化，出现一些以公益服务为核心功能的非营利组织，包括一些主要开展公益项目的基金会、社会团体和民办非企业单位，以及开展各种社区服务的基层组织等。这种类型的非营利组织数量巨大，分布广泛，但是单体规模可能不大。它们的共同特点是面对受益者的各种需求，致力于为公众提供各种形式的公益服务并谋求社会公益；它们与各级政府和各个相关领域的政府公共服务相辅相成，在很大程度上成为政府公共服务的有益补充。

3. 社会协调型

在社会转型期，各种形式的非营利组织越来越成为公民表达意愿、维护权益、协调关系、化解矛盾、实现价值的最为广泛和直接的形式，这是中国非营利组织近年来在数量上急剧膨胀的重要原因之一。随着这种社会功能的发展，推动社会协调、参与社会治理成为一部分非营利组织的主要功能。从机制上看，大体上有以社区为基础的横向协调型和以社群为基础的纵向协调型两种不同类型，前者如各种社区群团组织，后者则包括各种形式的商会、行业协会、工会、联谊会、同学会、消费者协会等。这种类型的非营利组织一般采取会员制的社团形式，注重社会资本，在会员共同利益基础上形成一定的共益空间并为会员提供服务，同时强调对所在社区或社群的代表性，积极参与社会公共事务。它们数量很大，种类繁杂，其共同特点是具有较强的自我稳定性。

4. 政策倡导型

非营利组织不仅积极参与各级相关立法和公共政策的制定过程，以各种努力倡导和影响政策结果的公益性与普惠性，而且往往作为特定群体特别是弱势群体的代言人，表达其利益诉求和政策主张。随着这种社会功能的发展，政策倡导成为一些非营利组织的主要功能，其中一部分成为专门从事相关政策研究并积极影响政策过程的思想库，另一部分成为积极参与社会博弈的弱势群体的代言人或者利益集团的代言人，有的发展成为对社会政治过程有影响的压力集团。这种类型的非营利组织的数量虽然不多，但影响很大，它们的共同特点是有明确的政策主张，较多关注社会公正，并通过积极的倡导活动影响政策过程。

第三节　中国非营利组织的产生与发展

中国非营利组织同任何新生事物一样，都经历了一个产生、发展、逐步成长的过程。早期的非营利组织可以追溯到辛亥革命后的民国时期，距今经历了 100 多年的沿革变迁。如果对其百年历史进行综合考量，大体可以分为四个阶段：

一、非营利组织萌芽发育阶段

从 1911 年辛亥革命起至 1949 年，是非营利组织萌芽发育阶段。在旧中国半封建半殖民地的社会条件下，军阀割据、国家分裂，国力衰微、民生凋敝，非营利组织以民间结社的名义开始萌生，当时的价值取向是维护组织成员利益，只是在一定程度上带有非营利的利他性质。20 世纪 20 年代以后，非营利组织在维护自身生存空间的同时，参与公共事务的程度有所提高，主要表现为宗教组织、慈善组织和女权组织，在社会管理和社会公益方面，非营利属性更加鲜明。但总体上看，这一阶段的民间团体还算不上完全意义上的非营利组织。

二、非营利组织的曲折发展阶段

第二阶段从 1949 年至 1978 年，是非营利组织的曲折发展阶段。这一时期经历了 50 年代的工业化加速，我国基本建成了门类齐全的工业体系；60 年代轰轰烈烈的农业学大寨、工业学大庆、全民学雷锋运动和从 1966 年开始历经 10 年的“文化大革命”，贯穿这 30 年的有两个鲜明特征：一个是完全照搬苏联模式的计划经济体制，另一个是以阶级斗争为纲指导下接二连三的政治运动，这不仅使构成完整体系的工青妇等群团组织打上了鲜明的政府行为印记，也在很大程度上挤压了一般性社会组织的生存空间。尽管 60 年代各种各样的学雷锋组织公益性色彩十分鲜明，但伴随着“文化大革命”的爆发和深入，也逐步淹没在政治运动的大潮之中。

三、非营利组织发展提速阶段

第三阶段从 1978 年至 1992 年党的十四大召开，是非营利组织发展提速阶段。1978 年底党的十一届三中全会召开，开始了中国改革开放的伟大进程，以农村大包干为标志，我国进入了经济体制、科技体制、教育体制、文化体制的大变革、大调整时期，由完全取缔商品经济到有计划的商品经济，再到以公有制为主体的多种经济成分并存，与之相适应的是敞开国门，积极参与国际领域的竞争与合作。伴随着中外经济文化交流的不断扩大，非营利组织或称第三部门正式走进人们的视野，成为推动经济发展和完善社会治理的全新理念，得到了决策层、执行者和社会公众的广泛认可，并在实践层面加快推进，从制度空间设计到环境条件改善，为非营利组织加快发展提供了更加宽松的制度环境。据有关资料介绍，到 20 世纪 80 年代末，我国社团组织达到了 20 多万个。

四、非营利组织迅猛发展、质量提升阶段

第四阶段从 1992 年至“十一五”末，是非营利组织迅猛发展、质量提升阶段。1992 年春天，中国改革开放总设计师邓小平发表了重要的南方谈话，为中国改革进程提供了强大动力。伴随着改革开放不断深入，我国经济社会市场化程度的不断提高，很多领域的制度设计实现了与国际接轨。在保持中国特色的同时，把外来的优秀文明成果纳入本土文化传承体系，并不断充实和融入更多的中国元素，使非营利组织在经济和社会领域得到快速发展，形成了具有中国特色的非营利组织架构。作为新兴的民间组织，在政治层面，它属于非政府组织，具备非营利组织的基本特征，是补充政府失灵的重要力量；在经济层面，它属于国民经济再分配机制的重要内容，为完善公共服务、促进社会公平发挥积极作用；在社会层面，它属于补充国家社会治理薄弱环节和空白的一种全新社会管理形态，在帮扶弱势群体、促进共同富裕、关注重大事件、缓和化解社会矛盾、促进社会和谐方面体现其公益属性。特别是在工业化、城镇化和农业现代化“三化统筹协调推进”的新形势下，非营利组织对于构建城乡一体化发展新格局、建设惠及近 14 亿人的全面小康社会，都是非常重要的参与者和推动者。

阅读拓展 1-1

第四节 中国非营利组织的特点、功能与困境

一、中国非营利组织的特点

我国非营利组织从整体上看，是以满足公共需求，实现社会公益为目标，自觉参与社会救助、社会服务等公益性活动的人员组成的民间组织，其功能作用是由组织自身的六大特征决定的：

（1）参与公共服务的自觉性、志愿性。参加社会公益服务不是别人强迫的，而是自己主动要求、自觉参与的。

（2）活动目的的非营利性。开展的各项公益活动，只以公共需求为取向，不以获取团体收益和个人报酬为目的，即便在活动过程中产生利润，也不能用于团体内部分配，只能用于回报社会。

（3）覆盖领域的广泛性。非营利组织涉及经济社会生活的方方面面，亲和力、渗透力和凝聚力都比较强。

（4）活动形式的灵活多样性。非营利组织的一切活动，针对各种社会问题，活动内容丰富多彩，活动形式不拘一格，能够为不同社会阶层提供多样性、多元化的服务。

（5）组织设立和运行的民间性。非营利组织独立于政府和企业之外，其活动是对政府失灵和市场失灵的重要补充。

（6）公益性和时效性统一。非营利组织在开展活动的过程中，发挥了直接或间接对他人和社会有益的作用，在提倡社会互助、加强人文关怀、增进社会福利的同时，对突发事件、大型活动等提供及时有效的支持服务，既有长期目标任务，也有短期应急服务，体现了公益性和时效性的统一。

综合这六大特征，可以看出非营利组织集中体现了爱国主义、集体主义精神，符合社会主义核心价值体系的本质要求。

二、中国非营利组织的功能

非营利组织具有和企业、政府不同的社会功能，它能在一定程度上弥补“政府失灵”和“市场失灵”的缺陷。非营利组织作为一种辅助性衍生物，在政府和市场之外发挥着既不同于政府的社会事务管理功能，又履行异于一般商业经营的社会服务义务，在教育、科技、文化、环境、医疗卫生、社会服务与救济等领域，发挥着政府所不能发挥的重要作用。

（一）社会资源的整合和凝聚功能

相对于企业和政府，动员社会资源是非营利组织的主要社会功能。为了生存和发展，非营利组织必须想方设法地动员各种社会资源。通过各种慈善性、公益性的募款活动吸纳各种社会捐赠，从而动员社会的慈善捐赠资源。随着这种整合社会资

源的社会功能日益发展，出现了一些以整合资源为核心功能的非营利组织，整合社会资源行为变得专业化，形成了一些开展资助活动的基金会和社会团体以及一些专业筹款的基金会。这种类型的非营利组织专业化程度很高，其社会公信度和影响力也较大，对非营利组织形成强有力的资源支持作用。并且，非营利组织通过积极发动志愿者参与到各种慈善公益活动中，有助于动员社会的志愿服务资源。非营利组织向社会表现出公益或共益的理念，有利于赢得社会的信任，并促进社会的捐赠，从而用于各种社会公益活动。据上海科技网统计，在2008年四川汶川地震中，活跃在抗震救灾一线的志愿者总人数达100多万人，这些志愿者在整个救灾工作中所起的作用不仅是物质援助、精神救助和服务帮助，而且通过他们的行动，凝聚人心、鼓舞士气，不仅让受灾群众看到了希望，坚定了重建家园的信心，而且感染、吸引和凝聚了社会各界方方面面的资源，使“一方有难、八方支援”从道德理念层面转化为具体实践层面，在动员社会力量、整合社会资源等方面，发挥着无可替代的重要作用。

（二）对政府失灵、市场失灵的补充和完善功能

由于政府和市场都不足以满足消费者对公共产品和公共服务的有效需求，非营利组织作为政府以外的公共产品和公共服务的提供者，就有了存在的功能需求和客观基础。提供公益服务的功能是非营利组织立足于公共空间并取得社会公信力的基石。

非营利组织将其动员的社会资源，用于开展公益性社会服务，其提供的公益服务涉及慈善、救济、环保、卫生、教育、科学研究等诸多领域；非营利组织有利于拓展公共空间，增加和维护社会公共利益。随着非营利组织提供公益服务的功能不断发展，涌现了一些以提供公益服务为核心功能的非营利组织，包括开展公益项目的基金会以及开展各种社区服务的基层组织等；非营利组织在服务的提供方式上具有很强的志愿性、竞争性和参与性，其特点决定了非营利组织能够较好因应各种社会问题，从而更好地维护并增进社会的公共利益；非营利组织通过加入政府公共服务体系，有助于形成与政府公共服务之间协作互动以及共同发展的关系，这种类型非营利组织的共同特点是面对受益者的各种需求，努力为公众提供多样化的公益服务，这对政府公共服务在很大程度上是一种有益补充。

比如，当前地方政府对市场监管不力，导致假冒伪劣、以次充好、价格欺诈等坑害消费者的现象屡禁不止，有的地方采取地方保护政策，对市场违法违规行为视而不见、麻木不仁，这也是对黑心企业和制造商道德水平低下的宽容和放纵。在这种情况下，“3·15”维权志愿者挺身而出，他们深入市场、明察暗访、查黑打假、依法维权，在维护消费者权益的同时，对黑心商家进行道德拷问，从不同的角度和方式呼唤道德回归，唤起公众良知，形成对不法商家的高压态势，通过政府和民间、消费者与志愿者的合作与互动，改善和优化公民道德建设的生态环境。

阅读拓展 1-2

德国非营利机构参与提供公共服务面临的挑战及近期变革：以养老服务为例

德国养老机构改革始于20世纪80年代，那时德国劳动力市场结构发生了很大变化。服务行业的兴起为整个社会提供了大量的就业岗位，女性地位的提高使她们不再满足于以家庭为中心的生活，以往从事私人护理服务的女性开始转向其他行业。同时整个德国社会也正趋于老龄化，对于养老服务的需求不断增加。在这样的背景下，德国养老机构发生了一系列虐待老人丑闻。在1989—2005年发生的14起丑闻中，有11起造成了受害者直接死亡。这些虐待事件更多的是对受害者身体和精神造成了长期影响。1992年，一位专业护理人员因其虐待15位老人而被判入狱2年；2004年，石勒苏益格-荷尔斯泰因（Schleswig Holstein）州养老院的质量监控机构发现养老服务标准存在漏洞而使很多病人受到虐待。养老院的运营机构德国红十字会在该州的负责人也因此被撤。这些丑闻使得德国社会重新思考地方政府该如何监管非营利机构。针对虐待老人事件的调查更多地将原因归咎于护理人员个体，认为他们缺乏专业训练或者个人行为不检。后续调查表明这并非造成虐待丑闻的根本原因，非营利养老机构的管理层对员工监督不力，员工收入低并超负荷工作均是造成丑闻的重要原因。

从20世纪90年代中期开始，政府改革的目标集中在解决养老资金短缺、提高从业人员工作积极性，并尝试将养老责任转移到家庭成员身上，具体措施如下：（1）推出长期护理保险并鼓励家庭和老人参与来解决政府养老资金短缺问题。经过长期的实践和讨论，德国社会逐渐意识到为养老事业提供优质服务需要大量资金投入。德国开始尽量将老年人安排在自己的住所居住，鼓励其家庭成员来照顾老年人，同时提供尽可能多的医疗救护力量。此外，德国1995年开始推行长期护理保险制度。长期护理保险不仅为养老机构提供经费，也为家庭成员因照顾老人而请假提供补助（大约是其工资的一半）。2012年6月，德国议会通过长期护理保险新定位法案（PNG），确定资助推出长期护理商业保险的公司，同时提高保费（由原来的税前收入的2.05%涨到2.3%）。按照法律规定，从2013年1月1日起，投保人每月至少支付10欧元保费给长期护理商业保险承保公司，公司就可以从政府获得5欧元资助。同时，新法律专门拨款3 000万欧元鼓励老人自己组建养老互助社区，居住在自组织社区的老人每个月可以领到200欧元津贴。（2）立法加强各参与方对养老服务的监督。德国鼓励各利益相关人监督养老服务质量。2000年前后，德国召开了一系列圆桌会议来探讨养老工作。会议之后，新的法律法规更强调通过病人和外部机构对养老机构的监督来提高服务质量。2001年出台的养老机构法赋予养老院病人参与监督的权力。公共健康保险基金因其为老年人提供保险而成为养老服务的利益相关者，保险基金投放的绩效与养老机构所提供的服务品质密切相关，因此公共健康保险基金作为第三方也强化了其对养老机构服务的监督。（3）细化服务标准，同时提高护工最低工资标准。养老机构法对养老机构从业人员、养老院房间和床位标准作了具体规定。2005年德国政府对这些规定进一步细化。德国社会法典XI第71条中对养老机构管理人员和护工的从业资格也作了明确规定。经过长时间的争论之后，2010年德国政府出台了养老从业人员最低工资标准。这一规定覆盖了80万从业人员中的3/4，但是教会和许多其他机构仍不在这一规定之列。

对德国的公共服务体系分析表明，大量的公共服务可以通过购买社会服务来实现。即使在德国这样的发达国家，单纯依靠政府提供公共服务也难以满足公众的需求，也难以维持充足的经费来保障提供高水平的服务。德国经验表明资金的合理配置更有利于实现公共服务供给的均等化及可持续性，其中两条措施值得我们借鉴。一是地区间财政转移支付保障了国民可以均等化地享受基本公共服务，这比较适合我国广泛存在的区域间经济和社会发展不平衡的现实。二是以长期护理保险为代表的保险制度一定程度上为公共服务供给了可持续性的经费保障。我们也需要看到非营利组织参与公共服务供给存在诸多挑战。德国在养老领域的最新变革也开始回归家庭，即鼓励亲属参与来照顾老人，在制度上给予相应保障。中国社会家庭观念更强，更易于发挥子女照顾老人的亲情优势。德国长期护理保险的制度值得学习借鉴，既可缓解子女因照顾老人而无法获得经济收入的尴尬，也可保证老年人得到家人的精心照顾。德国之所以会有非营利组织广泛参与提供公共服务有其深厚的历史渊源，与其社会和政府所倡导的自治性准则紧密相关。德国政府在公共事务中主要承担监管者角色，通过提供制度框架来鼓励社会资本的广泛参与。德国的自治体系是根据其国情发展起来的共识，与其社会中宗教、志愿和政治组织长期存在密切相关。中国的社会情境、社会结构与德国差别较大，非营利组织存在时间尚短，怎样充分发挥中国特色的社会因素（如重视亲属关系、宗族关系、老乡关系、单位等）在公共服务供给中的作用值得深入思考。因此，建立中国特色的社会广泛参与的公共服务体系在借鉴德国经验的同时，也需要思考结合中国的本土社会文化因素。

资料来源 吕孝礼，潘宇舟. 德国非营利组织参与提供公共服务对我国的启示——以社会政策领域为例［J］. 中国行政管理，2016（10）：140-144.

（三）社会协调与治理功能

在社会转型期，非营利组织越来越成为公民表达意愿、维护权益、协调关系、化解矛盾的形式。因此，作为一种主要的功能，推动社会协调以及参与社会治理对于非营利组织变得很重要。目前也逐渐形成了以社区为基础的横向协调型（如各种社区群团组织）和以社群为基础的纵向协调型（包括行业协会、商会、工会、联谊会、消费者协会等）两种类型。以社群为基础的纵向协调型一般采取会员制的社团形式，它强调在会员共同利益基础上为会员提供服务。在社会协调并参与社会治理方面，非营利组织是表达和传达民意、实现民权和维护民生的重要制度安排，同时，非营利组织在人与社会、人与人、人与自然之间构建了链接纽带，有利于化解社会发展中的诸多矛盾，并且非营利组织还有助于组织成员实现社会价值。总之，非营利组织的社会协调和治理功能，反映了非营利组织所拥有的社会性或公民主体性。它不是追求利润最大化的经济体，也非统治公民的权力体，而是公民以自组织形式来表达意愿与诉求并且参与社会事务的路径。

（四）政策倡导与影响功能

作为推动社会公益事业的主体，非营利组织在倡导立法与公共政策上起到积极的推进作用。政策倡导在一定程度上反映了非营利组织对于社会公共决策过程的影响。非营利组织作为代言人，可以为弱势群体表达利益诉求，既影响到法制建设，又使立法和公共政策执行过程中为更广大的社会群体谋求公正、公平。另外，非营利组织通过媒体和舆论对立法和公共政策的实施进行有效监督。非营利组织的公权力主要来源于提供公益服务、动员社会资源以及推动社会协调、参与社会治理。这促使政府重视非营利组织的呼声和要求，与非营利组织之间建立良好的伙伴关系，从而实现社会的共同目标；在社会环境发展的推动下，政策倡导逐渐演变为一些非营利组织主要功能，比如一些非营利组织成为思想库，主要从事政策研究并积极影响政府决策过程，一些非营利组织成为对社会政治有影响的压力集团，一些非营利组织成为弱势群体代言人。

（五）对传统美德的传承和发展功能

早在 2 000 多年前，儒家先贤孟轲在《孟子・梁惠王上》中就提出“老吾老以及人之老，幼吾幼以及人之幼”的传世名言。千百年来，中华民族在自强不息的发展历程中，形成了勤劳勇敢、尊老爱幼、扶危济困、乐善好施的民族品格，非营利组织通过各类公益服务活动，有助于弘扬和发展优秀的传统文化，有助于人们特别是以“80 后”“90 后”为主体的广大青少年继承发扬吃苦耐劳、自强不息、扶危济困、奉献友爱等民族传统美德。

（六）对社会公德、职业道德的提升和强化功能

社会公德，是人类在长期社会实践中逐渐形成的、要求每个社会公民在履行社会义务或涉及社会公众利益的活动中应当遵循的道德准则，在本质上是一个国家、一个民族或者一个群体，在社会实践活动中积淀下来的道德文化观念和思想传统。社会公德是人类在社会生活中根据共同生活的需要而形成的，如遵守公共秩序、讲文明、讲礼貌、诚实守信、救死扶伤等。它对维系社会公共生活和调整人与人之间的关系具有重要作用。社会公德作为一种无形的力量，约束着全体社会公民的行为。职业道德是社会公德的重要组成部分，是同人们的职业活动紧密联系的，符合职业特点要求的道德标准、道德操守，它既是对本职人员职业活动行为的要求，同时又是这一职业对社会所承担的道德责任与义务。

非营利组织因其活动的自发自觉和自愿特点，在从事公益服务活动中能够严格遵守社会公德和职业道德的约束，是遵守社会公德的模范，是履行职业道德的表率。非营利组织对弱势群体给予真诚的帮助，使受帮助的人感到社会的温暖，体验到人间真情，增强克服困难的信心，志愿者在服务他人的过程中，也更加深刻地理解人与人之间友爱互助、合作共赢的乐趣，提高了道德水准和精神境界，增强了社会责任感。非营利组织的志愿服务活动，使社会公德和职业道德得到不断的提升和强化，并随着历史条件变化，被赋予适应时代要求的新内涵，体现了与时俱进的鲜

明特色。

（七）对公平正义、社会和谐的推动和促进功能

非营利组织在帮助老弱病残、扶助贫困人口、关注社会弱势群体方面活动日益广泛，作用日益突出。例如，目前，大部分成骨不全症（脆骨病）患者的家庭生活极其困苦，许多家庭无法负担病症患者的骨折手术和矫正手术的费用，成骨不全症儿童的教育受到歧视和排斥。针对这一特殊人群，“瓷娃娃关怀协会”于 2007 年 5 月由成骨不全症患者自发成立，2008 年 11 月正式在北京注册。该协会是一个从事公益性、非营利性社会工作的民间组织，致力于促进社会和公众对于成骨不全症等罕见疾病患者的了解和尊重，消除对于他们的歧视，维护该群体在医疗、教育、就业等领域的平等权益，推动有利于成骨不全症等罕见疾病脆弱群体的社会保障相关政策出台。更难能可贵的是，瓷娃娃关怀协会开展针对贫困家庭脆骨病儿童的“一对一”（One Help One，OHO）救助项目，协会为贫困家庭找到爱心人士结成对子，资助额度为每月 100～200 元不等，主要用于改善受助儿童的生活、教育环境，该项目的特点是长期性、小额性，捐助款由资助方直接发放给受助家庭，大大增加了透明度和可信度，截至 2011 年 4 月已经资助了 12 个家庭。

（八）对多元文化的融合和提炼功能

在工业化、城市化、市场化、国际化加速推进的时代背景下，中外经济文化交流日益广泛深入，构成了文化多元、价值多元的开放型社会。在这样一个彰显主体意识、尊重个性自由选择的文化多元时代，道德标准也存在着模糊性和暧昧性，以至于产生了美丑不分、是非混淆等社会现象，人们越发感受到道德选择的困惑和迷茫。非营利组织以无私奉献的公益行动，树立了道德操守的标杆和准绳，它们依托博大精深的中华文化底蕴，把民族传统美德与外来的优秀人类文明成果结合起来，融会贯通、提炼升华，创新了很多道德建设的新理念、新形式、新方法、新实践，在社会主义核心价值观的基础上，塑造了民族精神品牌，这是中国特色社会主义事业一笔珍贵的历史遗产，值得我们去呵护、传承和发扬光大。

三、中国非营利组织的困境

（一）非营利组织功能的欠缺

我国非营利组织功能不足，主要体现在三个方面：

1. 多数民间非营利组织战略目标模糊，运营效果不理想

这是很多行业协会和志愿组织容易出现的问题。在长期计划体制下，社会活动形成了政治运动化、短期行为化和“刮风式”的传统模式，这种活动方式潜移默化地成为一些民间非营利组织效仿的行为模式。即使在改革开放后的今天，这种特殊的国情和环境仍然对非营利组织运行产生惯性影响，导致它们缺乏长期的战略目标，注重短期效果和轰动效应，通过开展大型服务活动，营造声势、争取资源，成为许多非营利组织跟风扎堆的内在动因，容易使社会公众对非营利组织产生形式主义、搞花架子等负面印象，从而导致志愿失灵。

2. 非营利组织经费不足，缺乏必要的制度保障

目前，随着非营利组织的快速发展和社会影响的不断扩大，政府和企业也日益重视与非营利组织的合作互动，但由于缺乏相应的制度安排，对非营利组织的支持往往取决于政府和企业的重视程度，存在重使用、轻支持，重付出、轻资助的现象，使得非营利组织可持续发展能力严重不足，开展公益服务受到很大制约。特别是非营利组织的日常管理、人员培训、项目运营缺乏必要的经费、场所等物资支持，使非营利组织服务水平、服务能力受到一定影响。总体上看，除了共青团、妇联等自上而下组建的非营利组织经费列入财政预算，其他很多民间非营利组织政府没有预算科目，即使在特定环境和特殊项目上给予支持，但与其需求相比这种扶持作用有限。

3. 在政府高度集权的情况下，非营利组织可能成为政府附庸

这在处于社会主义初级阶段的我国更为突出，主要表现在三个方面：(1) 在资金来源上，完全依赖财政拨款，开展公益活动的经费主要靠政府支持，没有多元筹资渠道；(2) 在开展公益项目上，活动计划的制订、活动内容的选择、活动区域的确定都接受政府指派和委托，缺乏自主决策，是政府意图的执行者；(3) 在日常运行管理上，组织负责人的任免、内部机构设置、组织换届、项目运营等都要经过上级审批和监管，缺乏独立执行权。其中最典型的是“自上而下”形成体系的非营利组织，如由共青团出面组织的青年志愿者组织，由妇联出面组织的巾帼志愿者组织，由国家编委负责的残疾人联合会等，这些非营利组织完全由各级财政全额拨款，直接归各级党政机关领导，享受一定行政级别，带有很强的行政化色彩，在运行中带有政府附庸的明显印记，而少数自下而上发展起来的非营利组织仍处于起步发展阶段，经验积累少，在自我定位、内部结构、运行机制、资源调配和人员使用等方面还很不成熟，也不得不依附于业务主管单位，依靠政府权威调配资源，开展业务。

总的来说，在我国的非营利组织中普遍存在着过分依赖政府的现象。

非营利组织对政府的过分依赖，一方面助长了政府对非营利组织的直接干预，削弱了组织的自主性，使大多数非营利组织与政府行政机构在体制上交叉重叠，严重束缚了非营利组织的活力，妨碍了非营利组织优势的发挥，使其成为政府行政的外在延伸；另一方面也导致了非营利组织与社会的远离，无论是公共产品的提供还是公共服务范围的选择，由于在项目的选取实施中听命于政府的行政指令，对社会实际需求知之甚少，不仅造成了资源的重复配置、社会财富的大量浪费，而且未能满足群众的需求，不能获得群众的支持，缺少自我发展的社会根基，不得不再次跌入依赖政府的循环怪圈。这种对政府的过分依赖，还会使非营利组织养成发展的惰性，滋生仰仗行政权力承接垄断公共服务的不良习气，非但不能发挥其联系基层、监督政府的优势，反而浪费政府财政，成为政府的一大负担。

（二）非营利组织能力的欠缺

改革开放以来，我国非营利组织的数量有了大幅度的增长，但多数发育不全，

素质不高，长期以来能力欠缺，即缺乏获取资源的能力、管理已有资源的能力以及自我发展的能力，不具备合理制订和实施工作方案的能力。我国非营利组织能力的欠缺具体表现在以下几个方面：

1. 治理结构不合理

我国的非营利组织普遍缺乏合理的治理结构，组织内部的决策机构、执行机构和监督机构的权责关系不清晰，未形成相互分权与制衡的关系。这就导致难以有效预防组织内部和个人腐败行为的发生；不能有效调动员工的积极性；不能随着环境的变化适时进行自我调节；组织的公共关系等社会资本不足，缺乏可持续发展的能力。

2. 人才缺乏

非营利组织在我国起步较晚，且主要成员是志愿者、兼职人员、退休人员或是下岗工人，虽然服务社会的责任感和使命感相同，但素质参差不齐，缺乏相应的专业素养与技能。由于组织管理者的一些错误观念、资金缺乏、日常工作繁重、人力不足、从业者自身的误区等原因，导致无法提供相应的培训，专业培训缺乏，服务质量不高，组织结构松散随意，对组织志愿者缺乏法律制度保障。这一方面使得志愿者们在工作的同时还存有很多后顾之忧，不能全身心地投入到工作中；另一方面志愿者工作的随意性，使得组织工作的连续性和持续性受到影响。非营利组织资金有限和人员短缺共存，非营利组织在绩效管理方面没有规范的绩效评价指标、标准，一些志愿者的工作虽然做得尽心尽力，由于组织没有完善的绩效管理机制，对表现优异者在绩效评估方面没有做出相应的肯定或奖励，长此以往，就会打击组织成员的积极性，志愿者工作无激情和动力，会影响活动的正常开展。组织对参与者缺乏有效的激励措施，激励不仅仅是物质奖励，更应该有精神上的奖励，参加者本身对薪资方面没有更高的要求，参加组织是其在精神层面上的一个追求。一旦组织成员得不到最基本的精神鼓励，则会缺乏对组织的归属感、认同感，也会导致流失率上升。

3. 公信力不强

现阶段，我国非营利组织在社会上的公信力不强，没有获得社会公众的广泛认可。我国许多非营利组织的运作是不公开、不规范的。虽然我国现行法规对非营利组织的自律、互律和他律有要求，但对违规者没有明确的处罚措施，于是，缺乏责任和诚信成为一些非营利组织的“常态”。有的组织打着非营利的旗号从事营利性活动，有的贪污腐化、私分钱财，更有甚者从事欺骗性中介、封建迷信等违法乱纪活动。这种种现象都不同程度地损害了非营利组织的社会公信力，严重影响了它们在公众眼中的形象。我国非营利组织的能力不足，限制了自身的发展，难以对政府和社会做出有效的回应，制约了对社会公共事务管理的有效参与，增加了政府与非营利组织良性互动的难度。

（三）中国非营利组织监督机制存在的问题

与西方发达国家相比，目前我国非营利组织的监督机制不论是在理论构建上还是在实践层面上都面临着特殊的困难，不仅非营利组织的外部监督机制长期处于半真空状态，而且非营利组织内部监督机制也很不稳定。具体来说，当前我国非营利组织监督机制主要存在以下三方面的问题：

1. 政府监督不力

政府是唯一具有法律权威，可以强行对非营利组织进行监督的组织，因而政府在非营利组织的公共责任机制中负有不可推卸的责任。而目前我国政府对非营利组织的监督主要存在以下两个问题：法律体系不健全，尽管我国政府正在积极建立有关非营利组织的较为完备的法律制度框架，但存在法律层次不高、法律体系庞杂、法律操作性不强的现实问题；监管体制不完善，我国政府对非营利组织进行管理实行的是双重管理体制，即政府对非营利组织的登记管理和注册管理，实行“登记管理机关”和“业务主管单位”双重审核、双重负责、双重监管的原则，形成宏观登记管理和微观业务管理双管齐下的严格体制，用以规范、监督和管理非营利组织。“双重管理”的体制必然导致非营利组织的多头管理格局。根据“双重管理”的规定，每个非营利组织都必须同时接受政府主管机关即民政部门和业务主管部门的双重领导，而且其日常业务活动主要受主管单位的领导。不仅每个党政职能部门纷纷成为自己职权所及范围内的各类民间团体的“婆婆”，而且事实上许多非营利组织出于种种原因还自己四处寻找合适的“婆婆”，有些“婆婆”往往与其所主管的非营利组织的业务活动没有太多的关系。对于一些资源比较丰富的民间组织，尤其是对于那些经费比较充裕的行业管理组织，不仅要接受行业主管部门的领导，而且通常还要直接或间接地接受其他重要党政权力部门的领导，可以有好几个管着它的“婆婆”。

2. 社会监督薄弱

我国非营利组织监督体制的构建，最终是要形成一个多元治理的格局，在这一格局中，政府发挥着重要的作用，同时，来自社会场域的监督主体也拥有非常重要的位置，并随着这一监督格局的完善最终成为主要的监督力量。与发达国家相比，我国非营利组织社会监督体系的差距主要表现在监督主体的监督意识薄弱、监督主体缺位、监督渠道不畅、信息不透明等几个方面。

首先，监督意识包括监督者积极参与监督的意识和被监督者自觉接受监督的意识，目前，无论是作为监督者的公众、监督机构的监督人员，还是作为被监督者的组织内部人员，都缺乏必要的监督意识。

其次，非营利组织面对多样化的监督主体，其中捐助者和服务对象无疑是最重要的群体。捐助者监督面临的问题主要有以下几点：①动力不足和监督主体缺失：小额度捐助者缺乏监督的动力和信息；大额度捐助者往往忙于自己的商务无暇顾及；有的捐助以遗嘱的形式，在捐助者去世之后才会生效，监督主体存在“自然缺失”。②作为弱势群体，非营利组织的服务对象不仅在信息获取和处理、利益诉求和资源动员等方面存在能力的缺陷，而且由于受益者所处的不平等地位，他们的监督作用难以有效发挥。③媒体、公众监督严重缺位。相对于西方国家来说，中国的媒体和舆论监督发展严重滞后，因为在目前中国的媒体和舆论在很大程度上还是作为行政职能的延伸而出现的。虽然近几年媒体对促使非营利组织公共责任的实现也起到了一定的作用，但“报喜不报忧”“多正面宣传、少批评报道”的现象仍然非常普遍。④缺乏有效的信息公开渠道。信息公开是解决信息不对称的弊端，保障公众知情权的重要方面。目前我国大部分非营利组织在信息公开方面做得还十分不够，大多数公众对各种组织的性质、服务范围等基本组织功能都不甚了解。非营利组织的财务不公开又造成人们对其发展和建设的不了解，公众真正能够获得的信息非常少。若公众自行搜集信息比较困难或成本太高，他们就可能放弃，导致公众监督的缺失。捐赠者与第三方受益人之间的联系很少，或者根本就没有联系，从而造成了捐赠者、非营利组织与受益人之间的信息不对称。这种信息不对称的情况，降低了失信成本，为不良企图者谋取私利提供了可能，使非营利组织在社会和公众心目中的信用度大大降低。

3. 组织内部监督不完善

这主要表现在组织运作不科学、财务管理监督不力、人事制度缺乏民主和组织内部公共责任缺失四个方面：①我国的非营利组织虽然大部分制定了成文的章程或其他相应的规章制度，但是部分非营利组织自我管理松弛，规章制度形同虚设，我国有近一半的非营利组织尚缺乏正式的决策机构。总的来说，大量的非营利组织缺乏民主决策的机制和制度上的保证。②我国非营利组织的财务制度尚不完善、不透明，财务管理的水平远远落后于非营利组织的发展。有的非营利组织将自己的财务状况列为最高机密，透明度不高，不利于出资人对其进行必要的监督。虽然非营利组织也有自己的内部审计机构，但流于形式，而外部审计的有效性往往会打折扣，导致对非营利组织财务管理的监督缺乏力度。③从理论上讲，非营利组织应具有自治性，然而在现实操作过程中，关于组织领导和工作人员的遴选和更换，在很大程度上还并未规范地进行内部独立、民主的选举。④非营利组织的公共责任就是向公众负责，才能赢得公众的信任与支持，非营利组织利益关系的多样性决定其责任对象具有多样性，非营利组织必须承担起为其特定服务对象尽责效力、谋取利益的义务，承担起防止有限资源滥用的义务，承担起向社会交代自身运作情况并接受监督的义务。然而，我国目前只有一部分非营利组织出于自律而主动邀请公众参与监督。

例如，中国青基会所属的希望工程全国监察委员会根据工作需要建立了监察巡视员制度，这一制度被视为自觉接受社会监督的一个主要标志。监察巡视员是来自社会各界的“爱心人士”，他们虽不是捐款人的“民选代表”，但代表了捐款人的意愿，是希望工程的“钦差大臣”。他们由全国监察委员会聘请并接受其委托、具体领导和业务指导；他们在监察委直接领导和部署下开展工作；他们凭借监察委授予的知情权、调查权和建议处理权“对希望工程基金管理和实施工作进行监督”。总体而言，这种监督是建立在自律基础上的，在我国尚未形成制度化。

阅读拓展 1-3

美国非营利组织相关税收政策

一、美国对捐赠者的税收政策

（一）企业所得税方面

美国税法规定，向符合美国《国内收入法典》501c（3）条款的规定并取得免税资格的非营利组织进行捐赠的纳税人，可以享有税收优惠待遇。企业如果以现金形式捐赠，则当年扣除的限额为企业调整后所得额的50%；如果以实物或财产形式进行捐赠，则按实物或财产市场价值，当年在企业调整后所得额的限额内扣除。超过部分的捐赠可以结转至以后各纳税年度扣除。

（二）个人所得税方面

美国税法规定个人在一个纳税年度的捐赠额在毛收入50%以内的可以扣除，超过部分在随后的5个纳税年度内允许扣除。这极大地促进了普通公民对非营利组织的捐赠，有利于非营利组织的发展。

（三）商品劳务税方面

对于纳税人将产品用于公益性事业的，可相应减免相关的商品税。如药品公司向从事健康事业的非营利组织捐赠药品、体育用品公司向学校捐赠体育器材等。

（四）遗产税方面

美国是开征遗产税比较早的国家，在这方面有着比较成熟的法制体系。美国遗产税的税率非常高，同时美国遗产税法规定，向非营利组织捐赠遗产的可以将捐赠额从遗产税应纳税所得额中扣除。这样，纳税人就会在捐赠和纳税之间进行权衡，以便做出最优选择。

二、美国对非营利组织的税收政策

（一）企业所得税方面

一般来说，对于符合美国《国内收入法典》规定、经国内收入局（IRS）审核认定后具有免税资格的非营利组织被称为免税组织，国内收入局通常会免征这类组织的联邦所得税，各州也会根据其免税资格减免相应的地方所得税。当然，并不是免税组织所有的收入都可以享受免税待遇，而是要严格区分其收入的性质，对于从事非营利性的活动所得，包括社会捐赠所得、财政拨款所得和收费所得均是免税的；而对于与非营利性无关的商业活动的收入、非会员收入、私人投资等要征所得税。

（二）货物与劳务税方面

美国《国内收入法典》501条详细规定了具有免税资格的30多种非营利组织，并对经美国国内收入局查实并且赋予其免税资格的非营利组织运营活动规定如下：一是对于货物销售或提供劳务的行为通常可以免税，但要看销售货物或提供劳务的目的是慈善性质还是商业性质，慈善性质的可以免税，否则不可以，充分体现美国对非营利组织“非营利性”的支持和鼓励；二是对销售给非营利组织的货物和劳务，考虑到货物与劳务税是价外税，税负可以转嫁，因而目前美国各州基本都规定，享有免税资格的非营利组织在购买货物和劳务时也是可以享受免税待遇的。

三、美国对非营利组织的税式支出管理

美国很少通过直接的财政拨款方式参与公益慈善事业，主要通过制定税收政策来引导和激励非营利组织发展。同时，美国还定期编制其税式支出预算，以更好地对税式支出进行管理和评估。2014 年底美国税式支出总额占美国 GDP 的 6.47%，其中非营利组织的税式支出总额占 GDP 的 0.42%，税式支出占该年财政收入的 36.47%（其中非营利组织的税式支出占财政收入的 2.65%）。税式支出替代了政府的直接财政拨款，缓解了政府的财政资金压力，不仅有利于促进非营利组织的发展，也促进了美国经济的发展。

四、美国对非营利组织的税收管理

美国有专门的部门负责非营利组织的税收管理。美国国内收入局根据非营利组织的类型，划分了四个部门对其进行管理：大型企业和国际局、小型企业和自雇经营业主局、工资和投资收益局、免税与政府机构局，并明确了税务部门在非营利组织管理中的核心地位。税务部门像对待营利性企业一样，对非营利组织进行税务检查，如果发现非营利组织从事了违反其宗旨的活动，则有权取消其免税资格和非营利组织的地位。税务机关这种严格的监管，正是非营利组织能够充分发挥其作用的保障。

资料来源　俞可平. 中国公民社会：概念、分类与制度环境［J］. 中国社会科学，2006，(1)：109-122，207-208.

复习思考题

1. 非营利组织有哪些基本属性？具体体现在哪些方面？
2. 简述 NPO 的分类。
3. 简述西方非营利组织的产生发展历程。
4. 简述非营利组织产生的必然性。
5. 结合实例分析中国非营利组织的特点、功能与困境。

第二章 非营利组织财务管理概述

学习目标：通过本章学习，能够充分理解非营利组织财务管理的基本内容；掌握非营利组织财务管理的内涵、特征、目标及内容；基本认知非营利组织财务管理与企业财务管理的区别；熟悉非营利组织财务管理存在的问题、成因及改进建议。

第一节 非营利组织财务管理的内涵与特征

一、非营利组织财务管理的基本内涵

财务，最初是作为经济学的应用学科出现的，是一种微观经济学，研究市场的供求平衡，研究成本和回报，还有社会上的各种经济现象。财务泛指财务活动和财务关系，是指企业再生产过程中的资金运动，体现了企业和各方面的关系。具体来说，财务是在一定的整体目标下，关于资产的购置、投资、融资和管理的决策体系。

财务管理，从根本上是指有关资金的获得和有效使用的管理工作。也有许多从企业管理角度进行的定义。比如，财务管理是组织企业管理活动、处理财务关系的一项经济管理工作，是对企业的资金进行规划和控制的一项管理活动等。一些学者认为，非营利组织财务管理是对本单位的财务活动及其存在的各种财务关系进行决策、计划和控制的一项综合性经济管理工作。《中国民间非营利组织财务管理手册》认为，非营利组织财务管理就是利用资源的价值形式，对组织经营过程进行的一种管理，是一项综合性的管理工作。

通过对财务管理的内涵以及相关内容的梳理，总体而言，非营利组织的财务管理是指为了实现其设立的组织宗旨，对活动过程中所需要的款项进行筹集、运用和投资，以及对活动的主要计划安排、相关预算控制、分析评价等进行的全方面综合管理行为。非营利组织的财务管理时刻影响着其发展状况，是其长远发展的基石和保障。它是指非营利组织的财务活动，处理与政府、资源提供者、债权人等各方面财务关系的一项管理工作，其中主要涉及收入管理与支出管理。非营利组织的收入管理主要是指对收入项目、标准以及收入进度等进行的管理。非营利组织的支出管理主要是对支出项目、范围、标准等多方面的内容进行的管理。对非营利组织财务管理的具体内容进行划分，可列为以下几项内容：

（一）预算管理

非营利组织预算管理是指非营利组织的理财主体或者其委托任命的管理人，为

了正确设计其预算和全面实现预算目标，借助于各种科学的理论和方法，对预算的编制、审批、执行、调整、监督过程实施计划、组织、控制、分析和评价等的一系列活动。

预算管理负责预算的制定与执行。预算管理是财务管理制度的核心，同时也是非营利组织财务管理工作的核心。预算是控制组织管理和运作活动的依据，非营利组织根据组织发展规划及年度工作计划进行预算编制。预算的编制既要反映政府财政部门安排的拨款收支预算，又要反映组织其他来源的资金收支预算。预算经过非营利组织理事会批准后，应分解落实到组织的各部门，成为非营利组织控制各部门经济活动的依据。如果财务预算所确定的目标偏离实际，财务控制就无法实现确定的目标。

（二）日常资金管理

非营利组织日常资金管理是指及时对组织的流动资金及日常财务收支进行管理，以保证各项资金的合理运用以及收支平衡。一般而言，非营利组织日常资金管理的内容主要指的是现金管理、银行存款管理、其他货币资金管理和存货管理四个方面。日常资金管理是非营利组织财务管理的重要组成部分。对非营利组织的日常资金进行科学、合理的管理，可以保护货币资金的安全，防止贪污、盗窃和侵吞货币资金，保证非营利组织在有足够的货币资金前提下，合理调度资金、加速资金的周转，以促进自身发展。

（三）项目资金管理

非营利组织的项目资金管理是指非营利组织为了实现其宗旨，通过项目申请的形式获取资金等社会资源，优化配置所获得的资源，有效地组织、计划、控制项目资金的运作过程的一项综合性工作。非营利组织的项目资金管理主要包括项目资金的收入管理和项目资金的支出管理。收入管理是对非营利组织的收入项目、范围、标准和收益分配等所进行的管理。支出管理是对非营利组织支出项目进行管理以实现项目资金使用效益最大化。

（四）筹资管理

筹资管理是指非营利组织根据其持续经营和业务活动的需要，通过筹资渠道，运用筹资方式，有效地为组织筹集所需要的资金的财务行为。非营利组织筹资管理为组织的存在和发展提供可持续的资源，包括两个具体目标：一是为保证组织的基本运作提供资源。这是非营利组织筹资管理的基本目标。非营利组织的设立、生存都需要资金来支撑，维持组织的基本运作是非营利组织筹资需实现的第一个目标，也是实现组织社会使命的基础。二是为可持续且有效地开展业务活动提供资源。

（五）投资管理

为使组织稳定和可持续发展，非营利组织也进行投资活动，但其主要目的不在于获取投资收益，而是弥补其营运成本，投资获取的收益也不用于分配，而是用于非营利组织继续发展和开拓项目的积累资金。非营利组织投资管理的四项原则：一是合法性；二是低风险性；三是投资回报的适度性；四是资金的增值性。根据这四个原则，确定投资策略时，要考虑很多因素，诸如投资是否合乎国家法律法规、投资目标、投资期、风险极限、要求的回报率、要求的流动性、支出的原则、须签订的契约等。

（六）财务报告与分析

非营利组织的财务分析主要是通过运用各种有关资料，对一定时期内非营利组织的财务活动所进行的研究、分析和评价。非营利组织的财务状况和取得成果可以用财务报表来反映，但是要对此做出评价，仅有报表上的数据是不够的，还要对报表上的数据进一步加工，通过分析与比较，求出新的数据，而这些数据往往能够说明某些方面的具体问题，如评价组织财务状况健全与否、组织的运作是否高效、组织的前景是否乐观等。

（七）财务绩效评估

对于非营利组织而言，绩效是指非营利组织作为一个整体，在管理和服务等行为中所取得的业绩、成就和影响等。运用“绩效”概念衡量非营利组织活动的效果，其外延不仅涉及组织的运营效率层面，还涉及运营成本、社会影响力、发展预期等多元目标的实现。非营利组织绩效评估是指运用科学的标准、方法和程序，通过对组织的管理效率、服务质量、公共责任、公众满意度等方面的评价和判断，对非营利组织在公共管理过程中的投入、产出、最终结果所体现出来的绩效进行评定和认可的过程。

（八）财务监督

非营利组织的财务监督主要是依据政府有关方针、政策和财务制度对非营利组织各项财务活动所进行的检查和督促。财务监督是保证非营利组织财务活动有序进行的重要手段，是财务管理工作的重要组成部分。

财务监督按照监督的时间顺序可分为事前监督、事中监督和事后监督；按照监督的范围和内容可分为全面监督和专项监督；按照监督的组织方式可分为内部监督和外部监督。各种监督相互配合，共同保证非营利组织按国家有关规定运作，保证国家资产的完全完整，维护财务制度及财经法规的严肃性。

二、非营利组织财务管理的特征

非营利组织财务管理是指非营利组织在运作过程中涉及的所有资金管理事务，它的基本特征主要表现为以下几个方面：

（一）经费来源的无偿性

非营利组织的资金来源，主要依靠国家财政，由财政部门通过预算向单位分配资金。财政分配的无偿性，决定了各非营利组织获得的经费也具有无偿性。非营利组织作为国家职能的承担者，不以营利为目的，它们为社会提供的服务往往是低价的甚至是免费的，它们的各种消耗很难通过自身的经营活动进行补偿，这客观上也决定了它们完成各项任务所需的经费必须由国家无偿供给。虽然也有少数的非营利组织以服务收费等方式从社会取得资金，而不由国家财政拨款，但它们的经费来源同样具有无偿性。

（二）财务管理目标的非营利性

企业财务管理的目标是企业价值最大化或股东财富最大化。企业财务管理目标决定了财务管理的主要内容。非营利组织不以营利为目的，也不向资源提供者提供经济回报，它的活动目标是为了实现组织的社会宗旨而不是营利。非营利组织财务管理中没有利润指标，责权不明确。非营利组织是不以营利为目的的公益性组织，财务中缺少利润这一指标，这使得管理人员难以对各种指标的相对重要性达成一致，对于一定的投入能在多大程度上帮助组织实现自身的目标也难以确定。此外，不同非营利组织之间也无法进行绩效的对比。非营利组织的目标是在其财力允许的范围内向公民提供尽可能多的准公共产品，在资源有效配置的条件下使其社会价值最大化。

（三）经费使用方式的限制性

非营利组织的出资者提供的资金原则上称为基金，基金的特征是要按出资者的意愿完成一定的任务，实现社会效益。非营利组织的财务管理首先表现为基金管理，要能反映各项基金按预算应用的结果。非营利组织的出资者不要求投资回报和投资回收，但要求按法律规定或出资者的意愿把基金用在指定用途上，即要求基金有限制性。非营利组织的基金具有严格的具体用途，不能移做他用。非营利组织基金的限制性体现了非营利组织出资者的权利。为此，非营利组织财务管理要按不同的项目核算基金的使用情况，尽管对各项基金不一定要分别按有关的资产、负债、收入、支出等项目进行管理，但必须提供各项基金的收支节余情况，以便考核各项基金的使用效果。

（四）经费使用的政策性

非营利组织作为国家职能的承担者，它们的各项活动对社会主义物质文明和精神文明建设有举足轻重的影响，与国家的社会主义现代化建设和人民群众的物质文化生活密切相关；同时，各非营利组织的经费主要由财政拨款，因此，非营利组织的财务活动，体现着国家的财政方针政策，体现着国家支持什么、反对什么、鼓励什么、限制什么，体现着政府的意图。它们的一收一支，都对应着明确的规定，都带有极强的政策性。因此，各非营利组织在办理各项收支业务时，要严格执行有关的收支范围和收支标准，严格执行各项财务规章制度及财经纪律，依法理财，合理有效地使用每一项资金，以保证各项事业的顺利开展。

（五）资金来源的多样性

企业的资金来源主要是通过销售产品和提供服务，从产品的消费者或者服务的顾客那里获取收入。非营利组织的资金来源呈现出多元化的特征，具有特殊性。非营利组织的资金主要来源于接受捐赠和公共部门的支持，也有很少一部分资金来源于从顾客那里获取的产品收入和服务收入，如通过销售一些纪念品等形式获取的资源。当然，伴随社会企业的发展，民间非营利组织的资金来源将会越来越呈现出多元化的趋势，但项目资金收入、政府购买服务、日常捐赠等方式仍然是非营利组织主要的资金来源渠道。

（六）以预算管理为中心

预算管理是非营利组织财务管理的工作中心。各类非营利组织每年年初都要根据事业发展计划和单位工作任务安排编制单位年度预算，并按一定程序报有关部门审批。审批之后，非营利组织预算就成了财政部门管理各非营利组织财务收支活动的依据。财政部门一方面根据非营利组织的预算向其拨付经费；另一方面又通过预算管理，将非营利组织的各项财务收支纳入预算，统一核算，统一管理。从非营利组织角度来看，各非营利组织的预算经有关部门审批之后，同样成为本单位办理财务收支及其他各项财务活动的重要依据，非营利组织的各项财务收支都要按预算执行，其他各项财务管理工作也主要是围绕非营利组织预算来展开。因此，预算是非营利组织财务管理的中心，在非营利组织财务管理中起着主导作用。要提高非营利组织财务的工作质量，必须切实加强预算管理。

（七）涉及范围的广泛性

作为管理社会公共事务、协调社会公共利益关系、实现国家职能的组织，非营利组织遍布全国，它们的活动关系着经济的发展、社会的进步与国家政权的建设，与政府意图的实现密切相关，与广大人民群众的生产生活密切相关。比如，学校、医院、艺术团体等非营利组织的活动，直接为人民的生产、生活提供服务，直接关系到广大人民群众的衣食住行、生老病死。非营利组织的财务管理是为非营利组织开展各项业务活动服务的，所以非营利组织财务管理的范围也非常广泛，不仅深入到全国城乡的每个角落，还深入到非营利组织活动的方方面面。这就要求各非营利组织切实加强财务活动的管理和监督，要求财务工作者本着认真负责的态度，将财务工作做深做细，办好每一项收支业务，用好国家的每一分钱，切切实实地把国家的方针、政策及政府的意图落实到每一个角落。

（八）财务管理主体所有权形式的特殊性

企业的股东投资创办了企业，成为企业的所有者，拥有企业资财的剩余索取权。非营利组织资金的权益属于组织本身所有，资金的提供者在提供资财之后不再拥有所提供资财的所有权。而且组织资产的权益属于组织本身所有，组织不进行权益的计算和利润的分配。非营利组织呈现出资源的提供者与资源的管理者相分离的委托-代理现象，由于两者的目标不一致，往往会产生委托-代理问题，从而降低资源的配置效率，妨碍非营利组织实现社会价值最大化这一目标。因此，非营利组织所有权形式的特殊性，决定了在其财务管理过程中更加强调如何降低委托-代理成本、最大化资源配置效率，实现社会价值最大化的目标。

（九）财务管理目标影响因素的特殊性

组织治理的力量有四种：外部控制系统中的资本控制市场、司法系统、产品要素市场及内部控制系统。对于非营利组织来说，其资金来源于捐赠和提供服务所获得的收入，不通过资本市场融资；由于组织管理者的机会行为差异以及政府法律的不健全，司法控制很难对管理者的行为进行约束；产品要素市场主要通过市场竞争来评价组织对资源的运用效率，而非营利组织不在竞争市场中正常交易，要素市场不适用于非营利组织。因此，政府法律法规和监控体系的完善，以及非营利组织内部控制系统的健全，是确保公益性非营利组织财务治理目标得以实现的两大要素。

总之，非营利组织财务管理是非营利组织管理的一个重要组成部分，它是根据财务制度及财经法规，按照财务管理的原则，对非营利组织有关资金的筹集、分配及使用所引起的财务活动进行计划、组织、协调、控制，以及处理财务关系的一项综合性的经济管理工作。

第二节　非营利组织财务管理的目标及内容

一、非营利组织财务管理的原则

非营利组织财务管理原则是非营利组织开展经济活动、处理财务关系的准则。非营利组织财务管理工作应遵循以下几项原则：

（一）严格执行法律法规、财务制度

在社会主义市场经济条件下，一切财务活动都必须在法律规定的范围内运行。非营利组织的财务管理要严格遵守国家相关法律法规和财务制度，牢固树立法律意识，规范非营利组织财务行为，使各项财务管理工作在法制轨道上运行。这是非营利组织财务管理所应遵循的最基本的原则。

（二）量入为出原则

坚持量入为出，加强成本控制是非营利组织财务管理工作必须长期坚持的原则。非营利组织在开展日常业务活动时，应以预算为依据，充分实现资源的有效配置。一方面，积极采取措施，有效地使用有限资金，反对和杜绝铺张浪费的现象；另一方面，要大力提高资金使用效率，努力挖掘资金潜力，区分轻重缓急，不盲目投资，合理安排资金使用，使有限的资金发挥最大的效益，尽力办好可办之事。

（三）社会效益优先原则

坚持以社会效益为主，讲究经济效益。非营利组织以生产精神产品和从事社会公益活动为主，它的一切活动都必须把社会效益放在首位，通过提供公益产品和服务来增进社会福利，承担着一定的政府福利职能，具有社会公益性特征，且不以营利为目的。其运行的目的是保障国民经济和社会事业的发展，所以以社会效益为最高原则。非营利组织在追求社会效益的同时，也应注重财务管理的资金使用效率，要充分利用非营利组织现有的人力、物力、财力，达到社会效益的最大化，更好地满足社会的需求。

（四）预算管理原则

非营利组织全部财务活动都应按规定编制预算，形成以预算管理为中心的经济管理信息系统，提高管理效果。正确编制组织预算，可以有计划地组织单位的财务活动，保证各项业务顺利地进行。随着财务预算制度的改革和创新，非营利组织预算的编制应更多地采用零基预算等科学的编制方法，按照当地财政对其预算编制的要求，完成组织预算的编制、批准及执行工作。

（五）利益兼顾原则

非营利组织在财务管理中必须坚持国家、单位与个人三者利益兼顾的原则。作为相对独立的财务核算主体，非营利组织在讲究社会效益的同时，要自觉维护国家的利益、顾全大局，将国家利益放至首位。同时，在处理组织与职工之间的财务关系时，要坚持按劳分配制度，充分体现和认可职工的劳动权益。当三者利益发生冲突时，单位与个人的利益必须服从国家利益，个人利益必须服从集体利益。

（六）勤俭节约原则

勤俭节约是非营利组织财务管理必须长期遵循的基本原则。在一定时期之内，非营利组织的社会资金供给是有限度的，各类非营利组织所能取得的活动经费与资金来源也是有限度的，但非营利组织的事业活动则非常广泛。所以，非营利组织财务管理必须坚持勤俭节约的方针，将勤俭节约措施落实到资金筹集、分配、使用的每一个环节，优化资源配置，调整支出结构，提高资金使用效率，防止因效益问题而造成的资金浪费，使有限的人力、物力、财力发挥更大的作用，提高非营利组织的事业成果。

二、非营利组织财务管理的目标

在现代市场经济社会，任何组织的行为都需要资金的支持。非营利组织也不例外，实际上非营利组织本身运营所需要的办公经费、活动经费、人员经费等常常困扰着组织管理者。资金不足已严重影响到非营利组织正常生存和可持续发展的实现。重视资金管理已成为当代非营利组织管理者的共识，而研究非营利组织财务管理已成为我国全面建设小康社会的需要。财务管理作为组织管理的一部分，关系到有关资金的获得和有效使用，其取决于组织本身的目标。因此，与非营利组织的目标相适应，其财务管理的目标就是获取并有效使用资金，以最大限度地实现组织的社会使命，也可描述为：致力于最大限度地筹集资金，提高筹资效率和资金使用社会效用的最大化。具体来讲，非营利组织财务管理的目标可概括为以下几个方面：

（一）建立健全内部管理制度

非营利组织财务管理制度是非营利组织进行财务活动、处理财务关系时应遵循的基本制度。非营利组织为了强化财务管理，不仅要严格遵循和执行国家财务管理法规，还要建立健全其内部财务管理制度，确定内部财务关系，使各部门之间互相配合、互相制约、协调一致地组织财务活动，处理好财务关系，实现财务工作规范化管理。

（二）节约开支，正确编制预算

非营利组织在积极组织收入的同时，必须加强支出管理，减少浪费，压缩一切不必要的开支，严格执行审批制度，制定支出消耗定额，节约使用资金，控制费用和成本。当然在厉行节约的同时也需要不断加强员工基本能力的培养，加强非营利组织队伍的建设。同时，要正确合理地进行预算编制，非营利组织的全部财务活动，包括一切收支活动都要按规定编制预算实行计划管理。预算既要积极合理，又要保证供给，要分清轻重缓急和主次先后，使有限的资金得以合理安排使用。

（三）拓宽投资以及筹资渠道，促进自身发展

非营利组织在财务管理方面需明确自身发展目标，积极地对筹资及投资渠道加以拓宽。其主要措施包括：努力提升事业单位的服务水平，确保自身资金的充足性，并结合社会发展态势，为民众提供最优质的服务。由于非营利组织以往的资金大部分来源于财政拨款，资金渠道单一，很多时候存在不足的情况，因此，必须拓宽资金渠道，积极主动地向社会筹集资金。并且，在筹资过程中，需注重筹资风险的降低，以此为促进非营利组织财务管理长效发展奠定有效基础。

（四）最大限度提升绩效

非营利组织财务管理的终极目标是使绩效获得最大限度的提升。其效益不是指营利效益，因为非营利组织不是以营利为目标的，而是通过自身的社会事业职能的发挥，为民众提供优质、健全的社会服务。要想使非营利组织财务管理绩效获得最大化提升，一方面有必要落实将绩效作为导向的财务管理方法，在成本管理中注重绩效最大化目标的实现；另一方面需将目光放长远，非营利组织财务管理不要局限在预算资金收支的管理上，需注重财务整体管理水平的提升，加强预算管理、资金使用管理以及资产管理，从而促进非营利组织财务管理绩效最大化的实现。

（五）加强国有资产管理，防止资产流失

国有资产是非营利组织开展业务活动和完成行政工作任务的重要物质基础，国有资产管理是非营利组织财务管理的重要内容。加强国有资产管理，能够保证国有资产的安全、完整，防止国有资产流失，提高国有资产的利用效率，充分发挥国有资产在促进事业发展和行政工作任务完成中的作用。

（六）提高社会公信力，建立良好品牌形象

公信力是非营利组织赢得组织声誉、维持免税地位，吸引志愿者、获取社会资助和财政支持以及实现组织终极目标的必要前提。财务报告不仅是对捐赠人的交代，而且能增加组织的公信力，帮助组织树立良好的社会形象。财务公开对于非营利组织具有特殊的重要性，只有高效透明的财务管理才能够获得公众的信任，使捐赠人更加信任组织；同时，良好的公信力和品牌形象还能为组织吸引到更多的捐赠人和志愿者。

三、非营利组织财务管理的目标管理模式

非营利组织的目标与财务特征，决定了其财务管理的特殊性，强调重视预算管理，目标管理就是一种先进可行的预算管理方法。实行目标管理是指非营利组织财务管理活动开始于确定年度收支目标，围绕目标开展工作，以目标为标准来评价考核绩效。

（一）目标体系的建立

依据目标管理基本理论和我国推行目标管理的经验，实行目标管理首先应建立切实可行的目标体系。该体系包括中长期目标和年度目标。这个体系的建立不仅能够在组织内部建立目标激励机制，使组织成员清楚收支工作的预算，激发职员和志愿者的工作热情；更重要的是它可以建立约束机制，用于衡量收支工作的效率，进而完善组织的监督机制，提高组织的综合管理水平。

所确定的目标体系应满足以下六个要求：

（1）符合社会主义基本经济规律性。

（2）目标必须能够协调组织内部关于“各种利益主体各自利益目标之间的矛盾、资本的寻利性与组织的公益性之间的矛盾以及短期利益和长远利益的矛盾”等，使其达到高度统一。

（3）目标必须能够以货币度量，具有货币性。

（4）目标必须概念清楚、措辞准确、内容明确，具有明晰性。

（5）目标必须是可以按照工作的性质和业务的职责在所属范围内进行分解落实的量化指标，具有可控性。

（6）目标必须具有先进性。

（二）目标的执行

有了明确的年度目标，就需要采用相应的年度收支预算，并落实合适的营销措施和控制手段。非营利组织收入来源于政府、基金会、企业、个人、会员和顾客六类群体。加强收入管理就需要了解这六类群体的需求和欲望，并为其提供满足这些需求和欲望的途径。这需要分解收入目标、协调动员组织力量，进行市场调研、市场细分、组织定位、选择项目（服务、产品）、项目（服务、产品）定价、建立渠道、销售等大量的营销工作。非营利组织费用的管理可以借鉴营利组织投资管理方式进行。组织经营性成本的管理可以按照营利组织投资管理方式进行，追求经济利润的最大化，而组织公益性费用的管理则略有不同：组织的公益性质决定了这部分费用是得不到补偿的，强调管理公益性费用所注重的应是社会效益指标；通常在对这部分费用进行管理时，可以参照营利组织投资管理方式，以受益人数等数量指标代替经济利润指标作为评价基准。特别是对公益性费用中管理费用和其他费用的管理，控制这些组织为了自身的生存与发展而发生的支出时，要考虑筹资因素，只有当组织的目标、形象和能力得到社会认可，才能更容易地筹集资金，也才可能更有效地使用资金。

（三）目标的考核

良性发展的非营利组织通常都会通过评估最近的收支绩效，以不断地提高工作效率，尤其是面临越来越复杂的竞争和越来越稀少的捐赠时情况更是如此。因此，设定合理的目标管理模式，旨在清晰明确地指出财务管理运行的目标及预期效果，以实现初始目标，并达到资本利用的最大化，实现良好的社会效益。

四、非营利组织财务管理的意义

（一）有利于节约成本，实现资源优化配置

非营利组织财务管理是实现资源优化配置的重要途径，非营利组织财务管理实现变革才能够更好地促进自身的发展与建设，在信息技术快速发展的今天创造良好的社会效益。目前知识经济不断发展，网络技术得到了巨大的发展空间，网络经济也大量出现。在这种环境下，建立健全一套完善的财务管理体系，规范非营利组织财务管理行为，不仅有助于提高非营利组织内部的管理效率、降低运营成本，而且还有助于对外树立良好的社会形象，提高非营利组织的公信度，提高资源的合理有效配置，有助于非营利组织更好地实现组织的宗旨、任务和目标，使非营利组织财务管理的方法和理念更加适应现代社会的发展需要，进而实现全面的进步。

（二）有利于加强社会管理，协调市场与政府的统一运作

随着我国市场经济的持续发展，特别是近年来政府改革的稳步推进、财政职能转换和公共财政的建设，一些原来由财政全额拨款的社会福利部门和公共服务部门逐渐转变为自收自支的非营利组织部门，非营利组织得到了迅速的成长。非营利组织在调动社会现有资源、提供社会公共服务、维护社会稳定、协调社会关系、促进经济发展、创造就业机会等方面发挥着重要的作用，特别是在扶助弱势群体和开展各种公益性的社会福利服务方面，发挥着政府与市场难以取代的积极作用。

（三）有利于减少道德风险，降低代理成本

一般来说，非营利组织接受资源提供者的捐赠，并向不特定的受益对象提供公益服务，所以委托-代理关系普遍存在于非营利组织当中。在这种关系下，由于存在利益的不一致情况，非营利组织中的代理人可能会利用信息不对称优势，采取机会主义行为以实现自身效用最大化，从而导致道德风险和相应的代理成本。其中，道德风险是指由于代理人采取机会主义行为而给委托人和组织带来的风险，代理成本则指由代理人的道德风险所引发的剩余损失以及委托人的监督支出等非生产性耗费。非营利组织财务管理制度提供了一种制约机制，它通过一系列的法律法规以及相关的运行程序，明确了代理人的财务权利、责任和义务，并利用一定的监督和惩罚措施来保证其遵守相关程序规定。而且，非营利组织财务管理制度具有刚性特征和强制执行力，这有助于提高非营利组织财务活动的规范化程度，有效地约束代理人的行为，降低代理成本。

（四）有利于防止腐败，预防危机

财务状况的好坏，反映了非营利组织及其工作人员的工作规范和作风。规范而严格的财务管理将使组织的每一个运行环节都处于透明公开和可控的状态，配合公正、合理的奖惩制度，能够在制度层面有效地遏制腐败的滋生。同时，在运行过程中，非营利组织可能面临各种各样的困难和危机，财务上的危机可能直接影响非营利组织业务的正常开展，甚至危及组织的生存。通过健全的财务管理、财务预算和财务分析规划，可以保证组织发展必需的资金基础，预防和化解财务危机，谋求组

织的可持续发展。

阅读拓展 2-1

南都公益基金会

南都公益基金会成立于2007年5月11日，是一家经民政部批准成立的全国性非公募基金会，它的组织使命是支持民间公益。南都公益基金会关注转型期的中国社会问题，资助优秀公益项目，推动民间组织的社会创新，促进社会平等和谐。其组织愿景是人人怀有希望，即如果每个人心中都怀有希望，这个社会就会有光明的前途。

南都公益基金会为了解决社会问题，对相关的民间公益服务提供必要的支持，诞生了“新公民计划”，这一项目的宗旨是改善农民工子女的成长环境。随着中国城市化进程的加速，越来越多的农民工进城，农民工子女（包括“流动儿童”和“留守儿童”）的教育、心理健康、道德养成等方面存在许多困难和问题，这些问题如得不到妥善解决，不仅对农民工子女个人的成长产生不利影响，而且对国家和社会的未来也将带来严重的后果。为改善农民工子女的成长环境，南都基金会决定实施“新公民计划”，以项目招标的方式，资助非营利组织开展农民工子女教育、心灵关怀的志愿服务和公益创新项目，捐建民办非营利农民工子女学校。南都公益基金会愿与社会各界一起，共襄义举，为农民工子女的健康成长，为和谐社会建设尽绵薄之力。

2007年7月12日，南都公益基金会正式启动了“新公民计划”，该计划是南都公益基金会最大的执行项目，分为“新公民计划”公益项目和新公民学校建设项目。其中，公益项目包括道德辅导、学业辅导、健康成长指导、就业服务、生活方式辅导、社会交往指导和改善农民工子女成长环境的研究和政策推动项目；建设项目则计划在未来5~10年内，以项目招标的方式捐建100所新公民学校。

资料来源　崔向华，张婷. 非营利组织管理导引与案例［M］. 北京：中国人民大学出版社，2012.

第三节　非营利组织财务管理与企业财务管理的区别

一、组织目标不同

众所周知，营利组织最典型的就是企业，而企业是以营利为最终目的的，其出发点和归宿都是营利。因此，营利组织就围绕生存、发展、获利进行运营。而非营利组织是不以获取利润为目的，为社会公益服务的独立组织。非营利组织表现为各种社会团体、事业单位或者民办非企业单位等形式，在教育、文化、科学技术、医疗卫生、环境保护、权益保护、社区服务、扶贫发展及慈善救济等领域为社会公益提供服务。

日本学者川口清史认为：非营利组织一般是指不以获取利润为目的，而从事商品生产、流通和提供服务的这样一些组织。尽管这些组织提供有偿服务，并收取合理的费用来弥补它们提供服务所消耗的成本，以维持组织的生存，但它们不是以营利作为组织运营的最终目标。非营利组织即使有盈余也要回馈给其他有利于该组织宗旨完成的运作或组织的扩充，而不会分配给组织的成员、管理人员，或者进入任何一个私人的账户。

非营利组织通常包括学校、医院、慈善机构、合作团体、社区组织等。因此，非营利组织的组织目标不是营利，而是为了满足社会及其成员各种社会性的需要，即完成某些社会使命。相对于营利组织而言，非营利组织服务于社会大众，而不是特定的个人或组织。所有的非营利组织都是在利用自身的资源为社会提供产品和服务，它们提供服务是服从于某些公共目的和为公众奉献，在一定范围内为社会公益服务，也就是完成某一社会使命。而企业服务的对象为其股东，也就是说企业必须以股东财富最大化为目标，力求给股东带来财富的最大增长。

二、组织的财务管理目标不同

与企业组织的营利目标相对应，企业财务管理的目标也就与获利紧密相连。有关企业财务管理目标我们通常有几种具体的表述，包括利润最大化、每股盈余最大化、股东财富最大化、企业价值最大化，尽管表述不一样，但均具有同样的本质，都是以营利为其最终目的。由于股东出资创立了企业，企业就必须为股东创造财富，而利润则代表了企业新创造的财富，利润越多说明企业为股东所创造的财富越多。因此，利润指标成为衡量企业绩效标准的一个重要指标，为企业提供了量化分析的方法，便于企业进行分权管理，同时也便于不同企业之间进行业绩的比较。同时，为了获取更多的利润，企业必须源源不断地为顾客提供更多、更好的产品和服务，以吸引顾客的购买意愿，尽可能增加收入来源，同时尽可能降低生产和服务的成本，为投资者创造尽可能多的财富。因此，顾客成为企业收入的主要来源，也是其财富增加的源泉。由于有利润等量化的绩效指标，便于对经营者的经营业绩进行量化考核，进而可以将责任、权利落实到个人。另外，所有者通过股东大会、董事会等机构实施对经营者的监督，因此，在营利组织中，其责、权、利相对明确。

与营利组织的目标——实现具体的经济效益相对应，非营利组织财务管理的目标可以描述为：获取并有效使用资金以最大限度地实现组织的社会使命。因此，在非营利组织财务管理中，首先没有利润指标。非营利组织是为了实现其社会使命而运作的，对于为实现其社会使命所提供的服务，也会收取一定的费用，但该收费水平与营利组织相比明显偏低，有些甚至是免费的。非营利组织在运作过程中也会产生收益，以便提供其活动的资金，维持该组织的生存。但即使有收益，也不能将收益分配给其创立人、会员、干部、董事或员工。这是由于非营利组织的最终目标是完成社会使命，并不是为了产生利益。其次，在非营利组织财务管理中，顾客不是其主要资金来源。其资金来源大多为外部的捐赠，而这些捐赠者的主要目的不是期望获得同等或成比例的回报，而是希望非营利组织为整个社会或特定团体提供更多的服务或商品。最后，缺乏利润等具体的量化衡量指标体系，使得非营利组织内部的责、权、利不明确，非营利组织运营效率的衡量就成了一大难题。而且，量化衡量指标的缺乏，一方面不便于非营利组织的分权管理，另一方面不便于不同非营利组织之间绩效的比较。

三、财务管理的内容不同

对于营利组织而言，其财务管理活动的内容可以概括为三大部分：筹资、投资和收益分配。根据资本金制度，企业在创立时需要一定的自有资金，以便其进行正常的生产经营活动，因此在企业成立之初，就要进行权益资金的筹集。而在其后正常生产经营过程中，企业为了扩大再生产，不可避免地会通过负债或权益等形式筹集企业所需资金。企业的筹资是为了投资的需要，通过投资活动，为企业带来投资收益的增加，最终为企业带来财富的增加。由于企业是由投资者出资建立的，企业通过投资获得的投资收益，最终要对股东进行相应的投资回报，即收益的分配。在这三种主要活动中，筹资活动与投资活动是企业财务管理活动的主要内容，这是由利润最大化或股东财富最大化的企业财务管理目标所决定的。因为只有投资活动才能给企业带来财富的增加，而投资需要资金的支持，相应地要求企业进行必要的筹资活动。

非营利组织的财务管理目标为获取并有效使用资金以最大限度地实现组织的社会使命，以及区别于营利组织的上述财务特征，决定了非营利组织财务管理的主要内容是收支管理以及预算管理。非营利组织的收入来源重点包含民间捐赠、服务收费和政府补贴三个渠道。民间捐赠大部分来自个人、基金会和企业的捐款，这是非营利组织独特的收入来源，也是其与公共部门及私人营利机构相区别的标志之一。服务收费是非营利组织获得资金的极其重要来源，在发达国家，会费、收费活动和商业经营所形成的收入在非营利组织总的资金来源中的比例达到一半以上，它也是非营利组织总收入的最大部分。非营利组织尽管不以营利为目的，但为了自身的生存与运作，会提供有偿的服务。

除了民间捐赠和服务收费以外，政府补贴也是非营利组织收入的主要来源。在一些欧洲发达国家，非营利组织最大的一个资金来源就是政府补贴和拨款。政府除了给非营利组织以直接的资助外，还通过所得税豁免、私人和企业非营利捐款的减税等对非营利组织提供间接资助。较为充裕的资金来源，在一定程度上确保非营利组织有能力完成其社会使命。非营利组织的支出是指非营利组织为组织自身的生存发展和开展业务活动以实现其社会使命而发生的各种资金耗费。这里的支出与企业的投资不同，投资是为了获得经济上的利益，投资的最终目的必须从经济效益出发，而非营利组织支出所注重的是社会效益，即是否能够实现某些社会使命。

四、组织的权益不同

对于企业而言，股东出资创办了企业，对于企业的资产，股东拥有所有权。股东以其出资比例为限承担相应的义务并享有相应的权利。在企业破产清算时，对于企业的破产财产，股东拥有剩余财产的求偿权。

对于非营利组织而言，由于其所有权形式特殊，资金来源大多为捐赠，资金的提供者对于组织的财产并不享有所有权，相应地就不存在可以明确界定并可以出售、转让、赎买的所有者权益。即使非营利组织解体，资财提供者即捐赠者也没有分享一份剩余资产的权利。这是因为非营利组织的成员不是按照法律要求而组成的，而是在自愿的基础上，捐赠出一定的资金或财产给该组织。在成员将资金或财产捐赠出后，捐赠者对该资产就失去了所有权，该资产的所有权就归非营利组织所有。非营利组织成员不能对其捐赠出的资财的权益进行转让、出售，但非营利组织在某些情况下必须按照资产提供者的要求来进行运作、管理和处置。但资财的提供者不期望收回或者以此获得经济上的利益，因而非营利组织通常不进行损益的计算，也不进行净收入的分配，即使有收益也是留归组织本身所有。因此，对于非营利组织而言，资产的权益属于组织本身所有，而不是归资产的提供者所有。

第四节　非营利组织财务管理存在的问题及成因

一、非营利组织财务管理存在的问题

（一）法律制度不完善，法律体系不健全

目前，我国在具体的非营利组织财务管理工作中，所依据的法律制度不够完善，并且很多法律制度存在严重的滞后性。当前非营利组织的财务管理主要参照行政事业单位财务管理制度，还没有一套完整的适合非营利组织发展的财务管理制度，特别是缺乏有针对性的非营利组织的会计指导理论及具体的财务管理办法。由于法律制度的不完善以及法律体系的不健全，组织内部的财务体系比较单一，不重视会计制度和财务制度的建设，并且很多具体的财务管理工作没有统一规范的标准。

（二）财务管理专业人才缺乏，经济管理理念滞后

我国非营利组织发展起步较晚，目前存在组织规模普遍不大，运行机制不完善，工作人员工资福利较低等劣势因素，造成了非营利组织对专业人才不具有吸引力的现象。同时，非营利组织财务体系单一，人员招聘机制不完善，财务风险防范意识薄弱，进一步加剧了非营利组织财务管理状况混乱的现象。

同时，在非营利组织的财务管理工作中，财务管理效果直接受到管理理念的影响。当前，社会环境以及市场经济变化日益加快，国外的财务管理水平得到了巨大的提高，但是我国非营利组织的财务管理还停留在原有的管理理念中，没有紧跟时

代步伐，规章制度方面很是缺乏，没能很好地规范和引导非营利组织的财务健康发展。政府不仅是非营利组织的出资者，也是监督者，在监督非营利组织公共责任履行方面起着举足轻重的作用，建立完善的非营利组织财务监督机制是非常有必要的。

（三）财务透明度低

非营利组织不像企业组织尤其是上市公司那样需要定期发布财务报告，接受政府和社会审计的监督。很多非营利组织没有建立信息披露制度，无须公开财务报告，财务管理透明度较低，使得资源提供者无法获得组织运行的具体情况，严重影响了资源提供者的积极性，降低了其对组织的接受度与信任度。此外，由于透明度低，容易导致双方信息不对称，从而阻碍组织的健康持续发展。

（四）绩效评估无法进行

绩效评估通常以利润作为其衡量指标，但非营利组织受其公益属性的引导，不以营利为目的，因此不存在利润指标，所以对其进行绩效评估显得比较困难。衡量非营利组织业绩的主要标准是社会效益，而社会效益在某种程度上讲是一个质性的指标，管理者很难评定社会绩效，到目前也没有一套科学适用的评价指标来衡量非营利组织的绩效，造成非营利组织内部不注重资金使用效率，财务管理可有可无的局面。

（五）收入与支出管理不合格

非营利组织的收支管理主要是指对资金收入、日常资金支出和项目资金支出等方面的管理。根据《民间非营利组织会计制度》的规定，民间非营利组织的收入主要是指为开展业务活动而获取的、能够导致本期净资产增加的非偿还性的资金，包括自创收入（捐赠收入和政府补助收入等）和非自创收入（销售商品或者提供服务而取得的收入等）。对于服务性的收入，由于很多组织并没有进行实地考察，往往会出现收费过高或过低现象。对于非营利组织的支出，按其用途可分为项目活动支出和行政办公支出，虽然我国针对诸如公募基金会的公益支出比例做了不得低于上年总收入 70% 的规定，但实际工作中还是存在很大一部分基金会不达标的情况。

（六）投资活动缺少监督

非营利组织的投资活动往往在组织存在多余资金时进行，这样做不仅能避免资金闲置，也能使资金具有保值、增值的效果。投资活动势必会存在一定的风险，不仅要考虑收益多少，还要考虑与收益相对等的风险大小如何。目前，对于非营利组织来说，主要的投资方式是证券投资和基金投资。非营利组织进行投资活动的目的是弥补营运成本，而不是为了获取投资收益。其投资的资金成本为零，也没有企业资金增值的压力，更不用告知出资人这部分资金将会如何运作，这就导致管理者在做决策时缺少完善的投资决策机制。

二、非营利组织财务管理问题的成因

（一）财务管理制度缺失

非营利组织的财务管理工作需要依法依规进行，作为组织内部财务管理依据的规章制度至少应该包括会计制度、财务制度、内部控制制度等。会计制度规范非营利组织的会计核算，正确反映非营利组织的资金运动；财务制度规范非营利组织资金的筹集和使用，保证资金使用效率与效果；内部控制制度则是提高非营利组织管理水平和风险防范能力，促进组织可持续发展，维护社会公众利益的综合性制度。我们不难发现，政府对于企业的经营活动发布的法规制度比较多，如企业会计准则、企业财务通则、企业内部控制基本规范、企业内部控制配套指引等。相比企业而言，政府层面对非营利组织在制度建设方面做得不多，没有针对非营利组织的财务通则或规则，也没有出台相应的内部控制制度。

（二）理论研究不充分

众所周知，财务管理在企业中得到广泛而深入的运用得益于财务管理理论的研究。当前对于企业财务管理的研究非常深入，涉及企业资金运动的各方面，各种分析、预测、决策、评价的方法及模型层出不穷，各种财务管理的理论被提出并运用于实践，不同理财的观点碰撞出智慧的火花，让企业财务管理的理论体系更加完整，内容越来越丰富。而非营利组织财务管理方面的研究却十分稀少，著作数量不多，且研究的深度和广度均不够，或者套用企业或行政事业单位的一些思路与方法，没有提高到理论层面去考量，其对实践的指导意义不大。还有一些则引用外国非营利组织的财务管理理论与方法，但这些方法能否为我国所用还需要时间和实践进行检验。

（三）缺乏有效监督

对非营利组织的监督不力，主要体现于外部监督和内部监督两方面。从外部监督看，政府有关部门并没有建立起能够对非营利组织的财务活动实施有效监督的机制。非营利组织的资金来源、支出与使用，资产投资、收益与处置等重大财务活动，政府有关部门应该监督什么，如何实施监督等均无详细具体的规定，造成各非营利组织资金使用不可能是规范的。出资者在交出资金所有权的同时往往也交出了资金使用的监督权，因此并不会关心资金的应用途径和使用效率，也不会对组织的运作和管理情况给予更多的关注。新闻媒体的监督应该是一种有效的方式，但大部分时间里因非营利组织缺少新闻热点，往往会被忽视，加上非营利组织中的财务活动往往被内部人掌握，媒体对财务活动不会知悉太多的信息，也会造成监督的力度有限。从内部监督来看，因非营利组织内部规章制度不是很健全，对于财务活动的监督也会难度很大，内部审计、内部牵制的机制的建立不尽如人意，甚至有的非营利组织内部不设置相应监督机构。

（四）缺少成本效益意识，忽视成本费用控制

我国非营利组织行政法规人为建立起垄断局面，一方面人为地保护与政府部门关系密切的自上而下的非营利组织，另一方面又限制了自下而上的非营利组织带来的竞争。而且，我国非营利组织行政法规尽管提出了受赠财产支出约束问题，强调受赠财产必须用于符合组织章程规定的宗旨和业务范围，必须根据与资源提供者约定的期限、方式和合法用途使用，但并不强制要求核算和控制提供社会公益服务的

成本费用。这使我国非营利组织普遍缺少成本费用核算和控制的动机，只注重实际任务的完成情况，缺乏成本效益观念，开展社会公益活动不计成本，并且可能存在尽力扩大支出的倾向，为了满足自身的资金需求，不顾后果地向银行等金融机构贷款，从而面临严峻的财务风险。

（五）财务风险防范与预警机制薄弱

在市场经济体制的大背景下，任何组织在发展过程中，其各项目标的实现都要依赖于资金的支持与财务管理的配合，否则就会发生财务风险。非营利组织主要的财务风险包括：捐赠收入来源的不稳定性、腐败分子吞噬组织资金、投资决策机制不完善、财务风险应急机制缺乏等。目前我国非营利组织对财务风险识别、正确估计与评价的能力都较低。正确认识和客观分析非营利组织的财务风险，采取有效的财务风险防范与预警机制，对非营利组织的生存与发展具有深远意义。

三、非营利组织财务管理改进的建议

（一）健全财务管理制度

非营利组织财务管理建设中一定要注意单位的财务工作。首先，要建立有效的单位内部财务管理制度，制定规范化的财务工作程序，明确各种责、权、利关系，使财务工作的进行和问题的处理有章可循，有制度作保证，而不是领导说了算；其次，明确岗位责任制及工作标准，完善会计人员准入制度，比如财会人员必须具备一定等级的技术职称等；最后，为了保障财务管理制度的有效执行，非营利组织机构要建立内部控制和审计制度，如不相容职务必须安排不同人员来担任，这样能加强内部管理监督，明显减少问题的发生和舞弊的行为。

（二）加快财务管理工作与信息化的结合发展

积极建立内部信息服务平台。非营利组织机构的工作人员可以通过平台实时更新一些数据资料，包括当日的资金收入数目、支出数目、确切时间和操作人员等详细信息，确保每一条信息真实有效。在为内部工作人员提供信息资源的同时，为管理者的管理工作提供方便的管理途径。同时还可以建立外部信息服务平台，社会各界可以通过平台了解到组织的运营情况，包括资金是否运用得当，管理者是否有管理的能力和资格，了解组织的一些新的动向，为组织的发展提出自己的合理化建议，同时非营利组织也可以通过对其他组织的信息平台的查阅，实现资源共享。

（三）加强各部门的监管力度

会计工作的良好进行是财务管理的根本基础，所以对组织的监督检查应该从会计人员的专业资格入手，保证人员的业务专业性，同时对财务部门的日常核算和管理要定期监督检查，对部门负责人执行会计规章制度情况进行检查。非营利组织按照要求定期公开经营情况，真实地反映每一项收入来源、时间和资金的去向，包括组织人员的福利待遇也应该公开透明，组织的年度财务会计报告可以供社会各界方便地获取，群众有权利也有义务监督促进非营利组织的发展。

（四）推进财务透明化，加强监督

非营利组织应不断提高其财务信息的透明度，接受社会监督。非营利组织要通过媒体、网站、向捐赠人邮寄等方式公布财务报告、业务开展情况等相关信息，主动接受社会监督，让捐赠人、赞助者、会员充分了解他们所捐助的资金、交纳的会费都能按他们的意愿使用。只有这样，才能不断提高非营利组织的知名度和良好的社会声誉，争取到更多的资金支持。

阅读拓展 2-2

中国扶贫基金会

中国扶贫基金会成立于 1989 年，是在民政部注册的全国性公益慈善组织。1989 年 3 月，中国贫困地区发展基金会（中国扶贫基金会前身）成立，首任名誉会长系原国家主席、时任全国政协主席的李先念，首任会长为原福建省委书记项南。2000 年 1 月，中国扶贫基金会三届四次理事会确定了“三不一专”原则，即机构不要行政级别、不要事业编制，不进行行政化募捐和项目实施，实行社会化、专业化经营和管理。2000 年以来的中国扶贫基金会，秉承“服务、改变、阳光、坚韧”的文化，致力于建设真正意义的社会组织，经历了由“官办”到“民办”的组织变革；由“粗放”到追求“精细”“专业”的管理变革；由“泛扶贫”（资助对象不求精准到人）、“项目宽泛”（扶贫项目不聚焦），到直接“瞄准受益人”“聚焦品牌项目”的项目变革。

中国扶贫基金会以搭建社会贫富互动平台，传递慈善爱心，促进社会和谐发展为己任，以励精图治、求真务实的精神，致力于动员社会参与，创新扶贫方式，推动政府公益政策制定，促进公民社会发育，实现社会平等、公正和共同富裕。

中国扶贫基金会已经成为中国规模最大、实力最强的专职扶贫公益机构。中国扶贫基金会高度重视队伍建设和机构文化的涵养，提倡无私奉献的志愿精神，强调科学、规范的内部管理，发扬艰苦奋斗的工作精神，奉行公开透明的财务制度，遵循严格自律、自觉接受社会监督的原则，其社会知名度、公信度日益提高，并享有国家特批的对基金会进行公益救济性捐赠实行全额免税的政策优惠。

今天的中国扶贫基金会，围绕提升专业品质，追求公益项目实效，在公益经营管理的各个细节层面不断探索，在经营慈善的道路上日益专业化。基金会以“播善减贫，成就他人，让善更有力量”为使命，以“经营慈善、笃信管理、方法制胜、职业精神”为信念，将贫困和受灾地区的弱势群体，尤其是妇女、儿童以及这些地区的公共设施和社区基层组织列为服务对象，对他们进行直接援助。坚持以最好的产品设计、最大限度地瞄准贫困弱势人群、最大限度地提高单位资金的扶贫效益、尽可能地推动受益人参与和制度创新、打造具有广泛影响力的资助型国际公益组织为目标，承诺通过在项目参与中学习，注重受益人自信、自尊、自强与自我发展能力的成长。

中国扶贫基金会的项目主要分成两类：一类是援助型项目，以直接援助为主要形式，有针对性地解决贫困的四大成因，即健康与卫生、教育与成长、社区与生计、灾害救援，如小额信贷项目、爱加餐项目、新长城助学项目、爱心包裹项目、紧急救援项目、美丽乡村项目以及国际援助项目等；另一类是倡导型项目，主要有中国消除贫困奖、饥饿24、善行者、善行100、人人公益项目、公益未来等，动员更多社会力量关注贫困，参与行动。为推动中国第三部门健康发展，从2010年起，中国扶贫基金会开始持续资助出版《中国第三部门观察报告》。

中国扶贫基金会的宗旨是：扶持贫困社区和人口，改善生产、生活和健康条件并提高其素质和能力，实现脱贫致富和持续发展。基金会的使命是：帮助贫困社区的弱势群体提升自我发展能力，改善基本生产条件和基本社会服务水平，促进受援人脱贫与自立，强化基层管理与组织，减轻社会疾苦与不安，传递人类爱心与善心，促进社会和谐与文明。基金会业务范围主要包括：接受资金、物资捐赠及技术援助；开展各种扶贫济困活动，通过各种渠道募集扶贫资金和物资；资助中国贫困社区进行必要的教育、卫生、环境和文化建设；扶持贫困家庭和人口改善生产生活条件，促进其素质和能力提高；促进中国贫困地区与经济发达地区及海外的联系、交流与培训；为关心支持中国扶贫事业的组织、企业和个人的扶贫济困公益活动提供咨询、代管和服务；按有关规定设立账户，独立核算，对基金的募集和使用进行管理。基金会的承诺：让受援人在项目参与中学习，并促进其自信、自尊、自强与自我发展，尽最大努力铲除援助过程中的腐败，剔除多余动作与中间截流，直接将爱心传递给贫困人口；有项目工作的原始记录和档案供人查阅，欢迎公众、媒体和研究人员参与监督与研究。

中国扶贫基金自1989年成立以来，不辱使命，一直以关注疾苦、传递关爱、促进和谐为己任，已成为当前内地扶贫领域规模最大的公益组织，到2009年底已累计募集资金和物资近20亿元人民币，使400万贫困群众受益。

中国扶贫基金会的研究意义：

1. 完善的内部管理机制

中国扶贫基金会较早引入了与时俱进的绩效考核与评价机制，逐步取消行政级别，明确规定每一位员工的责权利，建立严格的监测评价体系与激励机制，对员工的进、出、升、降等实行有序化的管理。通过理事会制度的发挥，设立的理事会与秘书长管理体制，起到了对各方资源协调高效运用的作用，在此目标下，基金会按照功能健全、分工明确的原则进行了合理的组织机构设置。中国扶贫基金会良好的内部沟通与协调机制、激励奖酬机制对当下非营利组织理事会制度的发展具有借鉴意义。如何构建行之有效，又能激发成员自身志愿服务活力，创新非营利组织开展活动方法，使之在当下多变复杂的社会环境与需求中具有更强的灵活性与生命力是当下非营利组织毋庸置疑的发展使命。

2. 透明的工作制度安排

充分的档案建设，详细记录并保存组织和员工活动的记录是基金会管理的一大特点。基金会要求员工自我记述日常工作安排以此作为绩效考核的依据，并基于完善的档案管理机制，遵照最新的档案管理办法，将基金会日常运作的信息以及活动职能的安排等信息进行了充分的整理、装订、归档。这样不仅有助于推动基金会对自我日常工作的管理，也是对于自身接受外部监督的很好依据，并在丰富资料与备案的基础上为组织自我革新发展提供了源源不断的动力。由于基金会非营利组织的特殊性，透明的财务、工作信息，完备的活动资料准备在推动基金会完成使命的基础上，也成为其吸收社会资源，树立社会积极典范，化解现实危机的重要渠道。这些都得益于中国扶贫基金会充分的档案资源建设以及良好的透明性规范要求。

3. 项目管理

中国扶贫基金会较早引入了全面合约管理与项目管理，作为其寻求外部资源支持的重要技术工具。项目管理不仅使得基金会拥有了更好的工作安排管理效率，其注重结果的要求也推动了基金会运营的低成本与高利润率的实现，缩短项目开发时间。对项目的追踪以及职责的明确界定，不仅加快了员工自我成长为一名合格的管理者，并且激发了员工更好地实现其精神价值的诉求，调动了员工充分的工作热情，确定了明确的任务方向。

今天的中国扶贫基金会，围绕提升专业品质，追求公益项目实效，在公益经营管理的各个细节层面不断探索，在经营慈善的道路上日益专业化。非营利组织的发展也应在透过广泛的活动实践中树立永续学习的观念，通过完善的内部管理、良好的外部作业技术，在注重受益人与员工自信、自尊、自强与自我发展能力成长的基础上，寻求非营利组织更好满足当代中国社会需求、树立正确民主价值典范、为社会成员提供服务的使命目标。

资料来源　佚名．中国扶贫基金会［EB/OL］．［2018-02-22］．https：//baike.so.com/doc/5378676-5614887.html.

复习思考题

1. 什么是非营利组织财务管理？

2. 非营利组织财务管理的基本内容是什么？

3. 什么是非营利组织财务管理的目标管理模式？

4. 企业财务管理与非营利组织财务管理的区别是什么？

5. 结合实例分析非营利组织财务管理所面临的问题和成因，并提出相应的对策建议。

第三章　非营利组织的预算管理

学习目标：通过本章学习，能够全面了解非营利组织预算管理的概念和意义；熟悉非营利组织预算管理的编制原则；理解非营利组织预算管理的预算体系和考核体系；清楚非营利组织预算管理的程序；全方位掌握非营利组织预算管理的基本方法；了解我国非营利组织预算管理的现状和存在的问题。

第一节　非营利组织预算管理的内涵与编制原则

随着我国经济体制和政府体制改革的不断深入，非营利组织已进入了一个快速发展时期。与此同时，非营利组织之间的资源竞争也愈发激烈。为保证组织内部的财务活动规范、资金使用效益最大化、提升自身的竞争力，非营利组织必须进行有效的预算管理。

一、非营利组织预算管理的内涵及性质

（一）非营利组织预算管理的内涵

预算是政府机关、事业单位和社会团体等根据行政事业发展计划和任务编制的对于未来一定时期内收入和支出的计划。在我国，非营利组织中的预算一般是经法定程序批准的单位年度财务收支计划，多用于各部门的费用控制，也称为财务预算。预算管理的最基本表达形式是“数字”。满篇“数字”的预算文本中，包涵了单位一系列、深层次的事业发展宗旨、目标、方针、政策、规则、程序、规划等内容。这些具体内容构成了预算管理的内涵。因此，对非营利组织来说，预算管理是各项事业发展计划在财务上的体现，也是政府分配资源方式的具体体现。它是政府财政部门与非营利组织之间的桥梁，也是对非营利组织进行财务控制所使用的主要手段。

（二）非营利组织预算管理的性质

预算作为计划的一种，具有一般计划所具有的共同特性：探测未来，即对尚未到来的“现实”的一种预先测算。测算与实际存在的差异，对预算造成了过高估计收入从而形成“赤”字的风险，以及过低估计收入从而抑制事业发展的风险。预算的这一基本性质要求预算人员不仅要加强对估算能力的训练和提高对风险防范的重视，而且要处理好各种平衡关系，利用“削峰填谷”的方法提高预算人员在资金使用上的创新能力。

非营利组织的预算除了具有一般预算的性质特点之外，需要更多地反映非营利组织事业发展的规律和理财思想与目标。综合起来说，应有如下几点：（1）反映非营利组织发展特点；（2）合乎法律法规要求；（3）体现非营利组织当年目标；（4）注重操作易懂易行。

这些特征是预算作为指导未来工作的行动方案，在保证非营利组织各项工作正常开展的同时，特别保障了中心工作的资金需求，促使单位当年事业发展计划的全面完成。单位各部门和人员通过预算的协调相互配合，为非营利组织早日成为市场经济背景下“自行决策、自主运行、自我发展、自我约束”的法人主体而共同努力。

（三）非营利组织预算管理与政府、企业预算管理的区别

预算主要解释“需要干些什么”的问题，而管理主要解释“需要怎么去干”的问题，因此预算管理是决策与管理的结合。目前在西方发达国家，政府、企业以及非营利性机构普遍采用预算管理方法。预算管理涉及三种不同的范畴：企业预算管理、政府预算管理、非营利组织预算管理。

1. 非营利组织预算管理

非营利组织预算管理是指非营利组织的理财主体或者其委托任命的管理人，为了正确设计其预算和全面实现预算目标，借助于各种科学的理论和方法，对预算的编制、审批、执行、调整、监督过程实施计划、组织、控制、分析和评价等的一系列活动。

2. 政府预算管理

政府预算管理是指国家预算编制及预算执行和监督全过程中各项制度、业务规范的总和，是为确保政府预算资金规范运行而进行一系列组织、调节、监督活动的总称，是财政管理的中心环节。政府预算就是对政府所取得的税收收入的分配，是以政府为主体的财政分配关系，体现着政府活动的范围和方向。政府预算是政府职能的体现，体现政府的财权和事权的统一。所以，政府预算更多的是一种宏观预算，是在公共服务框架内根据国家的发展重点对各个领域资金的合理安排，这些领域的资金自上而下再进行层层地分解和落实，其中有一部分资金会二次分配到作为实体公益型非营利组织的国有事业单位。

政府预算管理的基本内容包括：政府预算的编制与审批、预算的执行、决算的编制与审批，以及建立健全政府预算的法规制度和预算管理的基础工作。因此，政府预算管理更注重预算管理的法制化、规范化以及公开性。

3. 企业预算管理

企业预算管理是指利用预算对企业内部各部门、各单位的各种财务及非财务资源进行分配、考核、控制，以便有效地组织和协调企业的生产经营活动，完成既定的经营目标。企业预算管理更注重效益优先和权责对等原则，重视对财务风险的控制。所有权和受益权统一，营利性、追求私人利益的满足是企业最大的特点。与此相对应，企业预算管理的根本落脚点是最大限度地物尽其用，取得最多的经济效

益。营利性的特征使得企业考核目标的确定更为清晰和直观。

企业的管理要以预算管理为中心，全面预算、责任预算等模式相结合，效益、效率和效果成为衡量企业管理水平的重要指标。预算的形式多分为业务预算、资本预算、筹资预算等，主要是依据产品和市场的特点确定预算管理模式。

总而言之，明确非营利组织预算管理与政府预算管理、企业预算管理的区别和联系，能增强预算管理的方向性，合理反映非营利组织及其事业发展的规模和方向。对非营利组织来说，预算管理是其财务管理的核心和关键，它既是单位年度事业计划和工作任务的货币表现，也是组织各项财务活动的前提和依据。

二、非营利组织预算管理的意义

预算管理是财务管理的核心。非营利组织的预算是各项事业发展计划在财务上的体现，它能使非营利组织有限的资金得到合理配置和充分利用，使稀缺的资源产生最大效用。同时，非营利组织的预算也是政府分配资源方式的具体体现。因此，预算是搭在政府财政部门与非营利组织之间的桥梁，也是对非营利组织进行财务控制所使用的主要手段。通过对预算管理方式的改革，促进预算管理方式的合理性，从而增强政府财政部门控制非营利组织的财务收支行为，以加强对非营利组织的控制和监督，提高其经营绩效、支付能力和工作效率，这对于发挥非营利组织向社会提供公共物品和公共服务方面的独特优势、促进非营利组织与政府的相互补充和配合具有重要意义。

非营利组织进行预算管理是市场的要求。非营利组织虽然处于非物质生产领域，但同样也是国民经济的重要组成部分。它一方面为社会提供科学、文化、教育等方面的服务，另一方面也是商品、劳务的购买者和消费者。因而非营利组织介入市场，必然要按照市场经济的一般规律去办事，要处理好组织内部各方面的分配关系，发挥组织内部各方面的积极性，加强资金管理，提高运营效率，这是市场的需求，也是非营利组织自身生存与发展的必然要求。

非营利组织进行预算管理是市场竞争的必然结果。市场经济要求非营利组织引入竞争机制，实现资金使用效益的最大化。实践证明，非营利组织仅仅依靠公益捐赠和政府投入来谋求发展是行不通的。只有引入市场竞争机制，实现优胜劣汰，使稀缺资源得到优化配置，使组织建立起自我完善、自我发展的新机制，获得竞争优势，才能持续存在，健康发展。因此，客观上要求不断改革和规范非营利组织的财务控制制度，在财政政策上为非营利组织降低成本、合理利用组织内部资源、提高市场竞争力创造一个良好的环境；建立起一个有利于非营利组织自我发展、自我约束、充满生机和活力的财务控制体制，保证组织内部的财务活动规范、高效以及资金使用效益最大化目标的实现。

三、非营利组织预算管理的编制原则

非营利组织预算管理的编制是一项非常细致和复杂的工作，为了科学合理地编制好预算，应当遵循以下原则：

（一）政策性原则

非营利组织尤其是公立非营利组织的各项事业发展计划是国民经济与社会发展总体规划的重要组成部分，预算管理是为完成事业发展计划而进行的。因此，非营利组织预算的编制必须以国家有关方针和政策以及各项财务制度为依据，根据事业发展规划的需要，合理安排和使用各项资金。

（二）公开性原则

非营利组织是不以营利为目的，为社会公益服务的组织。预算是非营利组织所要完成的公益工作任务和事业计划的货币表现，是非营利组织日常组织收入和控制支出的依据。因此，编制的预算必须以一定的方式向社会公布，以便接受监督。

（三）合理性原则

非营利组织预算的编制要统筹兼顾，正确处理好整体与局部的关系、事业需要与财力和支持的关系，做到科学合理地安排各项资金，使有限的资金发挥最大的效益。在编制预算时，要保证重点、兼顾一般，要优先保证重点支出，同时也要妥善安排好其他各项支出。

（四）可靠性原则

非营利组织预算的编制应当实事求是。预算收支的每一个数字指标必须运用科学的方法，依据充分确实的资料进行计算，不得随意假定、估计，更不能任意编造。

（五）完整性原则

非营利组织在编制预算时，预算的收支项目要完整，全部收支内容都必须纳入预算范围之内，不得打埋伏、遗漏或隐匿，更不能编制预算外预算。

（六）统一性原则

非营利组织在编制预算时，要按照国家和有关主管部门的统一要求、统一设置的预算表格和统一的口径、程序及计算依据进行编制。同时，要尽量与会计核算口径一致，以便及时考核预算执行情况。

四、非营利组织预算管理体系

构建非营利组织的预算管理体系，内容和模式可以有多种选择，基本的预算管理体系包括预算的编制、预算的执行、预算的分析与考核、预算的调整等内容，如图 3-1 所示。

基本预算管理体系包括预算编制体系、预算执行体系、预算分析与考核体系以及预算调整体系，具体又划分为日常业务预算、专项业务预算和其他业务预算，其基本思路是从收入和支出两个角度进行预算编制。

（一）收入预算

收入预算是指非营利组织在年度内通过各种形式、各种渠道可能取得的用于各

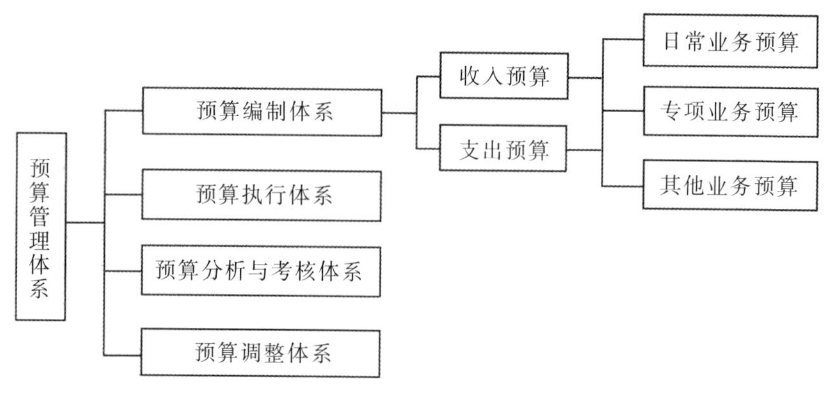

图 3-1 非营利组织预算管理体系

项事业以及其他活动的非偿还性资金的收入计划。因为收入预算汇集了预算年度内非营利组织可能提供的用于开展各项事业的全部资金收入，所以通过对收入预算各项指标的分析，可以明确非营利组织事业计划的财务保证水平以及提升非营利组织依法多渠道筹措经费的能力。

收入预算由财政补助收入和非财政补助收入两部分组成。财政补助收入是指非营利组织直接从财政部门取得的和通过主管部门从财政部门取得的各类事业经费，包括正常经费和专项资金。非财政补助收入包括上级补助收入、事业收入、经营收入、附属单位上缴收入和其他收入。上级补助收入是非营利组织从主管部门和上级单位取得的非财政补助收入。事业收入是非营利组织开展专项业务活动及其辅助活动取得的收入。经营收入是非营利组织在专项业务活动及其辅助活动之外开展非独立核算经营活动取得的收入。附属单位上缴收入是非营利组织附属独立核算的单位按照有关规定上缴的收入。其他收入是指上述规定以外的其他各项收入，如投资收益、利息收入、捐赠收入等。

（二）支出预算

非营利组织的支出预算是单位年度内用于各项事业活动及其他活动的支出计划。对支出预算各项指标的分析，可以明确非营利组织对有限资源的分配情况，掌握组织的发展方向和发展速度。依其支出的经济性质，支出预算一般可分为事业支出、经营支出、自筹基本建设支出、对附属单位补助支出和上缴上级支出。其中，事业支出和经营支出是非营利组织在运营过程中最常见的支出预算。

事业支出是非营利组织开展专项业务活动及其辅助活动发生的支出，包括人员支出、日常公用支出、对个人和家庭的补助支出三部分。有的非营利组织按照自身情况又从日常公用支出中划分出专项公用支出或固定资产构建和大修理支出等内容。经营支出是指非营利组织在专项业务活动及其辅助活动之外开展非独立核算经营活动发生的支出。自筹基本建设支出是指非营利组织利用财政补助收入之外的资金安排基本建设发生的支出。对附属单位补助支出是指非营利组织用财政补助收入之外的收入对附属单位补助发生的支出。上缴上级支出是非营利组织按照规定的定额或比例上缴主管部门管理费用的支出。

第二节　非营利组织预算管理的基本程序

在市场经济体制下，非营利组织预算管理的程序是为使预算主体更顺利地履行预算各项法定环节，而由若干事项按逻辑关系、依时间顺序逐次展开构成的一个完整循环。明确预算管理的程序，可以将大量的、繁杂的，然而又是例行的预算管理事项直接按程序办而不需讨论。这既可以使领导人减轻事务缠身和日常决策负担，集中精力于例外的大事、急事，又可不必担心下属会“越轨”办事；下属人员按程序办事，也可减轻日常的请示汇报的负担。

非营利组织的预算管理程序通常包括预算编制、预算执行、预算监控和预算评估，具体分为以下几个阶段：

一、预算前的准备阶段

此阶段的管理工作要点是做好调查和论证工作，包括以下三方面内容：

第一，确定预算起点。确定预算起点即解决由谁提出预算目标，提出什么样的预算目标，以什么为依据提出预算目标三个方面的问题。

第二，确定收支标准等指标。收支标准是在制定预算时，对各项支出，依照有关规定或在科学测算的基础上所确定的单位定额。

第三，加强有关部门的协作。划分预算工作权限和职能，明确预算中涉及的各个部门的职责和分工。

二、预算的编制和审批阶段

此阶段的主要工作是执行《中华人民共和国预算法》（以下简称《预算法》）规定的“两上两下”的法定程序。

第一，非营利组织根据本年事业发展计划，结合上年预算执行情况以及增减变动因素，提出本年度收支预算建议方案，经最高财务决策机构审议后上报主管部门。

第二，主管部门（或财政部门）对各单位的预算建议数进行审核后，根据本年度财政可供资金下达预算控制数，并核定财政补助指标。

第三，非营利组织根据主管部门下达的预算控制数，按照预算编制原则，编报正式预算上报主管部门。

第四，财政部门或主管部门对单位报送的正式预算进行审核，审核合格后，在规定期限内予以批复，经过批复的预算即为非营利组织预算执行的依据。

三、预算的执行及调控阶段

此阶段的管理工作重点是监督和控制，主要包括两方面内容：

第一，监督各项预算收入及时足额到位。在各项预算指标额度内，按规章制度安排各项支出。

第二，履行预算调整的法定程序。预算发生调整的条件主要有两个：一个条件是事业任务发生了变化；另一个条件是环境（包括政治、政策）等发生变化。预算调整必须在多方调查和科学论证且证据充足的前提下进行，必须按法定程序及权限行事。调整预算的方式有两种，包括追加或者降低预算指标和对预算科目予以调整。

四、预算执行后评价及审计阶段

此阶段管理工作的重点是检查和评价。检查的内容包括预算项目执行的具体部门或负责人提交的项目进展情况报告、预算管理单位提交的预算执行情况的决算报告、审计监督部门提供的预决算审计报告。

非营利组织可以通过举行权力机构或者监督机构的汇报会、听证会等，让财务预算管理部门和项目执行部门的负责人到会接受讯问或质询，以此实现对预算执行后的评价。

非营利组织的预算管理程序具体如图 3-2 所示。

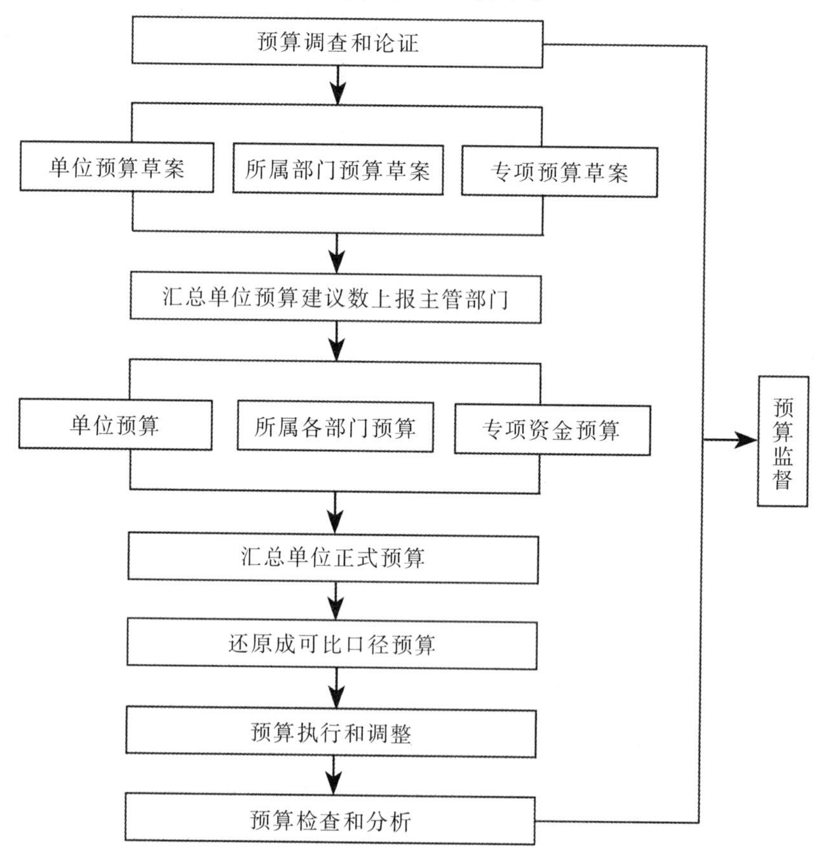

图 3-2 非营利组织的预算管理程序

第三节 非营利组织预算管理的基本方法

在预算的编制方面，非营利组织主要是采用基数法编制固定的年度预算。基数法也称增量预算法，即在编制下年度预算时，主要以上一年度的实际预算收支为依据，在对影响下年度预算收支的各种因素分析的基础上，确定下年度预算收支的一种方法。在预算的执行方面，非营利组织主要是采用法律规范控制法，通过国家各级政府制定的法律规范和本单位制定的规章制度，对预算过程进行管理。随着预算管理的发展，在传统的增量预算法基础上，非营利组织的预算管理方法有了很大进步，具体包括以下几种：

一、递补预算法

（一）递补预算法的概念

为了保证非营利组织预算的严肃性和有效性，预算在执行过程中原则上不予调整。但是，在实际工作中，由于单位的事业计划发生重大变化取得了较大数量的新增财源，非营利组织可经上级部门批准视新增财源情况调整支出预算，以此作为递补预算。

（二）递补预算法的操作方法

递补预算应包括递补收入预算和递补支出预算，并应坚持递补收入与递补支出相平衡的原则，递补预算必须经过单位最高决策机构审查批准，并报主管部门备案。预算收入除按稳健性原则预测外，还可列出“期望收入”，相应地安排递补支出预算。在预算执行过程中，根据单位递补收入预算的实现情况和单位财力的实际状况，按项目递补支出。一般来说，这些项目应当属于建设性支出。

递补预算的财务管理模式如下：首先，按照3~5年规划期内的综合平衡和本年度内财务收支平衡的原则，建立分年度平衡的综合财务预算；其次，将发展规划中已列出而预算经费中未正式列入支出的建设项目，按照轻、重、缓、急的原则排列，根据财务收支的实际情况，待有足够的收入弥补到这项预算时，可以安排相应的支出项目依次递补支出。

（三）递补预算法的特点和适用范围

递补预算法既实事求是地考虑了目前的经济承受能力，又考虑了单位的整体发展。在小型非营利组织中可以灵活利用，但是在大型非营利组织中实施，需要制度和程序的保证，灵活性较差。

二、零基预算法

（一）零基预算法的概念

零基预算法（zero-base budgeting system，ZBS），全称为“以零为基础编制预算”的方法，是由美国德州仪器公司在20世纪60年代末提出来的一种财务管理形式，并率先在1977年美国卡特总统时期应用于政府预算之中。自20世纪80年代以来，这一技术在世界各国政府和企业的管理实践中获得广泛的应用，是一种对单位每一事业计划的预算费用都以零为基础重新加以分析计算的预算方法。零基预算法是在对预算期内所有预算项目进行严格审核、分析、测算、评估的基础上进行编制预算的方法。

（二）零基预算法的操作方法

1. 确定基层预算单位

非营利组织的内部单位或下级单位，凡需实行预算管理的，均应明确其基层预算单位。一般而言，能够确定成本、费用、效益的经济责任单位，都可以确定为基层预算单位。

2. 收集分析数据资料

预算编制人员通过查阅以前年度的财务预决算报表以及会计资料，了解编制各项收支预算所需的数据资料。

3. 要求各部门提交预算方案

各责任部门应该依据单位未来总体发展需要以及分解到各部门的任务，结合本部门的实际条件，对各自的收支项目进行详细讨论，对经费消耗与目标实现的相互关系进行充分论证，提出预算方案和资金使用理由。

4. 以零为起点编制审核预算

非营利组织对各预算方案，以零为起点，进行成本效益分析和考核，然后汇总各部门的预算方案，确定本单位的人员支出数额，统筹考虑公用支出、专项支出等具体项目的支出费用。

5. 预算资金的分配

预算人员根据各预算目标的优先次序和各部门、各事项、各工作对目标的贡献强度进行排序，按照预算期可动用的资金及其来源，在各项目间加以分配，首先按人员和定额确定正常经费，再按照已确定的项目和活动的先后顺序安排预算资金。

（三）零基预算法的特点和适用范围

零基预算法避免了在编制收支预算时一般只注意上年度收支变化的情况，同时也迫使财务主管人员每年编制预算时从整体出发，重新考察非营利组织未来每一事业计划及其费用，有利于提高事业经费的使用效益。这一科学的管理思路在我国当前实施部门预算的背景下，对非营利组织的预算管理改革和实践具有重要意义。

零基预算法在编制预算时缺乏所需要的基础数据，缺乏对收入能力评估的科学方法，在专项经费追加预算的编制中存在专项经费追加预算频繁等特点，这些对零基预算法的科学性、准确性和权威性产生了一定的不利影响。

零基预算法的编制过程较为复杂，强调以零为起点进行预算编制，即使有些数据可借鉴以前年度的，也要对其进行修正和说明理由，工作量较大。同时，零基预算法在制定过程中，还需要预测服务水平与开支水平的关系、各项支出情况等，这对预算人员的素质提出了更高的要求。因此，考虑到预算编制的工作量以及零基预算法所需要的职业技能，零基预算法的适用范围主要包括管理基础工作比较好的企业、政府机关、行政事业单位以及管理基础工作较好的非营利组织。

三、滚动预算法

（一）滚动预算法的概念

滚动预算法也称连续预算法，其特点是预算执行一段时期后，根据这一时期的预算效果结合执行中发生的变化和出现的新情况等信息，对下一期间的预算进行修订，并自动向后加续一个时期，重新编制新一期的预算。

（二）滚动预算法的操作方法

非营利组织实施滚动预算法，有两种方式可供选择：一是以一年为预算期，按月进行调整（如在 2011 年 1 月至 12 月的预算执行过程中，需要在 1 月末根据当月预算的执行情况，修订 2 至 12 月的预算，同时补充 2012 年 1 月份的预算；到 2 月末可根据当月预算的执行情况，修订 3 月至 2012 年 1 月的预算，同时补充 2012 年 2 月份的预算）；二是以多年为预算期，按年进行调整，这种方式是在零基预算法的基础上发展而来的，适用于中长期规划。考虑长期规划的时间较长、不确定因素较多，因此，实行多年期滚动预算法以 3 年为宜。

采用 3 年期滚动预算法编制的预算，不仅包括当年的执行预算，还应当包括以后 2 年的指导性预算，使当年的实际预算始终在多年预算的背景下运作，预算在执行过程中自动延伸。每年调整预算时，在调整当年预算的同时，对后 2 年预算进行预测、更新和改动。在该方法下，预算一般要编制 3 次，例如，2012 年的预算，2010 年第一次编制估测预算，2011 年第二次编制初步预算，2012 年编制详细预算，每年都要滚动编制今后 3 年的预算，编制程序如图 3-3 所示。

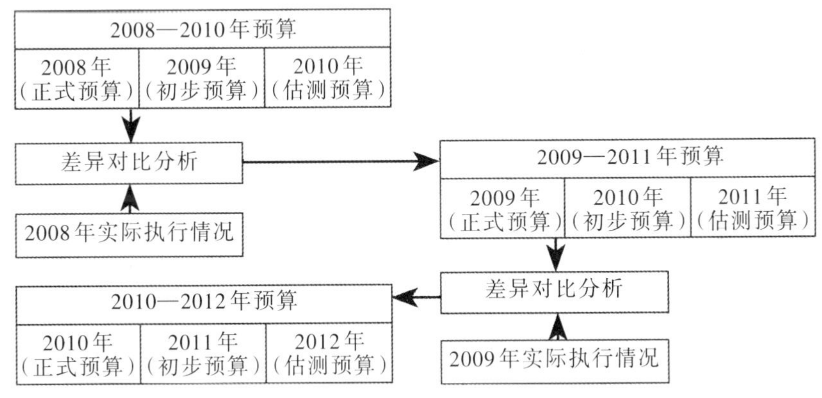

图 3-3　滚动预算法编制程序

（三）滚动预算法的特点和适用范围

滚动预算法采用的“长计划、短安排”的动态预算管理办法，可以弥补年度预算的缺陷，并能根据当前预算的执行情况，及时调整和修正，使预算更加切合实际，进而实现整体支出结构的优化。其中，当涉及单位发展的重大项目、中长期计划时，为支持中长期规划的如期实现，应采用多年期滚动预算法。

四、绩效预算法

（一）绩效预算法的概念

绩效预算法（performance budgeting）是以预算项目的绩效为基础编制预算，通过支出计划与绩效之间的关系反映预期达到的效果。绩效预算法产生于20世纪50年代的美国，它最初是从企业界移植过来的。绩效预算的最大特点是强调“效”的地位，突出投入与产出的理财观念，建立起财政拨款与用款单位绩效考核挂钩的机制。

（二）绩效预算法的操作方法

1. 预算编制

非营利组织的总预算按行政部门、管理部门等层次分类。各层次因管理目标的不同在预算科目的选择上有所不同。编制绩效预算要参照单位往年（2~3年）实际经费支出数额，既充分考虑以前年度的可比因素（剔除其中不合理的因素），又对预算年度新增的事业项目有充分的估计和评价。以各部门所承担并能完成的工作任务为基数与其经费挂钩，使预算与各部门的工作任务和工作目标捆绑在一起，促使各部门自觉地按预算的规范来支配自身的经济行为。

2. 预算执行

在绩效预算执行过程中，非营利组织的预算管理部门要随时把握各个部门每项经济活动的经济信息，并责成单位财务部门对各部门取得的业绩及时、准确、真实地进行记录、分析，并及时反馈给有关考核部门。在非营利组织绩效预算的执行中，要建立一套自上而下、自下而上的严密的层层控制、层层反馈信息的反馈网络，以便一旦发现问题，就能迅速采取有效措施加以解决和调控，保证绩效预算在执行过程中起到有效的控制作用，从而达到加强预算管理的目的。

3. 预算评价

实施绩效预算后，要建立经常性的检查制度及定期的评估制度，对所有实行绩效预算的部门和项目，按量化的指标检查和督导其工作任务的完成、经济目标的实现、经费预算的执行等情况。定期按具体层次分类，对既定的业绩考核标准进行评估，从而找出既定目标与实际工作情况之间的差距，据此评价各部门工作的业绩优劣。

对完成工作任务和经济指标好的单位，要按既定预算拨付经费；对未能完成既定任务的单位，则应采取必要的惩罚措施，如在其预算经费中按一定比例削减其经费，以便控制其未来的绩效。检查与评估的目的不仅是评价绩效与成果，更重要的是保证达到预定的绩效和目标。

（三）绩效预算法的特点和适用范围

绩效预算法的优点不仅在于以预计经济效益的取得安排支出，而且在预算编制、执行及终了阶段一直注重以绩效作为衡量标准，对每个项目都经过科学的可行性论证和评价，对于监督和控制预算支出有积极作用。实行绩效预算分配符合公平性与效益性相结合的原则，能有效地鞭策经费使用部门提高工作效率，减少损失与浪费，是一种行之有效的较为理想的预算管理方法。

但需要注意的是，由于绩效预算法产生于企业界，因此，非营利组织在具体应用时，不但要注重经济效果的衡量，还要注重社会效益的衡量。另外，由于非营利组织的预算投入与产出测算不是单纯以利润为指标，而是更多地考虑社会价值的大小，所以对绩效衡量指标的选择，与企业等营利组织有本质的区别。因此，绩效衡量指标及其标准的选择，是非营利组织在运用绩效预算法进行预算管理时需要重点考虑的内容。

五、弹性预算法

（一）弹性预算法的概念

弹性预算法是在不能准确预测业务量的情况下，根据业务量、成本和利润之间的联动关系，按照预算期内可能的一系列业务量（如生产量、销售量、工时等）水平编制的具有伸缩性的预算编制方法。

编制弹性预算，要选用一个最能代表生产经营活动水平的业务量计量单位。例如，以手工操作为主的车间，就应选用人工工时；制造单一产品或零件的部门，可以选用实物数量；修理部门可以选用直接修理工时等。

（二）弹性预算法的操作方法

（1）选择和确定各种经营活动的计量单位，如消耗量、人工小时、机器工时等。

（2）预测和确定可能达到的各种经营活动业务量。在确定经济活动业务量时，要与各业务部门共同协调，一般可按正常经营活动水平的 70%~120% 确定，也可按过去历史资料中的最低业务量和最高业务量为上下限，然后在其中划分若干等级，这样编出的弹性预算实用性较强。

（3）根据成本性态和业务量之间的依存关系，将单位的生产成本划分为变动成本和固定成本两个类别，并逐项确定各项费用与业务量之间的关系。

（4）计算各种业务量水平下的预测数据，并用一定的方式表示，形成某一项的弹性预算。

（三）弹性预算法的特点和适用范围

弹性预算法的特点包括以下两个方面：首先，弹性预算法在可预见的业务量范围内确定多个业务量水平的预算数，适应性强。其次，根据实际业务量能很快找到或计算出相应的费用预算，从而为实际执行数的事前控制、事后考核分析提供依据。

弹性预算法的优势在于其使用范围相对固定预算更加广泛，更有利于各项指标的调整，能够更好地发挥预算的控制作用。

弹性预算法多用于各种间接费用的预算，其主要用途是作为成本支出的工具。

在计划期开始时，提供控制成本所需要的数据；在计划期结束后，用于评价和考核实际成本。

（四）弹性成本预算示例

在这里举一个简单的例子（见表 3-1，服务对象以 1 000 人为基础）。

表 3-1 1 000 位顾客服务支出预算表 单位：元

支出因素	项目	金额
可变成本	顾客服务设备	10 000
半可变成本	劳动力支出	210 000
固定成本	工资支出	50 000
	设备	6 000
	保险	2 000
	抵押支出	10 000
总支出		288 000

要制定弹性预算，必须确定不同业务量水平下按一种计算方法计算的可变成本和半可变成本的值。本例的预算是建立在对 1 000 位顾客服务约定之上的，这就意味着为顾客提供的设备平均成本为：

单位可变成本=总可变成本÷单位人数

设备平均成本=10 000÷1 000=10（元）

用公式表示，我们就得到：

顾客设备支出=10×顾客人数

半可变成本中兼有可变成分和不可变的固定成分。要找出其中的固定成分，必须确定最低限度的服务所需的必要成本是多少。对于人工费用来讲，组织在 1 000 位顾客的基础上规划了 210 000 元的费用。员工主管认为，即使组织只剩下 50 位顾客，也需要支付 20 000 元的人工费用，剩下的 950 位顾客需要支付 190 000 元的劳动力支出，这意味着其中的可变成本是：

单位可变成本=190 000÷950=200（元）

根据上面的计算可以知道任何水平的顾客服务所需要的半可变成本。在 50 位顾客 20 000 元人工费用的基础上，每增加一位顾客，就增加 200 元的人工费用，则：

人工费用=20 000 + 200×顾客人数

总固定成本=工资支出 + 设备 + 保险 + 抵押支出=50 000 + 6 000 + 2 000 + 10 000=68 000（元）

所以：

总成本=总固定成本 + 人工费用 + 顾客设备支出

=68 000 + 20 000 + 200×顾客人数 + 10×顾客人数

=88 000 + 210×顾客人数

用这个公式就可以计算出组织在任何服务水平上的支出预算了。举例来说，如果顾客达到 3 000 人，那么总成本就是：

总成本=88 000＋210×3 000=718 000（元）

六、项目预算法

（一）项目预算法的概念

项目预算法是在单位投资所需要的资金确定的前提下，根据实际投资需要的资金额来计算需要筹集资金数额的方法。它是将现有资源按比例分配于不同的项目，并将预算过程与评估过程紧密结合在一起，借以考核项目运作是否有效，检查组织是否实现其宗旨与目标的预算编制方法。

（二）项目预算法的操作方法

1. 自上而下的项目预算方法

自上而下的项目预算方法，主要依赖于中上层项目管理人员的经验和职业判断。这些经验和职业判断可能来自于历史数据或相关项目的现实数据。采用项目预算时，首先由项目的上层和中层管理人员对项目的总体费用、构成项目的子项目费用进行估计，其次将这些估计结果交给较低层次的管理人员，让这些管理人员对组成项目或子项目的任务和子任务的费用进行估计。然后将较低层次的管理人员的估计结果向更下一级人员传递，直到最底层。

这种方法在具体的编制过程中，当上层的管理人员根据他们的经验进行的费用估计分解到下层时，可能会出现下层人员认为上层的估计不足以完成相应任务的情况。这时，下层人员不一定会表达出自己的真实观点，不一定会和上层管理人员进行理智的讨论，从而得出更为合理的预算分配方案。在实际中，他们往往只能沉默地等待上层管理者自行发现问题并予以纠正，这样往往会给项目带来诸多问题，有时甚至会导致项目的失败。

自上而下方法的优点主要是总体预算往往比较准确。由于在预算过程中，总是将既定的预算在一系列工作任务间分配，避免了某些任务获得了过多的预算而某些重要任务又被忽视的情况。

2. 自下而上的项目预算方法

自下而上的项目预算方法，要求运用项目预算表对项目的所有工作任务的时间和预算进行仔细考察。最初的预算是针对资源（团队成员的工作时间和原材料）进行的，然后才转化为所需要的经费。所有工作任务估算的总体汇总就形成了项目总体费用的直接估计。项目经理在此之上再加上适当的间接费用（如管理费用、不可预见费用等）以及项目要达到的利润目标就形成了项目的总预算。

自下而上的预算方法要求全面考虑所有涉及的工作任务。与自上而下的项目预算方法一样，自下而上预算方法也要求项目有一个详尽的项目预算表。自下而上的项目预算方法也涉及一定的人员博弈问题。例如，当基层估算人员认为上层管理人员会以一定比例削减预算时，他们就会过高估计自己的资源需求。这样会使得高层管理人员认为下层的估算含有水分，需要加以削减，从而陷入一个怪圈，最终导致预算缺乏真实性。

自下而上的项目预算方法的优点在于，基层人员更为清楚具体活动所需的资源量。而且由于预算出自于基层人员之手，可以避免引起争执和不满，有利于预算的执行和考核。

（三）项目预算法的特点和适用范围

项目预算法主要适用于政府部门和事业单位，对其他非营利组织也同样适用。项目预算法的特点包括：

1. 目的性和规范性相统一

项目有一个明确的目标，通常以完成部门特定工作任务或事业发展为目标。项目支出预算必须遵循一定的管理程序，相对于基本支出预算，项目支出预算要经历编制、评审、执行、控制、评价等阶段，每个阶段都要按照规定的格式和程序进行。

2. 鲜明性和择优性相统一

由于各部门职能不同，每个项目有区别于其他项目的特点和内容。在对申报的项目进行充分论证和严格审核的基础上，结合当年财力状况，按照轻重缓急和项目预期成果进行排序。

3. 时限性和专用性相统一

每个项目有明确的开始时间和结束时间。在项目支出预算中，项目分为经常性项目、跨年度项目和一次性项目。跨年度项目和一次性项目都有明确的项目实施时限，经常性项目虽然是持续性项目，但一旦项目预算单位的职能和目标发生变化，那么经常性项目也将随之结束。项目预算的资金必须专款专用，不得用于其他用途。

4. 专业性和风险性相统一

项目预算是单位职能的体现，从编制、评审、执行和后期监督考评，都是以业务部门为主体的，具有很强的专业性。项目的实施受很多外界因素影响，不同的项目在预算期间都可能面临各种风险和不确定因素，存在风险性。

七、全面预算法

（一）全面预算法的概念

全面预算法是关于单位在一定的时期内（一般为一年或一个既定期间内）各项业务活动、财务表现等方面的总体预测的一种预算编制方法。它包括经营预算（如开发预算、销售预算、销售费用预算、管理费用预算等）和财务预算（如投资预算、资金预算、预计利润表、预计资产负债表等）。真正的全面预算应该做到事前有计划、事中有控制、事后能考评和追溯。

（二）全面预算法的操作方法

全面预算法根据不同的划分标准，采用不同的预算编制方法，是对前面提到的预算方法的总结和集中应用。具体而言，按其出发点的特征不同，编制全面预算的方法可分为增量预算法和零基预算法。按其业务量基础的数量特征不同，编制全面预算的方法可分为固定预算法和弹性预算法。按其预算期的时间特征不同，编制全面预算的方法可分为定期预算法和滚动预算法。通过对单位预算的编制，将单位的总体目标分解为具体的目标，对各个部门或者员工预算的结果进行具体分析，同时控制预算差异，保证单位总体目标的实现。全面预算管理的内容涉及销售预算、生产预算、能源预算、工程预算、财务费用预算以及其他项目的预算等多方面。

全面预算法的具体操作步骤如下：

(1) 要求各个部门在每月的一个规定日期向上级有关部门上报资金使用的规划，预算单位要专门负责这一事项，并且做出一定的记录。

(2) 财务部门依据下属部室的资金使用计划，进行科学的分配，下达各个单位。对于每天的报销要进行核查，核查是否超过预算，并落实主管进行签收，严格执行授权审批制度。

(3) 财务部要对资金使用表进行编制，并且对于各部室每天的支付给予一定的汇总，制成月度的资金使用表，同时与计划表进行对比，对于超出计划数额较大的，对其主管部门进行警示。

(4) 财务部每周都要把资金使用表汇总并上报至总会计师，保证相关部门以及主管人员能够动态地掌握相关情况。

(5) 预算管理系统包括对各项指标进行预算，财务部门在设计账务的时候，要围绕预算管理来进行账务设置，应该以月为单位提供预算执行的数据，以形成较为规范的台账。

(三) 全面预算法的特点和适用范围

全面预算法是指单位在战略目标的指导下，对未来的经营活动和相应财务结果进行充分、全面的预测和筹划，并通过对执行过程的监控，将实际完成情况与预算目标不断对照和分析，从而及时指导经营活动的改善和调整，以帮助管理者更加有效地管理和最大限度地实现战略目标的预算管理方法。全面预算法需要充分的双向沟通以及所有相关部门的参与。全面预算法是一个全员、全业务、全过程的管理体系，是为数不多的几个能把组织的所有关键问题融合于一个体系的管控方法，是实现战略目标、提升经营业绩、实现组织价值的有力工具，也是防范风险、应对危机的法宝。

第四节　非营利组织预算管理的考核体系

预算考核是发挥预算约束与激励作用的必要措施，通过预算目标的细化分解与激励措施的实施，达到引导组织内部成员向组织战略目标方向努力的效果。预算考核的目的是对上一考核周期各部门的预算目标完成情况进行考核，及时发现和解决组织运作过程中的潜在问题，确保预算的完成，或者必要时进行预算修正，以适应外部环境变化的需要。

一、预算考核遵循的原则

预算考核是对预算执行效果的一个认可过程，应遵循以下原则：

（一）目标性与刚性相统一原则

非营利组织预算管理以预算目标为基准，按预算完成情况评价预算执行者的业绩。预算目标一旦确定，不得随意变更调整。

（二）激励与分级考核原则

预算目标是对预算执行者业绩评价的主要依据，考核必须与激励制度相配合，采用奖励为主、扣罚为辅的原则，体现目标、责任、利益的相互统一。预算考核应该根据组织结构层次或预算目标进行分解，分层次进行。被考核部门应结合自身实际，制定对下一级预算执行部门（或班组、个人）的考核办法并对其进行考核。

（三）时效性和例外管理相统一原则

预算考核是动态考核，每期预算执行完毕应该立即进行预算考核，及时分析预算执行情况。对一些阻碍预算执行的重大因素，如市场环境的变化、政策变化、重大意外等，考核时应作为特殊情况处理。

二、预算考核的内容和程序

（一）预算考核的内容和方式

1. 考核内容

以非营利组织与预算执行部门签订的目标责任书和下达的预算为依据，对预算执行情况进行考核。考核主要包括以下内容：编制预算的及时性和准确性；控制预算的严格性和合理性；预算分析的透彻性和预见性；预算执行的合理性和节约超支值。

2. 考核方式

预算考核可以分为日常考核与年终考核。日常考核采取每月度预算的考核形式，旨在通过信息反馈，控制和调节预算的执行偏差，确保预算的最终实现。年终考核采取每年度预算的考核形式，其考核结果旨在进行奖罚和为下一年度的预算提供依据。

（二）预算考核的程序

预算考核的具体工作由预算委员会办公室负责组织，财务部门及其他相关部门负责配合。具体考核程序如下：

（1）以各部门的分析报告及财务管理部门的账面数据为依据，分析、评价各责任中心预算的实际执行情况，找出差距，查明原因。

（2）预算委员会办公室对各部门预算执行情况进行考核。

（3）预算委员会办公室将考核结果报预算委员会，预算委员会对考核结果进行审批。

（4）预算委员会办公室将批准的考核结果报各相关部门执行。

三、预算考核体系的构建

（一）建立预算考核机构

应该建立预算委员会作为预算的考核机构。预算委员会的组成人员应以预算管理部门和人力资源部门的职能人员为主，抽调财务部门、审计部门等职能部门的专业人员参与。同时，要针对不同层次的责任中心，建立相应层次的预算考核机构。预算考核必须层层考核，不能越级考核，以实现责、权、利的有机统一。

（二）制定预算考核制度

预算考核制度包括预算编制考核制度、预算执行考核制度、预算控制考核制度、预算考核分析制度、预算考核奖惩制度等，通过建立健全预算考核制度，实现预算考核的制度化和规范化管理。

（三）确定预算考核目标

预算考核的目的是确认预算执行部门在预算期内的预算执行情况，促进预算执行部门完成预算目标。同时各个责任中心是不可分割的组成部分，相互密切联系，预算考核既要引导各责任中心完成自身承担的预算目标，又要为其他责任中心完成目标创造条件，因此，在确定预算考核目标时，应做到：

1. 局部指标和整体指标有机结合

以各责任中心承担的预算指标为主，同时本着相关性原则，增加一些全局性的预算指标和与其关系密切的相关责任中心的指标。

2. 定量指标和定性指标有机结合

由于单靠定性指标无法像定量指标那样精确地加以衡量和考核，而预算的基本表达形式是数字，所以在预算考核时，要以定量指标为主，辅以定性指标。

3. 绝对指标和相对指标有机结合

在预算考核中，相对指标与绝对指标应结合运用。不同的责任中心，其预算目标不同，采用的考核指标也不尽相同。通常，对于成本费用中心的有关部门，其主要考核指标是成本费用控制总额、增减变动额，但是仅靠这些绝对指标是不准确的，还需要结合升降率这种相对指标进行综合考核。

4. 长期指标和短期指标有机结合

各责任中心会制定自己的短期预算和长期预算，必然需要短期指标和长期指标对预算进行综合考核。同时，预算考核只注重短期指标导致经营者为了实现短期利润目标采取与长期目标相违背的短期行为是不明智的。

（四）制订预算奖惩方案

预算奖惩方案需要在预算执行前被确定下来，并作为预算目标责任书的附件内容。设计预算奖惩方案时不仅要考虑预算执行结果和预算标准之间的差异和方向，还要将预算目标直接作为奖惩方案的考核基数，以鼓励各责任中心尽可能地提高预算的准确性和完成度。同时，预算奖惩除了和本责任中心的预算目标挂钩之外，还要与组织整体目标挂钩，确保组织预算总目标的实现。

（五）预算考核的组织实施

预算考核作为预算管理的一项职能，在预算管理的整个过程中都发挥着重要的作用，是从预算编制、预算执行到预算期结束的全过程考核，因此，预算考核是分阶段进行的，具体包括以下几项：

1. 预算编制的考核

这一阶段预算考核的主要内容是建立预算编制考核制度，对各预算编制部门编制预算的准确性和及时性进行考核评价，促进各部门保质保量地完成预算编制工作。

2. 预算执行的考核

这一阶段的主要内容是建立预算执行的考核制度，对各部门预算执行过程进行考核，及时发现预算执行中存在的预算偏差和问题，为预算管理部门和预算执行部门实施预算控制，纠正预算偏差或者调整预算偏差提供依据。

3. 预算结果的考核

预算结果考核属于事后考核，是以预算目标为依据，以各预算执行部门为对象，以预算结果为核心，对各预算部门的预算完成情况进行综合考核，主要包括建立预算综合考核制度、实施预算综合考核制度、确定预算差异、分析差异原因、落实差异责任、考核差异结果、评价各责任中心工作绩效、进行奖惩兑现等内容。

四、预算考核的奖惩方案

制订科学的预算奖惩方案，一方面能使预算落到实处，真正实现责、权、利的结合；另一方面能够有效引导各责任中心的组织行为，实现组织整体目标的一致性。

（一）制订预算奖惩方案的原则

1. 目标性原则

奖惩方案必须有利于引导各责任中心实事求是地编报预算指标，努力实现组织目标。

2. 客观公正原则

奖惩方案与员工个人利益密切相关，注意各部门利益分配的合理性，根据各部门工作难度合理确定奖励差距，奖惩方案设计完成后，要经过模拟实验，避免出现失控现象。

3. 全面性和奖罚并行原则

奖惩机制要在预算管理的全过程中发挥作用，奖惩机制应该涵盖组织各个部门。奖罚机制既要起到激励作用，也要起到约束作用，实现有奖有罚、奖罚并举，促进预算管理目标的实现。

（二）预算奖惩方案的设计

为引导责任中心实事求是地编报预算，在预算执行过程中加强预算的监督、考核和管理，实现组织的预算目标，在组织设计预算奖惩方案时，应重点把握以下两点：一是以预算目标为奖励基数，制订具体的预算奖惩方案；二是在制订具体的预算奖惩方案时，应该充分考虑全局目标和具体相关目标，做到预算奖惩方案的全面性和重点性相统一。

第五节　非营利组织预算管理的问题与措施

随着我国非营利组织的不断深化改革，其预算管理也在不断加强，非营利组织在建立相对完善的预算管理制度的同时，仍存在一些问题。本节指出了现阶段实际工作中非营利组织预算管理存在的部分问题，并提出了相关的完善措施。

一、我国非营利组织预算管理的问题

（一）缺乏严格统一、公正透明的预算体系

尽管我国建立了《预算法》，但《预算法》中没有明确指出如何建立一个严格、统一的非营利组织预算体系，而且随着经济社会各项改革的不断深化，加之全国各地经济社会状况各有不同，非营利组织面临着更大的挑战，它们迫切需要一套严密、公正、透明的预算循环体系。从全国范围看，预算制定、审批、执行、评价的整个程序在非营利组织中并不顺畅，各个非营利组织预算责任中心的预算做法不一，甚至各自为政，预算管理混乱。

（二）预算编制过程不严谨，方法不科学

非营利组织的预算编制普遍缺乏科学规范性，缺乏编制预算时所需的基础数据及其合理依据，缺乏对现有数据真实性、合理性的有效鉴定手段，缺乏对经费定额确认的科学手段。同时，多年来，我国预算科目属于粗放型模式，编制不规范，除了部分人员经费外，其他支出很难具体到单位和项目上，特别是每年编制预算时，因时间有限，收支科目只安排到类级科目，这种不严谨性给非营利组织预算的执行与监督带来诸多不便。

（三）预算执行力度不够

由于非营利组织在编制预算时缺乏必要的准确性，导致在执行过程中与预算产生差异，使得预算编制不能够真正符合实际开支。根据国家对非营利组织预算管理的要求，每个单位的预算经过审批后，一般情况下，预算不可以随意调整。然而在实际工作中，预算的执行随意性较大，许多非营利组织以不经过审核的预算为依据，随意改变资金用途，造成了大量的资金浪费。而审批制度不严格，随意扩大开支范围，预算执行中随意改变资金的用途，专款不专用，资金使用效益低等现象在非营利组织中尤其严重。

（四）预算执行监督力度不够

非营利组织普遍存在对预算管理重视不够，对财务人员的重视程度不高的问题，这使得预算缺乏有效的监督。非营利组织各责任中心财务人员在部门预算尤其在专项管理中只承担了简单的会计核算和资金支付等辅助工作，加上财务人员对单

位具体业务和决策了解不足，业务部门具体实施前和财务部门缺乏事前沟通，使内部监督无法发挥有效的作用。另外，财务人员受到各方面因素的影响，无法做到真正的独立，一定程度上也影响了监督在非营利组织中的有效性。在进行年度决算中，对预算的整体执行情况缺乏监督和考核，这使得预算中存在的问题和不足也很难发现，阻碍了非营利组织预算管理水平的提高。

二、我国非营利组织预算管理体系的完善

（一）建立严格统一、公正透明的预算体系

基于新公共管理模式下包括立法机构、预算管理部门、预算资金使用部门、利益集团和社会公众等各预算利益主体之间适当参与非营利组织的预算编制、审批、执行、监督、评价等各环节的预算管理制度，建立健全完整统一、公开透明、事前确定、严格执行、讲求绩效、可以问责的预算管理运行机制，逐步形成一套预算有标准、审批有原则、执行有约束、监督有威力、评价有指标的科学、规范的现代化非营利组织预算管理模式。

（二）规范预算编制行为

一方面，非营利组织要以改革与完善预算编制方式为契机，优化收入预算编制；另一方面，在实行部门预算、零基预算的基础上，非营利组织应积极引入绩效预算模式。除此之外，非营利组织还应规范以下行为：细化预算编制，按照内容完整、项目明确、定额科学、程序规范的原则，严格按类、款、项、目细化收支项目（预算科目）；同时，部门预算的各项收支必须严格按照预算法的相关规定标准编制，将预算部门支出按照性质、用途分门别类地在预算中单独编制，详细说明预算金额和支出标准，并根据有关的支出标准，按照零基预算的方法编制各项支出的具体内容；同时，对经费性支出实行定员定额，对专项经费要根据事业发展需要和财力，分轻重缓急予以安排；改变过去“一年预算，预算一年”的现象和层层留机动的做法。

（三）加大预算执行力度，确保预算管理发挥应有的功效

首先，预算在分配上，应该实施层层分解的方式，将一个总的预算落实到每个责任中心、每个环节、每名员工上，确保预算管理在非营利组织中能很好地被执行；其次，在预算实施过程中，要明确预算的内容及进度安排，严格防止随意改变资金用途、资金浪费、超额超支的现象存在；最后，随着近些年的有效改革和发展，非营利组织也可以采用计算机信息技术来实施预算管理，即将预算指标的设置、执行、考核等环节通过计算机来实现。

（四）加强预算监督

由于非营利组织信息披露不充分，缺乏有效的监督，所以更需要建立健全预算监督机制，动员单位各个部门参与到资金使用、监督活动中来，以保证整个预算过程的顺利实现。具体应该做到：事前审核、事中监控、事后检查核证，防止预算资金被挪用或者占用，提高资金使用效率，自觉接受外部的监督。要逐步实现预算收

支定期公布，对预算的原则、范围、标准和测算方法等具体细节及各地、各部门预算数额进行公布。加强预算执行审计，将预算编制和执行的全过程置于行政监督、社会监督和司法监督之下。

阅读拓展 3-1

非营利组织预算管理：以广州某高校为例

广东省某高校采用预算管理方式来监督控制资金的合理使用，由于缺乏经验，方法简单，预算编制只是财务部门根据学校的现有财力状况结合上年的支出实际数进行适当权衡后，就确定了本年度预算分配额下达至各院系和行政部门执行。在执行中出现了不少问题，例如：预算执行随意性大，甚至执行不下去；预算执行与不执行也没什么差别；一个预算年度后执行的结果如何也无人过问。针对这些问题，学校管理层除了认真研究财政主管部门的部门预算管理办法外，还借鉴了国外的全面预算管理模式，提出了一系列改进预算管理的措施和办法，特别提出了建立学校全面预算管理体系，强化组织管理环节，把握预算编制环节，重点关注控制环节，完善考核评价环节等完善预算管理的具体做法。

2008 年的预算，学校在 2007 年第四季度就开始准备，首先成立了预算管理委员会，由预算管理委员会根据近三年学校发展规划和学校近期实际情况召开会议并讨论决定 2008 年预算目标，通知各预算责任单位（如二级学院）按规定的日期制定并上报部门预算。各预算责任单位召开主要领导干部会议讨论，就下年度预算从三方面进行考虑：（1）维持正常业务活动所需经费；（2）根据本单位发展状况在原有基础上需要增加的项目经费；（3）开拓新课题和改革创新及提高教学工作效率需要的经费。部门预算编制指标额度主要根据上年度预算情况和本年度新增项目情况酌情确定。部门预算指标确定比较多、细，会将所有考虑到的内容都纳入预算。部门预算经讨论通过，第一责任人签字确认后上报至预算管理委员会，预算管理委员会具体委托财务负责人牵头草拟学院总预算和专项预算。根据专项拨款额度与工程所需资金以及工程进度，会同基建处负责人和工程总指挥，安排不同进度所需资金，确定预算指标及额度编制专项预算。根据中长期规划形成的预算目标，遵循“量入为出、收支平衡”的基本原则；收入预算按照“以收定支、积极稳妥”的原则；支出预算按照“统筹兼顾、保证重点、勤俭节约”的原则，结合专项预算和部门预算采用“零基预算法”形成总预算，这就是“自下而上、自上而下、上下结合”的预算编制过程。

总预算经预算管理委员会审议通过后在 2008 年初下达所有执行单位。预算下达后就成为全校财务工作的依据，预算内容除包括预算项目和额度，还有预算执行要求和规定，各执行单位必须根据学校下达的年度预算在留有余地的基础上，制订具体的开支计划，严格执行本预算，杜绝超预算使用经费行为。预算经费管理的审批人员和经办人员必须严格执行相关的财政法规和学校的财务规章制度，按规定的开支项目、范围和标准审批，财务处严把审核开支关。对违反规定或预算的开支，财务处不予报销。在年度预算执行的过程中，要求各单位坚持勤俭节约、精打细算，坚决反对铺张浪费，在完成各项业务工作的基础上尽可能留有结余，并要求经费执行部门安排月度经费使用额度计划。为了控制预算执行不超出预算指标，保证学校财务资金按计划运作，各项事业有序进行，各部门在学校下达预算管理项目范围内，根据本部门实际，在每季末做下一季度经费使用额度计划报财务处，便于季度资金统筹安排。季末对限额费用使用进行汇总，得到资金费用使用汇总表，随后将汇总表和预算进行比较，找出二者的差异，并进一步分析差异形成的原因。

从表 3-2 中可以看出，2008 年校办在季度指标分析时出现办公差旅费、接待费、培训费、外事费超支情况，经预警提示，跟踪了解办公差旅费超支是因为出差费用较高，缺乏控制；接待费过高是与其他高校交流、上级部门来校评估检查形成费用增加；培训费超支是培训活动主要集中安排在这个季度；外事费超支是学校与国外高校谈成了重要合作项目，该内容预算编制时还没有计划，现急需去国外考察签约。针对以上情况，预算管理委员会提出停止该部门培训费继续使用，追加外事费用，保证签约工作顺利进行，并提醒其他费用要控制使用，防止超支。年终对该部门考核评价时，其他预算指标都有所控制，甚至节约，但接待费还是超支，经分析：一方面是接待任务加大，部分属于事先未遇见的开支；另一方面是接待时缺乏精打细算，接待标准过高。对年度接待费超支问题，预算管理委员会提出超支部分由下年该部门接待费预算承担；对节约的行政办公设备经费、办公差旅费、文印档案管理费，奖励其下年度继续使用，并按节约经费的 2% 给该部门自行支配使用。

表 3-2 **2008 年资金使用差异分析表**

部门	费用项目	本季完成	本季预算	季度完成		本年累计完成	全年预算	预算追加	完成全年预算	
				差额	百分比				差额	百分比
校办	行政办公设备经费	5 500	12 500	+7 500		47 800	50 000		+2 200	
校办	办公差旅费	8 500	7 500	−1 000		29 800	30 000		+200	
校办	接待费	10 000	5 000	−5 000		30 000	20 000		−10 000	
校办	文印档案管理费	2 000	2 500	+500		9 750	10 000		+250	
校办	培训费	10 000	2 500	−7 500		10 000	10 000		0	
校办	外事费	225 000	125 000	−100 000		600 000	500 000	100 000	0	

该校一个年度预算执行完毕，预算管理委员会对各院系和行政各部门预算执行情况做出考核评价，总结预算执行过程中的利弊，提出进一步完善的建议和要求，形成年度总预算执行情况汇报资料，提交校长和管理层人员，为下年度预算工作做好准备。由此 2008 年预算从组织形式、编制原则、编制方式、预算内容、实施程序方面完善了管理，形成了有效的预算管理监督机制。

资料来源 白燕，康小齐．高校预算管理案例分析与研究［J］．财会通讯，2009（35）：50–51.

复习思考题

1. 什么是非营利组织预算管理？其编制原则是什么？
2. 非营利组织全面预算管理体系具体包括哪些内容？
3. 非营利组织的预算管理程序包括哪几个阶段？
4. 简述非营利组织财务预算管理的基本方法及其概念。
5. 非营利组织财务预算考核遵循的原则有哪些？
6. 非营利组织财务预算考核体系的内容包括哪些？

第四章　非营利组织的日常资金管理

学习目标：通过本章学习，全面理解日常资金管理的概念及相关规定；明确日常资金管理与项目资金管理的区别；熟悉非营利组织的日常资金管理制度的相关规定；熟练掌握非营利组织的日常资金管理的会计核算，尤其是特殊核算的处理；了解日常资金管理问题。

第一节　日常资金管理及其相关制度规定

一、日常资金管理

（一）概念

日常资金管理是指及时对组织的流动资金及日常财务收支进行管理，以保证各项资金的合理运用以及收支平衡。它以制订短期财务计划为主要管理方法，以保证各项资金的收支平衡，主要有现金管理、银行存款管理、其他货币资金管理和存货管理四个方面。而项目资金管理的基本内容包括：项目筹资、资金成本控制、资金风险控制等。

（二）国内外日常资金的来源对比

资金是组织的生命线，像任何组织一样，非营利组织虽然不以营利为目的，但是它的生存与发展都有赖于充足的资金，为了实现组织的社会使命，充足的资金是重中之重，因此，我们有必要对其资金的来源情况做进一步的分析。

1. 国内资金来源

我国的非营利组织资金来源主要有以下几个方面：公共部门资助、会员费、社会捐款、服务性收费等。

（1）公共部门资助。

公共部门资助包括两个方面：政府部门对非营利组织的直接资助（即通常所说的公共部门拨款）和相关法律法规规定的税收优惠政策。我国的非营利组织大多依赖政府的财政支持。

（2）会员费。

会员费是一种较为传统的筹资方式。它是伴随着组织成立而成长起来的一种原始的筹资方式。它相当于那些有会员的组织中会员的个人费用份额。目前我国非营利组织收取会员费占自创收入的比重整体上偏高。

（3）社会捐款。

社会捐款包括来自个人、基金会和企业的捐款，这是非营利组织独特的收入来源，也是它们与公共部门及私人营利机构相区别的标志之一。

（4）服务性收费。

服务性收费，主要是非营利组织依靠自己的设施、技术以及专业人员，为社会有关单位、个人提供有偿服务的收费。它能从一个角度折射出非营利组织在社会的公信度和管理服务水平。现阶段，我国非营利组织通过提供产品或服务向受益者直接收取的收入以及通过投资而从受资方取得的收入并不多。

2. 国外资金来源

国外非营利组织的资金来源不外乎四个渠道：民间捐赠、服务收费、政府补贴和外国援助。所有国家的非营利组织都或多或少地依赖前三种来源，但那些发展中和转型中国家的很多非营利组织还依赖于外国援助。

（1）民间捐赠。

民间捐赠包括来自个人、基金会和企业的捐款，这是非营利组织独特的收入来源，也是它们与公共部门及私人营利机构相区别的标志之一。如前所述，民间捐赠不仅不是非营利组织收入的主要来源，甚至都不是第二个重要的来源。在发达国家，民间捐赠比例最高的是美国，仅占到 19%。其余国家则更为有限，英、德、法、日分别仅占 12%、4%、7%、1%。

（2）服务收费。

服务收费是非营利组织获得资金极其重要的来源。在一些国家，来自会费、收费活动和商业经营的收入超过了其他来源的收入，构成了非营利组织总收入的最大部分。在美、意、日三国非营利部门收入中，收费所占的比例都在一半以上。

（3）政府补贴。

政府补贴，包括直接拨款（即政府直接给予非营利组织补贴以支持它们的活动和项目）、合约（即非营利组织向有资格享受某些政府项目的人提供服务，而由公共机构支付服务费）和补偿（即向那些有资格享受政府项目并从非营利组织那里购买服务的人支付补偿费）。在发展中国家，政府不会是非营利组织收入的主要来源，但在欧洲一些发达国家，非营利组织最大的一个资金来源就是政府补贴和拨款。

（4）外国援助。

外国援助是发展中国家非营利组织收入的重要来源，包括来自发达国家政府机构、基金会和其他非营利组织的拨款和捐款。

阅读拓展 4-1

国外非营利组织获取资金的途径

从实际来看，非营利组织可能获取资源的途径主要有三种：一是通过人们的慈善捐赠，包括直接捐赠和间接捐赠；二是政府的补贴、津贴和政府对非营利组织的税收优惠；三是会费和营业收入。

一、私人捐赠

人们对非营利机构的捐赠可能源于纯利他主义，也可能源于非纯利他主义，还可能出于使命感、责任感等。这样，个人为了提高公共物品的供给量，都有可能或多或少地进行慈善捐赠。但是，每个人的利他程度又是不同的。不可能期望每个人都有较高的利他主义系数，能够通过自己对公共物品的贡献而产生更大满足或快乐；亦不能苛求每个人都具有很强的道德感与使命感，以他人的境遇或福利得到改善为己任。在现实经济生活中，大多数人的利他主义倾向都是非纯粹的。他们可能由于关心公共物品的供给量而捐赠，但同时也希望从捐赠行为本身获得某种利益或效用。所以，为了有效避免公共物品中的搭便车和非合作行为，世界各国都普遍采取了对公共物品的自愿贡献减免税的方法，以激励个人的自愿捐赠，提高公共物品的供给水平，减少效率损失。具体做法是：若个人为慈善组织捐款，则公民的个人所得税可以抵扣或宽免。根据美国劝募咨询协会（1982）的统计，1981 年美国流向慈善机构的私人捐赠总额达 536 亿美元，这大约占到当年美国国民生产总值的 2%，或者人均捐赠额为 225 美元；而美国捐赠基金会最近公布的一项研究报告显示，2005 年美国慈善捐赠增加 6.1%，为 2 602.8 亿美元，约占美国当年国内生产总值的 2.1%，人均捐款额约 870 美元（中国金融网，2006 年 6 月 21 日）。可见，美国慈善捐赠占国民生产总值的比例一直比较稳定。

二、发行彩票

在国外，非营利组织通过发行彩票募集资金是一种很重要的方式。“慈善博彩”是非营利组织可能合法获得资金的一种重要途径，因为非营利组织没有能力通过税收制度来为其募集资金。理论分析表明，慈善博彩能促进人们合作，克服搭便车行为。由于采用了公共物品和私人物品联合生产的方式，这种联合生产使纯公共物品具有了非纯公共物品的性质。人们可以通过消费某种私人物品（奖金）来提高效用，故而在一定程度上可以减轻人们的搭便车行为，促使人们积极购买彩票。在人们花钱购买彩票的同时，就为纯公共物品的提供贡献了资金，表现了人们在公共物品上的合作行为，这种方式可以逼近公共物品提供的最优水平。另外，公共物品具有正的外部性，而慈善博彩这种机制设计，使一个彩票购买者对另一个彩票购买者产生了负外部性（因为减少了他人中奖的概率），会对正外部性产生稀释和中和作用。因此，公共物品的正外部性就在一定程度上被内部化了，自然减轻了人们的搭便车行为，促使人们积极为公共物品捐赠。这样，彩票发行和为公共物品筹资相结合，会大大提高彩票的销售额。

三、政府资助或支出

非营利组织同政府一样，也是在提供一种全体公民或部分公民或社区内公民所需要的公共物品，但这种公共物品多是政府提供不足或不便提供的。因此，为了防止公共物品私人提供的非合作或搭便车行为，政府有必要从财政收入中拿出一部分资金资助非营利组织，这与政府用税收供给公共物品的道理是一样的，因为非营利组织本身是一种自愿组织，不能强迫人们为其捐款。事实上，国外非营利组织的一个重要资金来源就是政府资助和津贴。当然，这种政府资助的形式是多样化的，政府和非营利组织之间经常形成公私合作伙伴关系：政府从非营利组织那里购买公共服务，而非营利组织从政府那里间接获取资金支持。美国政府支出在各亚类非营利组织资金来源中占相当比重。

四、会费或服务收费

很多提供俱乐部公共物品的非营利组织，其服务对象一般是会员。为了避免这种公共物品消费的拥挤性，采取向入会的会员收取一定会费的形式，以节制服务对象，保证公共物品会员消费的非竞争性。因此，会费可能就构成了这类非营利组织的主要资金来源。这种非营利组织在国外和国内都很普遍，比如行业协会等。另外一些非营利组织，比如非营利医院、大学等，通过提供特定的服务，并向服务对象收费来弥补成本的一部分甚至是全部。这些非营利组织一般也是提供非纯粹公共物品的组织。由于非纯粹公共物品具有一定的私人物品特点，因此具有一定的可销售性，这类非营利组织可以通过服务收费来覆盖其提供公共物品的成本，例如健康和教育研究部门，其资金大部分来源于其他部门的购买服务。

小结：从世界上其他国家来看，公共资助、私人捐赠、收费，在非营利组织资金来源中的相对重要性也不尽相同。在大多数欧洲国家，非营利组织较多地依赖于公共资金，虽然收费在某些领域也扮演着同样重要的作用。相关研究表明（Salamon 和 Anheier，1994），在西欧国家里，非营利部门规模相差无几；但在英国，私人捐赠是非营利组织的重要收入来源；卫生保健在美国所占比重很大，但是这一领域的私人捐赠显得并不重要；德国有很多非营利医院是依靠其国家卫生保健系统的支付来运营的；教育和科研在英国和日本都非常重要，这些部门主要是由收费和政府资助来运营的；相对而言，德国具有比较少的私人教育机构。全球非营利机构活动范围分布的差异，反映了国家在提供社会服务如卫生保健、教育方面的巨大作用，同时也反映出政府对待非政府组织的不同态度。在有些国家，比如美国，对非政府组织的管制可能要比欧洲和日本宽松一些。随着经济发展和社会转型，人们的公共需求日益多样化。这些年，我国各类非营利组织获得了很大的发展，但同时也存在一些困难和问题。2000 年对全国民间社团组织进行问卷调查的统计分析显示，有 41.4% 的社团认为它们面临的第一困难是缺乏资金。

资料来源　吴伟. 非营利组织的资金来源：国外的经验与启示［J］. 中州学刊，2007（4）：99-103.

二、日常资金管理相关制度规定

根据《民间非营利组织会计制度》相关规定及财政部规定，总结如下：

（一）现金

现金是指非营利组织的库存现金，非营利组织应当严格按照国家有关现金管理的规定收支现金，并严格按照《民间非营利组织会计制度》规定核算现金的各项收支业务。

非营利组织应当设置“现金日记账”，由出纳人员根据收付款凭证，按照业务发生顺序逐笔登记。现金的核算应当做到日清月结，计算当日的现金收入合计数、现金支出合计数和结余数，其账面余额必须与库存数相符，每日终了结算现金收支、财产清查等发现的现金短缺或溢余，及时查明原因，并根据管理权限，报经批准后，在期末结账前处理完毕。

（二）银行存款

银行存款是指民间非营利组织存入银行或其他金融机构的存款。《民间非营利组织会计制度》对银行存款的收款凭证和付款凭证的填制日期和依据做出了较为详细的规定，具体如下：

1. 采用支票结算方式

收款单位对于收到的支票，应填制进账单，并连同支票送交银行，根据银行盖章退给收款单位的收款凭证联和有关的原始凭证编制收款凭证，或根据银行转来由签发人送交银行的支票后，经银行审查盖章的收款凭证联和有关的原始凭证编制收款凭证；付款单位对于付出的支票，应根据支票存根和有关原始凭证编制付款凭证。

2. 采用汇兑结算方式

收款单位对于汇入的款项，应在收到银行的收账通知时，据以编制收款凭证；付款单位对于汇出的款项，应在向银行办理汇款后，根据汇款回单编制付款凭证。

3. 采用银行汇票结算方式

收款单位应当将汇票、解讫通知和进账单送交银行，根据银行退回的进账单和有关的原始凭证编制收款凭证；付款单位应在收到银行签发的银行汇票后，根据“银行汇票申请书（存根联）”编制付款凭证。如有多余款项或因汇票超过付款期等原因而退款时，应根据银行的多余款收账通知编制收款凭证。

4. 采用商业汇票结算方式

商业汇票的结算方式分为两种，即商业承兑汇票结算和银行承兑汇票结算方式。

采用商业承兑汇票结算方式的，收款单位将要到期的商业承兑汇票连同填制的邮划或电划委托收款凭证，一并送交银行办理转账，根据银行盖章退回的收账通知，据以编制收款凭证；付款单位在收到银行的付款通知时，据以编制付款凭证。

采用银行承兑汇票结算方式的，收款单位将要到期的银行承兑汇票连同填制的邮划或电划委托收款凭证，一并送交银行办理转账，根据银行的收账通知，据以编制收款凭证；付款单位在收到银行的付款通知时，据以编制付款凭证。

收款单位将未到期的商业汇票向银行申请贴现时，应按规定填制贴现凭证，连同汇票一并送交银行，根据银行的收账通知，据以编制收款凭证。

5. 采用银行本票结算方式

收款单位按规定受理银行本票后，应将本票连同进账单送交银行办理转账，根据银行盖章退回给收款单位的收款凭证联和有关原始凭证，据以编制收款凭证；付款单位在填送“银行本票申请书”并将款项交存银行，收到银行签发的银行本票后，根据申请书存根联编制付款凭证。收款单位因银行本票超过付款期限或其他原因要求退款时，在交回本票和填制的进账单经银行审核盖章后，根据银行退回给收款单位的收款凭证联编制收款凭证。

6. 采用委托收款结算方式

收款单位对于托收款项，根据银行的收账通知，据以编制收款凭证；付款单位在收到银行转来的委托收款凭证后，根据委托收款凭证的付款通知和有关的原始凭证，编制付款凭证。

7. 采用托收承付结算方式

收款单位对于托收款项，根据银行的收账通知和有关的原始凭证，据以编制收款凭证；付款单位对于承付的款项，应于承付时根据托收承付结算凭证的承付支款通知和有关发票账单等原始凭证，据以编制付款凭证。如拒绝付款，属于全部拒付的，不做账务处理；属于部分拒付的，付款部分按上述规定处理，拒付部分不做账务处理。

8. 现金日记账和银行存款日记账的账务处理

以现金存入银行，应根据银行盖章退回的交款回单及时编制现金付款凭证，据以登记“现金日记账”和“银行存款日记账”。向银行提取现金，根据支票存根编制银行存款付款凭证，据以登记“银行存款日记账”和“现金日记账”。收到的存款利息，根据银行通知及时编制收款凭证。

除此之外，鉴于银行存款的重要性，《民间非营利组织会计制度》还做出了关于日常资金管理中银行存款方面的其他要求，具体如下：

（1）民间非营利组织应按开户银行和其他金融机构、存款种类等，分别设置“银行存款日记账”，由出纳人员根据收付款凭证，按照业务的发生顺序逐笔登记，每日终了应结出余额。银行存款日记账应定期与银行对账单核对，至少每月核对一次。月度终了，民间非营利组织账面余额与银行对账单余额之间如有差额，必须逐笔查明原因进行处理，并按月编制“银行存款余额调节表”调节相符。

民间非营利组织银行存款日记账与其开户银行提供的银行存款对账单进行核对。核对过程中不一致的情况分为四种：银行已收，组织未收；银行已付，组织未付；组织已收，银行未收；组织已付，银行未付。这几种情况统称为未达账项，可以通过编制“银行存款余额调节表”来调整，银行存款余额调节表可作为银行存款科目的附列资料保存。该表在银行对账单余额与组织账面余额的基础上，各自加上对方已收、本单位未收账项数额，减去对方已付、本单位未付账项数额，以调整双方余额使其一致，调整后的余额是该组织对账日银行实际可用的存款数额。此表的主要目的是核对组织账目与银行账目的差异，也用于检查组织与银行账目的差错。格式如表 4-1 所示，最后结果应该是①=②。

表 4-1 **银行存款余额调节表**

项目	金额	项目	金额
非营利组织银行存款日记账余额		银行对账单余额	
加：银行已收，组织未收		加：组织已收，银行未收	
减：银行已付，组织未付		减：组织已付，银行未付	
调节后的存款余额①		调节后的存款余额②	

（2）民间非营利组织应加强对银行存款的管理，并定期对银行存款进行检查，如果有确凿证据表明存在银行或其他金融机构的款项已经部分或者全部不能收回的，应当将不能收回的金额确认为当期损失，冲减银行存款。

（三）其他货币资金

其他货币资金是指民间非营利组织的外埠存款、银行汇票存款、银行本票存款、信用卡存款、信用证保证金存款、存出投资款（或者存入其他金融机构）等各种其他货币资金。

外埠存款，是指民间非营利组织到外地进行临时或零星采购时，汇往采购地银行开立采购专户的款项。银行汇票存款，是指民间非营利组织为取得银行汇票按规定存入银行的款项。银行本票存款，是指民间非营利组织为取得银行本票按规定存入银行的款项。信用卡存款，是指民间非营利组织为取得信用卡按照规定存入银行的款项。信用证保证金存款，是指民间非营利组织为取得信用证按规定存入银行的保证金。存出投资款，是指民间非营利组织存入证券公司但尚未进行投资的现金。

《民间非营利组织会计制度》针对日常资金管理的其他货币资金方面要求如下：

（1）设置“其他货币资金”主科目，并设置“外埠存款”“银行汇票”“银行本票”“信用卡存款”“信用证保证金存款”“存出投资款”等明细科目，同时需要按外埠存款的开户银行、银行汇票或本票的收款单位等设置明细账。

（2）民间非营利组织应加强对其他货币资金的管理，及时办理结算，对于逾期尚未办理结算的银行汇票、银行本票等，应按规定及时转回。

（四）存货

存货是指民间非营利组织在日常业务活动中持有以备出售或捐赠的，或者为了出售或捐赠仍处在生产过程中的，或者将在生产、提供服务或日常管理过程中耗用的材料、物资、商品等，包括材料、库存商品、委托加工材料，以及达不到固定资产标准的工具、器具等。

民间非营利组织设置“存货”主科目进行账务处理，且应当按照存货的种类和存在形式设置明细账进行明细核算。对于存货取得和发出时的成本计量，应遵循如下原则：存货在取得时，应当以其成本入账；存货在发出时，应当根据实际情况采用个别计价法、先进先出法或者加权平均法，确定发出存货的实际成本。民间非营利组织的各种存货，应当定期进行清查盘点，每年至少盘点一次，对于发生的盘盈、盘亏以及变质、毁损等存货，应当及时查明原因，并根据管理权限，报经批准后，在期末结账前处理完毕。

民间非营利组织设置“存货跌价准备”科目，期末应当对存货是否发生了减值进行检查。如果存货的可变现净值低于其账面价值，应当按照可变现净值低于账面价值的差额计提存货跌价准备。如果存货的可变现净值高于其账面价值，应当在该存货期初已计提跌价准备的范围内转回可变现净值高于账面价值的差额。

第二节　非营利组织日常资金管理制度

一、岗位设置与人员分工

岗位设置与人员分工是日常资金管理的基础，民间非营利组织应根据不同岗位特点进行分工，采用分级授权原则积极推进财务与业务一体化工作，从组织机构设置上确保资金流通安全。岗位设置与人员分工的具体内容如下：

第一，会计人员应负责总分类账的登记、收支原始凭证的复核及收付款记账凭证的编制工作。

第二，出纳人员应负责现金的收支和保管、收支原始凭证的保管和签发、日记账的登记。出纳不得登记现金总账，也不得兼任稽核、会计档案保管和收入、支出、费用、债权债务账务的登记工作。

第三，内审人员应负责收支凭证和账目的定期审计和现金的突击盘点及银行存款账户的定期核对。

第四，会计主管应负责审核收支、保管和使用组织及组织负责人印章、定期与银行对账并编制银行存款余额调节表。

第五，组织负责人应负责审批收支预算、决算及各项支出，但是对于重大支出项目应由组织集体审批。

第六，电脑程序设计员应负责程序设计和修改，不得负责程序操作，甚至不得出入财会部门。

二、现金管理制度

民间非营利组织应根据实际情况，在符合《民间非营利组织会计制度》的基础上建立现金管理制度，主要包括以下内容：

第一，制定库存现金管理制度。库存现金不得超过规定限额，一般为 3~5 天的日常需要量，如有特殊需要可超过 5 天但不得超过 15 天的日常需要量。库存现金超过一定数额时必须存入银行，如遇到特殊情况，超过规定限额应及时向理事会或相关管理部门通报，做好保卫值班工作。

第二，不得坐支现金。收到的现金应及时存入银行账户，严格执行现金收支“两条线”。

第三，不得以“白条”抵库。“白条”是指没有审批手续的凭证，其不能够作为记账的依据。

第四，认真做好现金的日常管理工作。日记账必须做到日清月结，并保证库存现金与账面金额相符。

第五，认真做好现金盘点工作。出纳应定期（每月、季、年末）、不定期地对现金进行盘点，编制现金盘点表，财务机构负责人（或授权的会计）应对现金盘点进行监盘和不定期的抽盘，确保现金账面余额与实际库存相符，如发现不符，应及时查明原因并做出处理。

三、银行存款管理制度

民间非营利组织应根据实际情况，在符合《民间非营利组织会计制度》的基础上建立银行存款管理制度，主要包括以下内容：

第一，开立银行存款账户。开立账户用于银行收付业务，一般应开立两个账户，基本账户用来付款，一般账户用来收款。如根据业务需要，确需增开专用账户，需由计划财务部提出申请报理事会或相关管理部门批准后方能开立。

第二，应遵照国家相关银行账户管理的规定，不得出租、出借账户。

第三，尽可能使用转账结算。根据自身情况，设定结算起点，对于超过起点金额的所有公共业务，应当通过银行转账进行结算。

第四，对于各种银行存款方式的收款凭证和付款凭证的填制日期和依据，应按照《民间非营利组织会计制度》的要求进行。

第五，收到的汇票、支票等银行收款凭单应及时送存银行，并进行账务处理。

第六，支票、汇票、汇兑等付款，均须登记备查簿，详细填写单据编号、收款人名称、金额、用途、借款日期、报销日期等，并由经手人签字。

第七，出纳定期与银行核对银行存款余额，并编制银行余额调节表，会计需对银行余额调节表进行审核，对未达账项进行及时处理。

四、存货管理制度

民间非营利组织应根据实际情况，在符合《民间非营利组织会计制度》的基础上建立存货管理制度，主要包括以下内容：

第一，合理的存货收付制度。存货取得和发出时，仓管员应当和当事人当面点清数量，当面开具单据（包括入库单、出库单和发票或收据证明单据），并确保财务审核、审批人员和相关经办人都签字确认后才能入库或出库，且做到单据和数量完全相符。

第二，仓储管理员管理制度。存放存货的仓库钥匙必须专人保管，除了仓库以外的人员不得私自进出，并且需要做好清洁、整齐、防霉、防蛀、防潮等工作。仓管员必须经常定期及不定期地抽查物资，如发现问题及时上报上级主管并会同有关部门及时采取补救措施。

第三，存货的合理存放制度。存货的摆放讲究科学、合理，区域要分开、清晰，摆列要整齐、有序，高低要适当、均衡。

第四，存货盘点制度。定期对存货进行清查盘点，每年至少盘点一次。对于发生的盘盈、盘亏以及变质、毁损等存货，应当及时查明原因，并根据管理权限，报经批准后，在期末结账前处理完毕。

第五，存货的减值制度。应当定期或者至少于每年年度终了，对存货是否发生了减值进行检查，并进行相应的会计处理。

五、报销管理制度

民间非营利组织应根据实际情况，在符合《民间非营利组织会计制度》的基础上建立报销管理制度，主要包括以下内容：

第一，报销的流程管理制度。报销前应将原始凭证分类汇总、粘贴后，填写支出凭单，在支出凭单上注明摘要和用途、报销金额（大小写必须相符）、单据张数。报销的发票，必须是合法的原始凭证，发票上印有税务局或财政局收费专用章和收款单位财务专用章，各种印章必须清晰。发票上要填写购货单位名称、购货品名、单价、数量、金额和日期。

第二，将填好且按规定审核、核准的支出凭单（附上原始单据）交部门负责人审签。

第三，将部门负责人审签的支出凭单（附上原始单据）报会计审核，审核无误后交由理事会或相关管理部门核准后报销。

第四，根据自身情况，设立一次性报销限额和财务办理报销时间，对于超过一次性报销限额的，通常需提前一个工作日通知财务。

六、借款管理制度

民间非营利组织应根据实际情况，在符合《民间非营利组织会计制度》的基础上建立借款管理制度，主要包括以下内容：

第一，现金及转账支票不应以任何理由借给外单位使用。

第二，组织内部人员因公务出差借款，需填写借款单，由各部门负责人批准后方可办理借款，设立借款限额，超过限额的经理事会或相关管理部门签字，同时规定出差借款的报销期限。

第三，所借支票必须妥善保管，不得遗失，如因遗失而造成的经济损失，由借票人负责赔偿。

第三节　非营利组织日常资金管理的会计核算

民间非营利组织日常资金管理的会计核算主要包括现金的会计核算、银行存款的会计核算、其他货币资金的会计核算以及存货的会计核算。在进行会计核算的时候，应该以权责发生制为基础，并遵循《民间非营利组织会计制度》的规定。

一、现金的会计核算

（一）科目设置

应设“库存现金”科目，其在资产负债表中的编号为1001，该科目属资产类科目，其借方登记库存现金的增加，贷方登记库存现金的减少，期末余额在借方，反映民间非营利组织实际持有的库存现金。

（二）具体会计核算

（1）从银行提取现金，按照支票存根所记载的提取金额，借记“库存现金”科目，贷记“银行存款”科目；将现金存入银行，根据银行退回的进账单第一联，借记“银行存款”科目，贷记“库存现金”科目。

（2）因支付内部职工出差等原因所需的现金，按照支出凭证所记载的金额，借记“其他应收款”等科目，贷记“库存现金”科目；收到出差人员交回的差旅费剩余款并结算时，按实际收回的现金，借记“库存现金”科目，按应报销的金额，借记有关科目，按实际借出的现金，贷记“其他应收款”科目。

（3）因其他原因收到现金，借记“库存现金”科目，贷记有关科目；支出现金，借记有关科目，贷记“库存现金”科目。

（4）现金清查结果，可能出现账实相符的情况，也可能出现账实不符的情况，账实不符的情况下，就出现短缺或溢余，应及时查明原因，报批后在期末结账前处理完毕。

①如为现金短缺，属于应由责任人或保险公司赔偿的部分，借记“其他应收款”科目，贷记“库存现金”科目；属于无法查明的其他原因的部分，借记“管理费用”科目，贷记“库存现金”科目。

②如为现金溢余，属于应支付给有关人员或单位的部分，借记“库存现金”科目，贷记“其他应付款”科目；属于无法查明的其他原因的部分，借记“库存现金”科目，贷记“其他业务收入”科目。

具体步骤如下：首先，填制现金出纳报告书。审查人员在盘点现金前，一切出纳业务活动应立即停止，并由出纳人员按要求填制现金出纳报告书。其次，盘点库存现金并编制盘点清单。如果被审查单位的内部审查人员曾突击检查过库存现金，那么审查人员只需要复核内部审查人员的审查工作底稿。在盘点现金时，审查人员、出纳人员和财务主管都应在清查现场。盘点完毕，由出纳人员填制库存现金盘点表。最后，核对库存现金盘点数的正确性和真实性。审查人员应将清点后的现金实存数与现金出纳报告书、现金日记账的昨日库存现金账面余额、会计部门现金账户的余额相核对，以证实库存现金数和现金账的记录是否相符。如果发现不一致，则应进一步追查原因，以明确其责任。库存现金盘点表格式如表4-2所示。

表 4-2　**库存现金盘点表**

库存现金盘点表				
单位名称：		编制人：	日期：	
清查基准日：		复核人：	日期：	
币种：				
清查日清点现金			核对账目	
货币面额	张数	金额	项目	金额
100元			基准日现金账面余额	
50元			加：清查基准日至清查日的现金收入	
20元			减：清查基准日至清查日的现金支出	
10元			减：借条	
5元			调整后现金余额	
1元			实点现金	
5角			长款	

下面通过实例具体看一下库存现金盘盈或盘亏的账务处理过程。

【例 4-1】非营利组织 A 在财产清查中，发现库存现金溢余 50 元。在报经批准前，根据“库存现金盘点表”确定的库存现金盘盈数，调整账面记录，编制会计分录如下：

借：库存现金　50

　贷：待处理财产损溢——待处理流动资产损溢　50

经反复核查，上述库存现金长款无法查明原因，根据批准处理意见，转作其他业务收入。

借：待处理财产损溢——待处理流动资产损溢　50

　贷：其他业务收入　50

【例 4-2】非营利组织 B 在清查中发现，盘亏库存现金 2 000 元。在报经批准前，根据“库存现金盘点表”确定的库存现金盘亏数，调整账面记录，编制会计分录如下：

借：待处理财产损溢——待处理流动资产损溢　2 000

　贷：库存现金　2 000

经检查，上述库存现金短缺中 200 元应由出纳员张某赔偿，另外 1 800 元无法查明原因，在批准后，根据意见，转销库存现金盘亏的会计分录如下：

借：其他应收款——张某　200

　　管理费用　1 800

贷：待处理财产损溢——待处理流动资产损溢 2 000

收到张某赔偿的200元之后：

借：库存现金 200

贷：其他应收款 200

二、银行存款的会计核算

（一）科目的设置

应设“银行存款”科目，其在资产负债表中的编号为1002，该科目属于资产类科目，其借方登记银行存款的增加额，贷方登记银行存款的减少额，期末借方余额，反映民间非营利组织实际存在于银行或其他金融机构的款项。

（二）具体会计核算

将款项存入银行和其他金融机构，借记“银行存款”科目，贷记“库存现金”“应收账款”“捐赠收入”“会费收入”等有关科目。

（1）提取和支出存款时，借记“库存现金”“应付账款”“业务活动成本”“管理费用”等有关科目，贷记“银行存款”科目。

（2）收到的存款利息，借记“银行存款”科目，贷记“其他应收款”“筹资费用”等科目。但是，收到的属于在借款费用应予资本化的期间内发生的与购建固定资产专门借款有关的存款利息，借记“银行存款”科目，贷记“其他应收款”“在建工程”等科目。

（3）民间非营利组织发生外币业务时的账务处理。以外币购入商品、设备、服务等，按照购入当日（或当期期初）的市场汇率将支付的外币或应支付的外币折算为人民币金额，借记“固定资产”“存货”等科目，贷记“现金”“银行存款”“应付账款”等科目的外币账户。

（4）以外币销售商品、提供服务或者获得外币捐赠等，按照收入确认当日（或当期期初）的市场汇率将收取的外币或应收取的外币折算为人民币金额，借记“银行存款”“应收账款”等科目的外币账户，贷记“捐赠收入”“提供服务收入”“商品销售收入”等科目。

借入外币借款时，按照借入当日（或当期期初）的市场汇率将借入款项折算为人民币金额，借记“银行存款”科目的外币账户，贷记“短期借款”“长期借款”等科目的外币账户；偿还外币借款时，按照偿还当日（或当期期初）的市场汇率将偿还款项折算为人民币金额，借记“短期借款”“长期借款”等科目的外币账户，贷记“银行存款”科目的外币账户。

发生外币兑换业务时，如为购入外币，按照购入当日（或当期期初）的市场汇率将购入的外币折算为人民币金额，借记“银行存款”科目的外币账户，按照实际支付的人民币金额，贷记“银行存款”科目的人民币账户，两者之间的差额，借记或贷记“筹资费用”等科目；如为卖出外币，按照实际收到的人民币金额，借记“银行存款”科目的人民币账户，按照卖出当日（或当期期初）的市场汇率将卖出的外币折算为人民币金额，贷记“银行存款”科目的外币账户，两者之间的差额，借记或贷记“筹资费用”等科目。

各种外币账户的外币余额，期末时应当按照期末汇率折合为人民币，按照期末汇率折合的人民币金额与账面人民币金额之间的差额，作为汇兑损益计入当期费用。但是，属于在借款费用应予资本化的期间内发生的与购建固定资产有关的外币专门借款本金及其利息所产生的汇兑差额，应当予以资本化，记入“在建工程”科目。

有确凿证据表明存在银行或其他金融机构的款项已经部分或者全部不能收回的，应当将不能收回的金额确认为当期损失，借记“管理费用”科目，贷记“银行存款”科目。

三、其他货币资金的会计核算

（一）科目的设置

应设“其他货币资金”科目，其在资产负债表中的编号为1009，该科目属于资产类科目，其借方登记其他货币资金的增加额，贷方登记其他货币资金的减少额，期末借方余额，反映民间非营利组织实际持有的其他货币资金。

（二）具体会计核算

（1）外埠存款业务。民间非营利组织将款项委托当地银行汇往采购地开立专户时，借记“其他货币资金”科目，贷记“银行存款”科目。收到采购员交来供应单位发票账单等报销凭证时，借记“存货”等科目，贷记“其他货币资金”科目。将多余的外埠存款转回当地银行时，根据银行的收账通知，借记“银行存款”科目，贷记“其他货币资金”科目。

（2）银行汇票存款业务。民间非营利组织在填送“银行汇票申请书”并将款项交存银行，取得银行汇票后，根据银行盖章退回的申请书存根联，借记“其他货币资金”科目，贷记“银行存款”科目。民间非营利组织使用银行汇票后，根据发票账单等有关凭证，借记“存货”等科目，贷记“其他货币资金”科目；如有多余款或因汇票超过付款期等原因而退回款项，根据开户行转来的银行汇票第四联（多余款收账通知），借记“银行存款”科目，贷记“其他货币资金”科目。

（3）银行本票存款业务。民间非营利组织向银行提交“银行本票申请书”并将款项交存银行，取得银行本票后，根据银行盖章退回的申请书存根联，借记“其他货币资金”科目，贷记“银行存款”科目。民间非营利组织使用银行本票后，根据发票账单等有关凭证，借记“存货”等科目，贷记“其他货币资金”科目。因本票超过付款期等原因而要求退款时，应当填制进账单一式两联，连同本票一并送交银行，根据银行盖章退回的进账单第一联，借记“银行存款”科目，贷记“其他货币资金”科目。

（4）信用卡存款业务。民间非营利组织应按规定填制申请表，连同支票和有关资料一并送交发卡银行，根据银行盖章退回的进账单第一联，借记“其他货币资金”科目，贷记“银行存款”科目。民间非营利组织用信用卡购物或支付有关费用，借记有关科目，贷记“其他货币资金”科目。民间非营利组织在使用信用卡过程中，需向其账户续存资金的，借记“其他货币资金”科目，贷记“银行存款”科目。

（5）信用证保证金存款业务。民间非营利组织向银行交纳信用证保证金时，根据银行退回的进账单第一联，借记“其他货币资金”科目，贷记“银行存款”科目。根据开证行交来的信用证来单通知书及有关单据列明的金额，借记“存货”等科目，贷记“其他货币资金”和“银行存款”科目。

（6）存出投资款业务。民间非营利组织向证券公司划出资金时，应按实际划出的金额，借记“其他货币资金”科目，贷记“银行存款”科目；利用存出投资款购买股票、债券等时，按实际发生的金额，借记“短期投资”等科目，贷记“其他货币资金”科目。

（7）民间非营利组织对于逾期尚未办理结算的银行汇票、银行本票等，应按规定及时转回，借记“银行存款”科目，贷记“其他货币资金”科目。

四、存货的会计核算

（一）科目的设置

应设“存货”科目，其在资产负债表中的编号为1201，该科目属于资产类科目，借方登记存货的增加，贷方登记存货的减少，期末余额在借方，反映民间非营利组织存货实际库存价值。

应设“存货跌价准备”科目，其在资产负债表中的编号为1202，该科目属于资产类科目，借方登记存货跌价准备的增加，贷方登记存货跌价准备的减少，期末余额在贷方，反映民间非营利组织已计提的存货跌价准备。

（二）具体会计核算

（1）外购存货。按照采购成本（一般包括实际支付的采购价格、相关税费、运输费、装卸费、保险费以及其他可直接归属于存货采购的费用），借记“存货”科目，贷记“银行存款”“应付账款”等科目。民间非营利组织可以根据需要在“存货”科目下设置“材料” “库存商品”等明细科目。

（2）自行加工或委托加工完成的存货。按照采购成本、加工成本（包括直接人工以及按照合理方法分配的与存货加工有关的间接费用）和其他成本（指除采购成本、加工成本以外的，使存货达到目前场所和状态所发生的其他支出），借记“存货”科目，贷记“银行存款” “应付账款” “应付工资”等科目。民间非营利组织可以根据实际情况，在“存货”科目下设置“生产成本”等明细科目，归集相关成本。

（3）接受捐赠的存货。按照所确定的成本，借记“存货”科目，贷记“捐赠收入”科目。

（4）业务活动过程中领用存货。按照确定的成本，借记“管理费用”等科目，贷记“存货”科目。

（5）对外出售或捐赠存货。按照确定的出售存货成本，借记“业务活动成本”等科目，贷记“存货”科目。

（6）存货盘盈。按照其公允价值，借记“存货”科目，贷记“其他收入”科目。

（7）存货盘亏或者毁损。按照存货账面价值扣除残料价值、可以收回的保险赔偿和过失人的赔偿等后的金额，借记“管理费用”科目，按照可以收回的保险赔偿和过失人赔偿等，借记“库存现金”“银行存款”“其他应收款”等科目，按照存货的账面余额，贷记“存货”科目。

（8）存货跌价准备。如果存货的期末可变现净值低于账面价值，按照可变现净值低于账面价值的差额，借记“管理费用——存货跌价损失”科目，贷记“存货跌价准备”科目。

（9）如果以前期间已计提跌价准备的存货价值在当期得以恢复，即存货的期末可变现净值高于账面价值，按照可变现净值高于账面价值的差额，在原已计提跌价准备的范围内，借记“存货跌价准备”科目，贷记“管理费用——存货跌价损失”科目。

【例 4-3】水滴聚为某民间非营利组织，2017 年 3 月 5 日水滴聚支付内部职工张某出差所需现金 3 000 元。4 月 3 日以 5 000 美元购入商品补充库存，当日汇率为 6.8：1，4 月 25 日，通过银行支付货款。由于业务活动的需要，4 月 28 日水滴聚委托当地银行汇往采购地开立专户 10 000 元。5 月 6 日购入存货一批，采购价格 15 000 元，运输费 1 000 元，增值税税率为 17%，当日通过银行交付货款。6 月 30 日水滴聚在进行现金清查时，发现现金短缺 1 000 元，且无法查明原因。水滴聚在年末对存货是否减值进行检查时，发现存货可变现净值为 200 000 元，账面价值为 210 000 元，之前未计提减值准备。根据以上信息，编制相关会计分录。

（1）3 月 5 日水滴聚支付内部职工张某出差所需现金：

借：其他应收款　3 000

　贷：库存现金　3 000

（2）4 月 3 日以美元购入商品补充库存：

借：存货　34 000

　贷：应付账款　34 000

（3）4 月 25 日，水滴聚通过银行支付货款：

借：应付账款　34 000

　贷：银行存款　34 000

（4）4 月 28 日水滴聚委托当地银行汇往采购地开立专户 10 000 元：

借：其他货币资金　10 000

　贷：银行存款　10 000

（5）5 月 6 日购入存货：

借：存货 18 550

　贷：银行存款 18 550

（6）6月30日进行现金清查：

借：管理费用 1 000

　贷：现金 1 000

（7）年末对存货是否减值进行检查：

借：管理费用——存货跌价损失 10 000

　贷：存货跌价准备 10 000

第四节　日常资金管理的问题及建议措施

我国正处于社会的转型期，需要政府、营利组织和非营利组织共同发挥各自的积极作用，缺一不可。在实践中，我们也发现中国社会对非营利组织提供的服务有巨大需求。然而光有需求不行，还要有充分的供给。与一些国家相比，我国在供给方面还存在不小的差距。我国每万人拥有的非营利组织的数量不仅远远低于西方发达国家，如美国、法国、德国等，与同是发展中国家的阿根廷和巴西相比也有不小的差距。造成这种状况的主要原因是资金问题，资金是组织的生命线。像任何组织一样，非营利组织的生存与发展都有赖于充足的资金，同时还要对资金进行充分的使用和监管。

一、日常资金管理的问题

（一）资金支出不合理

非营利组织资金的支出主要应用于公益活动、社会服务、社会福利和社会救助等。目前，我国非营利组织普遍存在支出管理松散的问题，在支出预算执行过程中，审批制度不严格导致随意扩大开支范围。例如，大多数非营利组织工作人员的薪酬比较高。在民政部组织的一项课题调查中显示，全国性社会组织年平均工资为59 546元，其中，基金类和行业协会商会类从业人员年平均工资分别为82 935元和70 236元，三者分别是全国城镇非私营单位就业人员年平均工资（46 769元）的1.27倍、1.77倍、1.50倍。有些非营利组织内部巧立名目发放奖金，提高补贴标准，随意改变资金用途，限定性资产的使用不规范，支出结构不合理。

（二）资金运营效率低

我国的非营利组织，尤其是公立的非营利组织，普遍存在资金运用重视程度较低的现象。非营利组织在办理各项支出（费用）的过程中，不讲究资金的有效利用。有些民间非营利组织的管理者不关注资金的使用效率，在活动项目的选择上存在很大的随意性，而且缺少必要的成本分析。国外的非营利组织大部分并不直接使用捐款，而是将筹集的资金作为本金，将投资所得利息或红利拿出来做公益性的支出，这样保证了组织的长期发展。但我国大多数非营利组织资金来源有限且不稳定，一些规模较大的非营利组织通常有大量资金，但这些资金往往存放在银行，获取低额的利息，没有达到应有的资产保值增值效应。很多民间非营利组织的管理者缺少投资方面的专业知识，投资很难达到预期效果。

（三）政府监管不到位

非营利组织的资金主要来源于政府和社会两方面，属于“取之于民、用之于民”的公共事业专用资金，它的使用要受到各方面的监督。在我国，政府是在我国境内唯一具有对非营利组织进行监督管理权力的部门，它独有的强制力是其对非营利组织进行资金监管的坚强后盾。通过政府的强有力监管，能够有效提高非营利组织的社会公信力，树立良好形象，对吸引社会捐赠具有重大意义。虽然我国改革开放取得了不错的成果，政府逐渐放权，非营利组织生存空间增大，但是针对非营利组织的监管还不完善。这在一定程度上阻碍了非营利组织的发展。我国政府对非营利组织的资金监管存在以下四方面的问题：

1. 监管主体不明确，政府职责不清

1998 年《社会团体登记管理条例》中规定非营利组织的官方监督部门为民政部门、财政部门、审计机关、业务主管部门。几个监管部门同时负责，职责分担不清，各监管主体之间相互扯皮、互相推诿，谁都不负责任，监管效果不理想。以非营利组织的资金监管为例，民政部门负责该组织成立时的验证检查工作，即在年检时检查其财务管理的资金数额。财政部门每年对非营利组织的检查均是基于国家规定的财务管理制度进行审计监督。审计机关依据《审计法》对非营利组织的财政收入和支出进行监督。业务主管单位负责非营利组织的日常活动的管理，两者之间的关系非常密切。如果非营利组织存在问题，其业务主管单位要承担连带责任，这种“双重俘获”可能会使业务主管部门与组织之间形成共进退的同盟关系。

但在实践中，民政部门对非营利组织的监管以登记管理为主，对资金监管不是很熟悉。财政部门则主要监督非营利组织是否遵照法律开展活动，财会制度是否得到合法有效的执行。而审计部门工作的主要对象是政府财政资金和国有企业。三个部门负责的方向不一致，监管的分工不清，最终导致非营利组织的资金监管缺乏实际操作性，资金被浪费、贪污的情况时有发生。

2. 法律体系不健全，法制化程度低

现有相关法律仅仅是在某一方面对非营利组织的日常资金管理做出规定，在其他方面仍滞后于非营利组织的发展，例如，实体法、单行法、立法内容存在缺失。另外，我国非营利组织立法的层次和质量不高，一些具有法律效力的条例内容侧重于登记程序，不仅与其他法规衔接性差，而且在具体问题上缺乏可操作性。

3. 偷税漏税现象严重

目前我国对非营利组织的税收优惠主要体现在以下几方面：（1）现行税收政策对医疗机构、老年服务协会、托儿所等机构规定给予暂免征收其房产税和土地使用税；（2）对托儿所、幼儿园、养老院、残疾人福利机构提供育养服务，婚姻介绍、殡葬服务、医院和其他医疗机构提供的医疗服务，学校和其他教育机构提供的教育劳务等，免征营业税等；（3）社会团体承受土地和房屋用于办公、教学、医疗、科研等活动，可以免征契税。另外，我国政府还规定非营利组织在民政部门登记后自动获取免税资格，也就是说，如果非营利组织不主动办理税务登记，进行纳税申报，很容易偷税漏税。

4. 财务管理混乱，腐败滋生

当前我国非营利组织发展迅速，正成为社会公共服务的重要提供者，弥补了政府力量的不足。然而，非营利组织内资金的运作出现各种问题，财务管理相当混乱，各种腐败现象屡屡出现，例如，2011 年 4 月红十字会“万元餐”事件、2011 年 7 月“郭美美”事件、温州红十字会挪用公款案、“卢美美”事件等。此外，一些非营利组织往往假设一个虚假项目，以扩大非经营开支，加上政府相关部门监管职能的严重缺陷，一些单位往往是人造虚拟收入，多摊销成本，违反国家金融体系的规范，转移的国家利益。

二、日常资金管理的建议措施

（一）组织内部层面

1. 提高服务能力

非营利组织要提高自身的服务能力，首先要加强自身的组织建设。这要求非营利组织做到以下三点：

（1）在机构建设上不断创新。非营利组织应根据组织内外的具体情况构建有弹性的、灵活的组织结构，组建一支高素质、有活力的工作团队，以适应现代社会发展的信息化、民主化趋势。

（2）重视人力资源开发与管理。非营利组织应当形成一整套人力资源开发、配置、使用和管理的工作机制，对员工的选聘、培训、考核、升迁、奖惩和淘汰等进行严格管理，全面提高员工的专业素质、职业意识和社会责任感，为完成组织的使命和目标提供有效的人力支持。

（3）实行绩效管理。非营利组织不但要关注人、财、物等资源的投入，更要关注对工作效果的评价，关注这些资源是否做了对组织及组织目标有价值的事。

2. 建立管理新模式

非营利组织存在的目的是获取并有效使用资金，以最大限度实现组织的社会使命，这就决定了非营利组织财务管理的主要内容是收入与支出的管理，建立全面预算管理下的收支两条线管理模式可以优化原有的管理模式。收支两条线管理，原本是指具有执收执罚职能的单位，根据国家法律法规和规章收取的行政事业性收费（含政府性基金）和罚没收入，实行收入与支出两条线管理，现在逐渐成为财务集中管理的模式之一，实施全面预算管理的集团公司大多采用这一资金管理模式，非营利组织也适合采用这种资金管理模式。预算管理是非营利组织财务管理的重要内容，非营利组织应建立全面预算制度，采用零基预算方法编制自己的各种收入预算和开支预算。在收入管理上，所有的收入都进入收入账户，由专门的资金管理机构管理。所有的支出都必须从支出账户支出，严禁坐支现金。

（二）组织外部层面

1. 大力发展提供资金管理和财务咨询的第三方组织

依靠非营利组织自身的力量难以解决诸多资金问题，应大力发展为非营利组织提供配套服务，且有能力帮其提高资金管理效率的第三方。目前市场上已经存在这样的公司，如北京睿投管理咨询有限公司。这家公司为捐赠人提供社会责任投资咨询服务，同时，也为非营利机构和公益项目提供财务管理咨询服务，帮助非营利组织提高财务管理能力和财务公信力。一些金融机构也应针对非营利组织的投资问题有针对性地推出适合非营利组织的理财产品，毕竟非营利组织掌握着庞大的社会资金。

2. 培养高素质的管理人才

根据《全国民政人才中长期发展规划》，截至 2020 年，我国需要培养社会工作专业人才 150 万人，而目前我国的社工数量仅有 20 万人左右，缺口巨大。非营利组织缺乏的人才不仅仅只是财务人员，需要提高的也不只是财务人员的专业能力，非营利组织最缺乏的是高素质的综合型人才。非营利组织的管理者既要懂公共管理，又要懂会计制度、财务管理、战略管理、人力资源管理、纳税筹划等。因此，需要在一些高校设立非营利组织财务管理的硕士专业，传统的专业设置是把非营利组织管理放在社会组织管理学科下，以后的发展应该是在财务管理专业下设置非营利组织财务管理方向。

3. 重视非营利组织财务管理理论研究

我国非营利组织财务管理水平的提高，也有赖于非营利组织财务管理理论的发展。我们需要建立非营利组织财务管理的理论体系，这个理论体系的建立既不能过多依赖组织的财务管理理论，也不能完全借鉴国外研究者构建的理论。我们要明确非营利组织财务管理的目标，分析非营利组织财务关系以及存在的冲突，找出解决的措施，根据非营利组织与企业组织的不同，构建适合非营利组织的财务资金筹集、投资、运营和评价的理论体系。

4. 加强资金监管

借鉴国外非营利组织在资金监管方面取得的经验，建议措施如下：

（1）政府角色重新定位，摒弃双重管理体制，以统一综合管理代替双重管理。政府应当明确自己的职责，改变重审批、轻监管的管理模式，放松非营利组织登记控制，转向过程管理，尤其是加强对非营利组织资金运作的监管，严格履行年检，并不定期地对组织进行抽查，防治营私舞弊和腐败现象出现。同时，在不干涉非营利组织自主性的基础上，成立专门的具有政府权威性的监管组织，可以称为“非营利组织委员会”。该委员会由国务院办公厅、民政部、财政部、国家税务总局、公益组织和公众代表组成，不隶属于任何机构，其工作直接对全国人大负责，委员会负责登记、监管和制定非营利组织的规则，并且按照国家的法律对非营利组织进行监管。

（2）完善有关的单行法和相关法律规定。制定一部统一的《非营利组织法》，从法律层面为政府监管提供依据。政府应当针对不同类型的非营利组织制定相应的法律法规和行政规章。同时，加快制定《慈善捐赠法》，规范非营利组织的捐赠行为，保护民众，防止筹款中的舞弊事件；修改税法，把对非营利组织的税收优惠单列，通过税务部门来监管非营利组织的资金运作。

（3）改革税收制度，加强对非营利组织资金的监管，建立系统、明确的非营利组织税收法规，改革税收制度，增强税收的监管作用，加强对非营利组织的免税资格审查。在税法中单独明确，最重要的是明确社会团体的优惠资格，规定不同类型的非营利组织申请减免税的条件及税种等。一旦出现非营利组织偷税漏税，或者在运作过程中出现商业性营利活动，就必须立刻予以处罚。另外，对于那些打着公益旗号，而其本身公益活动占组织所有活动比例很少的社会团体，要征收惩罚性税收。

（4）强化政府审计监管，增强非营利组织财务管理的规范性，完善非营利组织资金运用的审计监管制度。对于依法要求审计的民间非营利组织，应当在提交财务会计报告的同时，提交注册会计师审计报告。通过审计这些财务报告，政府就可以了解非营利组织资金运作的状况，检查非营利组织是否有违规操作，而且捐赠者通过查看这些信息资料，也可以了解我国的非营利组织，对捐赠者也是一种激励，能提高他们的信任度和积极性。

阅读拓展 4-2

国外非营利组织监管的借鉴

一、国外非营利组织监管的制度与特点

国外非营利组织的产生、发展具有其自身特点，政府对其监管亦有不同措施。整体来看，监管制度主要可以归纳为如下几个方面：

（一）税收制度

任何组织的生存和发展都离不开一定的资金支持，税收制度是影响非营利组织发展的一项关键性制度，为了支持非营利组织的发展，各国政府一般对于税收制度都做出了相应的优惠或具体安排。

比如，德国对于非营利组织的税收制度做出了具体安排，大致可分为两个方面：一是税收的构成范围。由于非营利组织的收入一般由会员缴纳、社会募捐、政府补贴及经营收入等构成，政府对于非营利组织开展的与组织宗旨相关的活动的经营性收入实行免税政策，对于社会募捐等其他收入亦采取免税政策。二是税收的审核检查制度。德国财政部门一般每隔三年对非营利组织进行一次财务检查。非营利组织若想获得税收优惠首先需要取得公益性组织资格，为此，其需向当地政府财政部门等进行申请。

英国政府对于非营利组织的发展也采取了相应的税收优惠，政府对于以慈善为活动内容的非营利组织实行税收减免政策，具体标准由组织所在地方部门决定，非慈善活动则不予减免。

美国政府对于非营利组织的税收减免政策亦有规定。美国国内税务局对于可以实行免税的组织类型进行编号和划分，其包括劳工组织、农业和园艺组织、墓地公司、退伍军人组织等。

（二）登记制度

登记制度是对非营利组织成立、准入、管理的前提。西方国家对于非营利组织的登记制度不尽相同。德国的社会团体分为登记类和非登记类。登记类非营利组织的登记活动主要由区法院负责，并未设立专门的非营利组织行政管理机关。财政部门具有公益与非公益性质的审核权。非营利组织需向财政部门申请并获得公益类型资格后方可享受相关免税待遇。德国政府充分尊重非营利组织的内部自我管理、自我发展，但对于违法的组织，政府则给予处罚并移交司法部门处理。美国的民间非营利组织的注册过程分为两个主要步骤：一是非营利组织向所在州办公室申请成立资格；二是获得批准的非营利组织向所在州司法部门登记。当然，未进行上述登记的非营利组织也有存在，但其不能获得政府相关优惠政策。英国的非营利组织登记注册相对严格，除了其他志愿组织外，成立慈善类非营利组织需要满足三个核心条件：一是成立非营利组织需以慈善为目的；二是具体活动必须接受法院监督；三是每年向慈善委员会汇报活动、支出、人员等内容。

（三）法律制度

总体来看，各国关于非营利组织的法律制度主要是为了实现两项目标：一是对非营利组织的成立、运行进行规定和合法性认可；二是对非营利组织的实际运行活动进行监督和管理。

德国对于非营利组织的立法主要有《德国基本法》《德国民法典》《社团法》《公共社团法调节法》，法律体系较为完备。对于非营利组织的具体类型，在德国主要分为社团、基金团、慈善公司等几类。德国参与非营利组织立法的还有联邦司法部商法司和经济法司，对于非营利组织的日常运行、规章草拟修改还有较为规范专业的律师队伍。英国对于非营利组织的立法主要包括《社团法》《慈善托管法》《慈善条例》《托管投资法》等，经过多次修订，立法体系较为完备，具体实施主要通过慈善专员、检查总长、监护人等共同完成。法国的非营利组织发展较早，法国对于非营利组织的立法主要包括 1901 年颁布的《非营利社团法》以及《商业法典》《民事法典》。法国非营利组织总体上分为工会与非营利社团两类，工会的成立必须经过政府批准，其他非营利类社团则可以根据《非营利社团法》的规定，按照组织程序进行设立，如果某社团组织希望获得政府资助，则需报政府审批。

总结国外对于非营利组织的监管，可以归纳为以下几个主要特点：一是政府对于非营利组织的监管起步较早，但也经历了一些反复。政府对于非营利组织的立法体系经过长期的修订，逐步走向完备。二是政府对于非营利组织的监管方式较为灵活，将非营利社团依据不同的标准加以分类和管理，社会团体具体活动具有自我管理、自我服务的特点，对于违法违规的社团则予以严格处罚。三是中央和地方分别对非营利组织的监管负有不同职责。地方政府对非营利组织的监管具有一定的灵活性和自主性。

二、国外非营利组织监管过程中的启示

（一）重视非营利组织监管过程的立法

回顾国外政府对于非营利组织的监管过程，重视立法、凸显法治思想在监管社会团体中的地位与作用是其一项重要特征。而法制监管方式对于非营利组织成长具有至关重要的作用。

如德国宪法及《德国民法典》对于公民的结社权利给予充分肯定。德国公民依据《基本法》可以成立社团组织，不必履行审批手续，社团可以选择登记和非登记两种方式，登记类社团可以获得权利能力，非登记类社团则由社团成员承担无限责任。法国政府颁布《非营利社团法》，明确社团组织概念，认为公民结社是私法领域内的一种社会契约。当然，对于非法目的、违背道德、有损国家安全等的社团则予以取缔。在整个法律框架下，而非人为干预下，各类非营利组织进行运作，实现组织价值。

值得一提的是，国外政府对于非营利组织监管的立法过程并非一帆风顺，而是经过了否定、审视、肯定的长期过程。比如法国政府年颁布宪法予以肯定公民结社权利，但后期又禁止，在19世纪的法国，所有政权都曾经颁布限制或禁止社团活动的法令。

（二）重视对非营利组织的引导

重视合理引导、轻规制约束对于非营利组织的发展而言是一种有效资源和条件。

例如，德国政府对于社团的监管除了对违法违规的社团进行处理外，更多体现的是合理引导，通过税收、财政、登记等环节加以实现。德国非营利组织的资金来源包括会员缴纳、募捐收入、政府支持以及经营收入。政府规定，除经营收入外，其他各项收入通常均可享受免税待遇。又如，美国政府对于成立非营利组织的条件没有过多过高的资金门槛，充分引导社会力量自我管理、自我服务、服务社会，政府更多地关注组织的宗旨和实际运行。在法国，政府设立社团发展高级委员会、社团发展委员会、社团组织事务代表、社团咨询与信息委员会、志愿者资源与信息中心，为各类非营利组织提供计划、方案、信息及其他相关服务，帮助组织获得更好的成长。

总之，通过以上对西方发达国家在监管非营利组织实践方面的叙述，我们了解到它们在政府监管方面形成了各具特色的监管模式。在立足本国国情的基础上，我们应该积极学习西方国家政府监管的成功之处，制定出适合我国国情的监管对策，促进我国非营利组织在良性轨道上健康发展。

资料来源　马强．我国政府对非营利组织的监管研究［D］．郑州：郑州大学，2013.

复习思考题

1. 什么是民间非营利组织日常资金管理？为何要进行日常资金管理？

2. 民间非营利组织银行存款日记账与银行存款对账单不符时应该怎么办？

3. 民间非营利组织在现金清查结果账实不符时应如何进行会计处理？

4. 民间非营利组织应如何对外购的存货进行会计处理？

5. 民间非营利组织获取资金支持的来源有哪些？

6. 某民间非营利组织，2017 年 8 月发生如下业务：

（1）将现金 10 000 元存入银行；

（2）收到出差人员交回的差旅费剩余款 500 元；

（3）现金清查时发现现金溢余 1 000 元，且无法查明原因。

根据以上信息，编制相关会计分录。

第五章　非营利组织的项目资金管理

学习目标： 通过本章学习，能够全面了解民间非营利组织项目资金的收入管理、内容与分类，掌握收入会计核算方法；熟悉民间非营利组织项目资金的支出管理，掌握费用会计核算方法；理解民间非营利组织项目资金的评估。

第一节　非营利组织项目资金的收入管理

民间非营利组织的资金管理活动可以分为日常资金管理活动和项目资金管理活动。民间非营利组织多以项目管理的方式进行资金的运营和管理。因此，民间非营利组织的项目资金管理在其财务管理过程中具有重要的意义。

民间非营利组织的项目以服务类项目为主，按照项目来源的国别不同，可以分为国内项目和国际项目；按照项目活动的不同领域划分，可分为扶贫项目、医疗卫生项目、环保项目、教育培训项目等。民间非营利组织的项目资金管理是指民间非营利组织为了实现其宗旨，通过项目申请的形式获取资金等社会资源，优化配置所获得的资源，有效地组织、计划、控制项目资金的运作过程的一项综合性工作。民间非营利组织的项目资金管理主要包括项目资金的收入管理和项目资金的支出管理。

通过良好的项目资金收入管理，能够使民间非营利组织在开展项目业务活动的时候，获得更多的资金支持，为项目的发展获取更多的资源。本节主要介绍项目资金在收入管理过程中涉及的项目资金收入管理制度、岗位设置、人员分工、内容与分类、会计核算等几个方面的内容。

一、项目资金的收入管理制度

民间非营利组织的项目资金收入管理制度的内容包括以下几项：一是建立有效的项目立项申报工作制度。做到申报的每一个项目都有充分合理的科学依据支撑。做好项目选择、可行性分析、项目建议书的书写等申请环节，提高申请的成功率，保证项目的资金来源。二是设置合理的岗位进行项目资金的专项管理，确保项目资金的真实性和完整性。三是建立合理的会计核算和资金管理制度，对项目资金的收入进行有效的管理。

二、岗位设置和人员分工

（一）岗位设置

民间非营利组织的项目管理目前存在两种管理模式：一是矩阵式的项目管理模式。在矩阵式项目管理模式下，其岗位设置是项目管理部门属于临时管理部门，由秘书长临时指派项目经理，由项目经理从各个职能部门抽调人员组成项目小组，项目经理直接对秘书长负责，受秘书长领导。这种模式决定了其岗位设置的特殊性，即项目管理部门属于由秘书长领导下的临时部门，主要目标是完成某一项目任务，虽然具有权力集中的优点，但也同时具有等级制度明显、信息不畅的缺点。二是网络式的项目管理模式。现代民间非营利组织的项目管理往往采取网络式的管理结构，秘书长下面仍然是各个职能部门，但其中新增一个项目部，项目部下面再分设项目经理，项目经理不再直接面对秘书长，项目经理和各个职能部门之间更多的是一种横向的合作关系。这种结构有利于保障项目经理的权责统一，使单个的项目管理机构更为独立，自主权更大。

（二）人员分工

在项目组织实施的过程中，项目经理是一个至关重要的角色。应规划好项目经理的职业生涯，如项目经理的定位与地位、如何使项目经理责权对等。在此基础上，制定项目经理的发展路线，如项目助理、项目经理、高级项目经理、项目总监等每个级别的素质要求和待遇等。通过项目经理的生涯规划，增强项目经理的归属感，提高人力资源的稳定性。同时，应设置相应的人员考评激励机制，调动组织成员为实现项目的目标而努力工作，提高各类人员工作的积极性。在绩效评价系统内应包括对项目经理、项目团队和项目组成员的考核制度。

三、收入内容与分类

（一）收入内容

收入是指民间非营利组织开展业务活动时取得的、导致本期净资产增加的经济利益或者服务潜力的流入。收入具有以下两项特征：第一，收入是指民间非营利组织经济利益或者服务潜力的流入；第二，收入会导致本期净资产的增加。民间非营利组织的收入包括以下内容：

（1）捐赠收入，是指民间非营利组织接受其他单位或者个人捐赠所取得的收入。

（2）政府补助收入，是指民间非营利组织接受政府拨款或者政府机构给予的补助而取得的收入。

（3）提供服务收入，是指民间非营利组织根据章程等的规定向其服务对象提供服务取得的收入。

（4）会费收入，是指民间非营利组织根据章程等的规定向会员收取的会费收入。

（5）商品销售收入，是指民间非营利组织销售商品（如出版物、药品等）所形成的收入。

（6）投资收益，是指民间非营利组织因对外投资取得的投资净损益。

（7）其他收入，是指除上述主要业务活动收入以外的收入，如固定资产处置净收入、无形资产处置净收入、无法支付的应付款项、资产出租收入等。

对于民间非营利组织接受的劳务捐赠，不予确认，但应当在会计报表附注中作相关披露。

（二）收入分类

1. 按交易性质分类

收入按其交易的性质不同，分为交换交易收入和非交换交易收入。交换交易收入和非交换交易收入应当采用不同的会计确认方法。

（1）交换交易收入是交换交易所形成的收入。民间非营利组织的商品销售收入、提供服务收入和投资收益，均以交换交易为基础，为交换交易收入。

（2）非交换交易收入是非交换交易所形成的收入。民间非营利组织的捐赠收入、政府补助收入和会费收入，均以非交换交易为基础，为非交换交易收入。

2. 按限定性分类

民间非营利组织的收入按照是否存在限定性，划分为限定性收入和非限定性收入。限定性收入和非限定性收入应当采用不同的会计确认方法。

（1）限定性收入是存在一定限制条件的收入，如果资产提供者或法律法规对资产的使用设置了时间限制或者（和）用途限制，此项收入为限定性收入。民间非营利组织的捐赠收入和政府补助收入如果存在一定限制条件，则为限定性收入。

（2）非限定性收入是不存在任何限制条件的收入，如果资产提供者或法律法规对资产的使用没有设置任何限制，此项收入为非限定性收入。民间非营利组织的会费收入、提供服务收入、商品销售收入和投资收益一般为非限定性收入，除非相关资产提供者对资产的使用设置了限制。

民间非营利组织在取得收入时，需要区分交换交易收入和非交换交易收入，以及限定性收入和非限定性收入，并根据收入的类别不同，采用不同的会计确认与记录方法。各项收入所属的类型如图 5-1 所示。

需要说明的是，会费收入、提供服务收入、商品销售收入、投资收益和其他收入在一般情况下属于非限定性收入，但不排除在特殊情况下存在限定的可能，如民间非营利组织有些公益性义卖，所取得的收入要求用于指定的方面，取得的收入即是限定性商品销售收入。

四、收入的会计确认

民间非营利组织在确认收入时，应当区分交换交易收入和非交换交易收入。

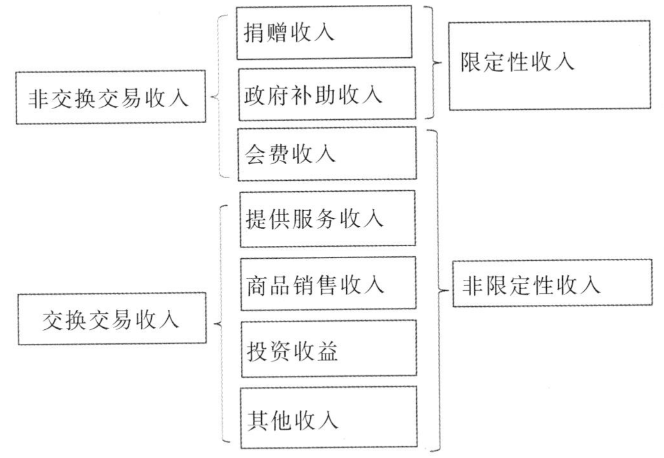

图 5-1　非营利组织收入的分类

（一）交换交易收入的确认

交换交易是指按照等价交换原则所从事的交易，即当某一主体取得资产、获得服务或者解除债务时，需要向交易对方支付等值或大致等值的现金，或者提供等值或大致等值的货物、服务等的交易。民间非营利组织的交换交易收入是以销售商品、提供劳务或让渡资产使用权为条件取得的，是一种有偿收入，应当按照销售商品、提供劳务或让渡资产使用权三种情况，采用不同的确认标准。民间非营利组织的交换交易收入包括商品销售收入、提供服务收入和投资收益。

（1）对于因交换交易所形成的商品销售收入，应当在下列条件同时满足时予以确认：

①已将商品所有权上的主要风险和报酬转移给购货方；

②既没有保留通常与所有权相联系的继续管理权，也没有对已售出的商品实施控制；

③与交易相关的经济利益能够流入民间非营利组织；

④相关的收入和成本能够可靠地计量。

（2）对于因交换交易所形成的提供劳务收入，应当按以下规定予以确认：

①在同一会计年度内开始并完成的劳务，应当在完成劳务时确认收入；

②如果劳务的开始和完成分属不同的会计年度，可以按完工进度或完成的工作量确认收入。

（3）对于因交换交易所形成的因让渡资产使用权而发生的收入应当在下列条件同时满足时予以确认：

①与交易相关的经济利益能够流入民间非营利组织；

②收入的金额能够可靠地计量。

（二）非交换交易收入的确认

非交换交易是指除交换交易之外的交易。在非交换交易中，某一主体取得资产、获得服务或者解除债务时，不必向交易对方支付等值或者大致等值的现金，或者提供等值或者大致等值的货物、服务等；或者某一主体在对外提供货物、服务等时，没有收到等值或者大致等值的现金、货物等。非交换交易收入主要包括捐赠收入和政府补助收入。会费收入通常也属于非交换交易收入，因为会员缴纳的会费并不要求与会员服务完全相对应。

对于因非交换交易所形成的收入，应当在同时满足下列条件时予以确认：

（1）与交换相关的经济利益或者服务潜力的资源能够流入民间非营利组织并为其所控制，或者相关的债务能够得到解除；

（2）交换能够引起净资产的增加；

（3）收入的金额能够可靠地计量。

一般情况下，对于无条件的捐赠或政府补助，应当在捐赠或政府补助收到时确认收入；对于附条件的捐赠或政府补助，应当在取得捐赠资产或政府补助资产控制权时确认收入，但当民间非营利组织存在需要偿还全部或部分捐赠资产（或者政府补助资产）或者相应金额的现时义务时，应当根据需要偿还的金额同时确认一项负债和费用。

五、收入的会计核算

民间非营利组织对于各项收入按照是否存在限定性，划分为非限定性收入和限定性收入进行核算。民间非营利组织的会费收入、提供服务收入、商品销售收入和投资收益等一般为非限定性收入，除非相关资产提供者对资产的使用设置了限制；民间非营利组织的捐赠收入和政府补助收入，应当视相关资产提供者对资产的使用是否设置了限制，分别限定性收入和非限定性收入进行核算。

（一）捐赠收入

民间非营利组织对接受其他单位或者个人捐赠所取得的收入进行核算时，应设置“捐赠收入”账户。该账户属于收入费用类账户，其贷方登记取得的捐赠收入，借方登记期末转入净资产的捐赠收入，期末结转后无余额。该账户应当按照限定性收入和非限定性收入设置明细账户。

捐赠收入是民间非营利组织的一项重要收入，占总收入的较大比重。慈善机构、基金会等机构，以捐赠收入为主要收入来源。

民间非营利组织的捐赠收入，应当在满足规定的收入确定条件时确认捐赠收入。一般情况下，应当在收到捐赠资产或取得资产的控制权时确认收入。捐赠收入的确认，应当注意以下三个问题：

（1）受托代理业务收到的资产不确认为捐赠收入。民间非营利组织因接受代为管理的资产，并不能导致净资产的增加，不能满足收入的确认条件。

（2）捐赠承诺不确认为捐赠收入。民间非营利组织收到捐赠承诺时，并不能确定经济资源能流入组织，数额也不能可靠地计量，不能满足收入的确认条件。

（3）劳务捐赠不确认为捐赠收入。志愿者向民间非营利组织提供的无偿劳务，可能减少费用支出，但数额不能可靠地计量，不能满足收入的确认条件。劳务捐赠应当在会计报表附注中披露。

其主要会计处理如下：

（1）接受的捐赠，按照应确认的金额，借记“现金”“银行存款”“短期投资”“存货”“长期股权投资”“长期债权投资”“固定资产”“无形资产”等科目，贷记“限定性收入”或“非限定性收入”明细科目。

对于接受的附条件捐赠，如果存在需要偿还全部或者部分捐赠资产或者相应金额的现时义务时（如因无法满足捐赠所附条件而必须将部分捐赠款退还给捐赠人时），按照需要偿还的金额，借记“管理费用”科目，贷记“其他应付款”等科目。

（2）如果限定性捐赠收入的限制在确认收入的当期得以解除，应当将其转为非限定性捐赠收入，借记“限定性收入”明细科目，贷记“非限定性收入”明细科目。

（3）期末，将本科目各明细科目的余额分别转入限定性净资产和非限定性净资产，借记“限定性收入”明细科目，贷记“限定性净资产”科目，借记“非限定性收入”明细科目，贷记“非限定性净资产”科目。

（二）会费收入

民间非营利组织对根据章程等的规定向会员收取的会费收入进行核算时，应设置“会费收入”账户。该账户属于收入费用类账户，其贷方登记取得的会费收入，借方登记期末转入净资产的会费收入，期末结转后无余额。民间非营利组织应当按照会费种类（如团体会费、个人会费等）设置明细账，进行明细核算。一些社会团体，如各种协会、学会、联合会、研究会、联谊会、促进会、商会等，以会员的形式发展会员，以收取会费的形式取得收入，为会员提供相应的服务。

其主要会计处理如下：

（1）向会员收取会费，在满足收入确认条件时，借记“现金”“银行存款”“应收账款”等科目，贷记“非限定性收入”明细科目，如果存在限定性会费收入，应当贷记“限定性收入”明细科目。

（2）期末，将本科目的余额转入非限定性净资产，借记“非限定性收入”明细科目，贷记“非限定性净资产”科目。如果存在限定性会费收入，则将其金额转入限定性净资产，借记“限定性收入”明细科目，贷记“限定性净资产”科目。

（三）提供服务收入

民间非营利组织对根据章程等的规定向其服务对象提供服务取得的收入进行核算时，应设置“提供服务收入”账户。该账户属于收入费用类账户，其贷方登记取得的提供服务收入，借方登记期末转入净资产的提供服务收入，期末结转后无余额。民间非营利组织应当按照提供服务的种类设置明细账，进行明细核算。

提供服务收入主要包括学费收入、医疗费收入、培训收入等。民间非营利组织应当在收入满足确定条件时确定提供服务收入，按实际收到或应当收到的金额计量。对于因交换交易所形成的提供服务收入，应当按以下规定予以确认：

（1）在同一会计年度内开始并完成的劳务，应当在完成劳务时确认收入；

（2）如果劳务的开始和完成分属不同的会计年度，可以按完工进度或完成的工作量确认收入。

提供服务收入的会计处理如下：

（1）提供服务取得收入时，按照实际收到或应当收取的金额，借记“现金”“银行存款”“应收账款”等科目，按照应当确认的提供服务收入金额，贷记“提供服务收入”科目。按照预收的价款，贷记“预收账款”科目，在以后期间确认提供服务收入时，借记“预收账款”科目，贷记“非限定性收入”明细科目，如果存在限定性提供服务收入，应当贷记“限定性收入”明细科目。

（2）期末，将本科目的余额转入非限定性净资产，借记“非限定性收入”明细科目，贷记“非限定性净资产”科目。如果存在限定性提供服务收入，则将其金额转入限定性净资产，借记“限定性收入”明细科目，贷记“限定性净资产”科目。

（四）政府补助收入

民间非营利组织对接受政府拨款或者政府机构给予的补助而取得的收入进行核算时，应设置“政府补助收入”账户。该账户属于收入费用类账户，其贷方登记取得的政府补助收入，借方登记期末转入净资产的政府补助收入，期末结转后无余额。该账户应当按照限定性收入和非限定性收入设置明细账户。限定性补助收入要求设立专项核算，按政府限定条件使用。

政府为支持社会公益事业的发展，通过财政拨款补助的方式，向民间非营利组织提供资助，例如，有些地方政府对非政府举办的养老院按床位数量提供定额补助，有些地方政府对民营研究机构提供专项科研资助。

政府补助收入的会计处理如下：

（1）接受的政府补助，按照应确认收入的金额，借记“现金”“银行存款”等科目，贷记“限定性收入”或“非限定性收入”明细科目。

对于接受的附条件政府补助，如果民间非营利组织存在需要偿还全部或部分政府补助资产或者相应金额的现时义务时（如因无法满足政府补助所附条件而必须退还部分政府补助时），按照需要偿还的金额，借记“管理费用”科目，贷记“其他应付款”等科目。

（2）如果限定性政府补助收入的限制在确认收入的当期得以解除，应当将其转为非限定性捐赠收入，借记“限定性收入”明细科目，贷记“非限定性收入”明细科目。

（3）期末，将本科目各明细科目的余额分别转入限定性净资产和非限定性净资产，借记“限定性收入”明细科目，贷记“限定性净资产”科目，借记“非限定性收入”明细科目，贷记“非限定性净资产”科目。

（五）商品销售收入

民间非营利组织对销售商品（如出版物、药品）等所形成的收入进行核算时，应设置“商品销售收入”账户。该账户属于收入费用类账户，其贷方登记取得的商品销售收入，借方登记期末转入净资产的商品销售收入，期末结转后无余额。民间非营利组织应当按照商品的种类设置明细账，进行明细核算。

有些民间非营利组织以生产、销售商品的形式向社会提供公益性服务，例如，杂志社、报社、出版社等出版单位发行的报纸、刊物、图书等，医院、保健站等医疗单位提供的药品、器械等，研究所、检测所提供的仪器、设备等，均属于商品销售行为。

民间非营利组织应当在收入满足确定条件时确定商品销售收入，按实际收到或应当收到的金额计量。对于商品销售收入应当在下列条件同时满足时予以确认：

（1）已将商品所有权上的主要风险和报酬转移给购货方；

（2）既没有保留通常与所有权相联系的继续管理权，也没有对已售出的商品实施控制；

（3）与交易相关的经济利益能够流入民间非营利组织；

（4）相关的收入和成本能够可靠地计量。

商品销售收入的会计处理如下：

（1）销售商品取得收入时，按照实际收到或应当收取的价款，借记“现金”“银行存款”“应收票据”“应收账款”等科目，按照应当确认的商品销售收入金额，贷记“非限定性收入”明细科目（如果存在限定性商品销售收入，应当贷记“限定性收入”明细科目），按照预收的价款，贷记“预收账款”科目。在以后期间确认商品销售收入时，借记“预收账款”科目，贷记“非限定性收入”明细科目，如果存在限定性商品销售收入，应当贷记“限定性收入”明细科目。

（2）销售退回，是指民间非营利组织售出的商品，由于质量、品种不符合要求等原因而发生的退货。销售退回应当分别情况处理：

①未确认收入的已发出商品的退回，不需要进行会计处理。

②已确认收入的销售商品退回，一般情况下直接冲减退回当月的商品销售收入、商品销售成本等。按照应当冲减的商品销售收入，借记“商品销售收入”科目，按照已收或应收的金额，贷记“银行存款”“应收账款”“应收票据”等科目，按照退回商品的成本，借记“存货”科目，贷记“业务活动成本”科目。

如果该项销售发生现金折扣，应当在退回当月一并处理。

③报告期间资产负债表日至财务报告批准报出日之间发生的报告期间或以前期间的销售退回，应当作为资产负债表日后事项的调整事项处理，调整报告期间会计报表的相关项目：按照应冲减的商品销售收入，借记“非限定性净资产”科目（如果所调整收入属于限定性收入，应当借记“限定性净资产”科目），按照已收或应收的金额，贷记“银行存款”“应收账款”“应收票据”等科目；按照退回商品的成本，借记“存货”科目，贷记“非限定性净资产”科目。

如果该项销售已发生现金折扣，应当一并处理。

（3）现金折扣，是指民间非营利组织为了尽快回笼资金而发生的理财费用。现金折扣在实际发生时直接计入当期筹资费用。按照实际收到的金额，借记“银行存款”等科目，按照应给予的现金折扣，借记“筹资费用”科目，按照应收的账款，贷记“应收账款”“应收票据”等科目。

购买方实际获得的现金折扣，冲减取得当期的筹资费用。按照应付的账款，借记“应付账款”“应付票据”等科目，按照实际获得的现金折扣，贷记“筹资费用”科目，按照实际支付的价款，贷记“银行存款”等科目。

（4）销售折让，是指在商品销售时直接给予购买方的折让。销售折让应当在实际发生时直接从当期实现的销售收入中抵减。

（5）期末，将本科目的余额转入非限定性净资产，借记“商品销售收入”科目，贷记“非限定性净资产”科目。如果存在限定性商品销售收入，则将其金额转入限定性净资产，借记“商品销售收入”科目，贷记“限定性净资产”科目。

（六）投资收益

民间非营利组织对对外投资取得的投资净损益进行核算时，应设置“投资收益”账户。该账户属于收入费用类账户，其贷方登记取得的投资收益，借方登记发生的投资损失、冲减的投资收益和期末转入净资产的投资收益，期末结转后无余额。民间非营利组织应当在满足规定的收入确认条件时确认投资收益，并区分短期投资、长期股权投资和长期债权投资三种情况进行核算。

民间非营利组织可以货币资产、存货、固定资产、无形资产等形式对外投资，在投资中取得一定的投资收益，扩大资金来源，满足公益事业的资金需要。

关于投资收益的会计核算详见第七章。

（七）其他收入

为了核算和监督民间非营利组织除了主要业务活动收入之外的各种收入的实际情况，应设置“其他收入”账户。该账户属于收入费用类账户，其贷方登记取得的其他收入，借方登记期末转入净资产的其他收入，平时余额在贷方，反映民间非营利组织当期实现其他收入的累计金额，期末结转后无余额。民间非营利组织应当按照其他收入种类设置明细账，进行明细核算。

其他收入的会计核算如下：

（1）现金、存货、固定资产等盘盈的，根据管理权限报经批准后，借记“现金”“存货”“固定资产”“文物文化资产”等科目，贷记“非限定性收入”明细科目，如果存在限定性其他收入，应当贷记“限定性收入”明细科目。

（2）对于固定资产处置净收入，借记“固定资产清理”科目，贷记“其他收入”科目。

（3）对于无形资产处置净收入，按照实际取得的价款，借记“银行存款”等科目，按照该项无形资产的账面余额，贷记“无形资产”科目，按照其差额，贷记“其他收入”科目。

（4）确认无法支付的应付款项，借记“应付账款”等科目，贷记“其他收入”科目。

（5）在非货币性交易中收到补价情况下应确认的损益，借记有关科目，贷记

“其他收入”科目。

（6）期末，将本科目的余额转入非限定性净资产，借记“其他收入”科目，贷记“非限定性净资产”科目。如果存在限定性的其他收入，则将其金额转入限定性净资产，借记“其他收入”科目，贷记“限定性净资产”科目。

以上所有收入科目在期末结转后，均应无余额。

【例 5-1】某基金会接受企业捐赠办公用微机 10 台，该企业提供的发票等凭证标明该设备的原价是 100 000 元，该批微机验收后直接交付使用。根据以上信息，编制相关会计分录。

借：固定资产——专用设备　　100 000

　贷：捐赠收入——非限定性收入　　100 000

【例 5-2】某民间非营利组织扶贫基金会宣布成立，当日收到政府补助款项 500 000 元，且补助协议规定该资金只能用于特殊的教育项目。根据以上信息，编制相关会计分录。

借：银行存款　　500 000

　贷：政府补助收入——限定性收入　　500 000

【例 5-3】某民间非营利医院挂号处交来当日挂号费和诊费收入 3 000 元，门诊收款处交来门诊药品收入 20 000 元。根据以上信息，编制相关会计分录。

借：银行存款　　3 000

　贷：提供服务收入——非限定性收入　　3 000

借：银行存款　　20 000

　贷：商品销售收入——非限定性收入　　20 000

【例 5-4】某民间非营利学校将一台不需用的货车出售，该车原价为 40 000 元，已提折旧 15 000 元，实际售价 30 000 元并收回价款。根据以上信息，编制相关会计分录。

该车出售的净收益=30 000-（40 000-15 000）=5 000（元）

结转该车出售的净收益时：

借：固定资产清理　　5 000

　贷：其他收入——非限定性收入　　5 000

【例 5-5】2017 年 3 月，某民间非营利组织 A 的某项目接受附条件捐款银行存款 50 000 元，该捐款需偿还 20%。6 月通过银行存款收到会费 20 000 元，均为非限定性收入。6 月末提供服务获得非限定性收入 9 000 元，7 月通过银行收到该服务收入。7 月收到政府限定性补助 40 000 元，销售商品收到非限定性价款 4 000 元，销售当日收到银行存款。期末对存货进行检查时，非限定性存货盘盈 1 000 元。根据以上信息，编制相关会计分录。

（1）3 月收到需部分偿还的捐款时：

借：银行存款　　50 000

　贷：捐赠收入——限定性收入　　50 000

借：管理费用　　10 000
　贷：其他应付款　　10 000

（2）6 月收到会费时：

借：银行存款　　20 000
　贷：会费收入——非限定性收入　　20 000

（3）6 月末提供服务获得非限定性收入时：

借：应收账款　　9 000
　贷：提供服务收入——非限定性收入　　9 000

（4）7 月收到服务收入时：

借：银行存款　　9 000
　贷：应收账款　　9 000

（5）7 月收到政府限定性补助时：

借：银行存款　　40 000
　贷：政府补贴收入——限定性收入　　40 000

（6）7 月销售商品时：

借：银行存款　　4 000
　贷：商品销售收入——非限定性收入　　4 000

（7）期末存货盘盈时：

借：存货　　1 000
　贷：其他收入——非限定收入　　1 000

（8）期末结转时：

借：捐献收入——限定性收入　　50 000
　　政府补贴收入——限定性收入　　40 000
　贷：限定性净资产　　90 000

借：会费收入——非限定性收入　　20 000
　　提供服务收入——非限定性收入　　9 000
　　商品销售收入——非限定性收入　　4 000
　　其他收入——非限定性收入　　1 000
　贷：非限定性净资产　　34 000

六、加强民间非营利组织收入管理的启示

结合我国民间非营利组织收入的现状，参照国外民间非营利组织收入管理的成熟经验，为了增加我国民间非营利组织的收入来源，加强对收入的管理，增强民间非营利组织的竞争力，充分发挥其拾遗补缺的作用，可以从以下方面加强管理：

（一）政府部门应详细制定民间非营利组织的认定标准、经营范围、免税标准

我国政府有关部门应组织有关专家和实际工作者全面调查掌握我国民间非营利组织的类型、经营范围，在参照国外民间非营利组织的管理经验的基础上，具体规

定符合哪些条件的组织才属于民间非营利组织，详细框定其经营范围，民间非营利组织工作人员的工资标准，收入的管理政策，如果实现盈利，其利润的管理方法，以及包括税收在内的具体优惠政策等。

由于有税收等优惠政策，为了鼓励民间非营利组织的发展，同时保证国家税收的严肃性，主管部门应严格制定民间非营利组织准入制度；同时，由当地税务部门对准入后的民间非营利组织的经营业务进行跟踪监督，如果超出民间非营利组织的经营范围，则不得享受优惠政策。另外，对主管审核准入资格的官员进行业务、职业道德的严格审查，对于营私舞弊的官员，一经发现，处以包括经济处罚和法律惩处在内的严厉惩罚。

（二）简化民间非营利组织的管理机构

考虑我国管理部门机构设置的特点，针对我国民间非营利组织多头管理、协调不力的现状，建议对民间非营利组织的准入登记、审核统一由各省、市的民政厅、局下设的民间组织管理处、室负责管理。而对组织设立以后的运营管理则通过税务部门进行监控，民间非营利组织需要定期向当地税务部门报告财务情况，申请税收优惠的待遇。税务部门要监控、审核民间非营利组织开展活动和运作的全过程，然后按照税法规定批复是否享受税收优惠，以及可以享受减免的税种和税额。

（三）以市场竞争观念打造品牌竞争力，增加主营业务收入

随着国家政府职能的转变，出现一些政府退出后的管理和服务的“真空”领域，民间非营利组织的重要职能是提供社会服务，主要服务于政府不直接管理的一些部门和行业。一般而言，非营利组织都有自己特定的宗旨，偏重于关注社会发展的某一个方面。但是在市场经济日益完善的当今社会，民间非营利组织要想真正发挥其作用，也必须融入民间非营利组织的市场竞争当中。竞争的特征之一就是优胜劣汰，提高组织竞争力的途径之一是产品差异化，而竞争策略之一是专业化竞争，专业化竞争就是将组织的资源和营运范围集中在行业的特定环节，并因此形成竞争优势。只要拥有一种持久的竞争力，并转化为形象竞争力，组织就能获得良好的营运业绩。这就要求民间非营利组织在成立之初就应该明确本组织的服务领域，力争做大做强自己的主营业务，集中人力、财力打造自己的服务品牌，提高服务质量，进行专业化竞争，增加社会公众的信任度，根据服务质量收取会员费或服务费，从而增加主营业务收入。会费标准或服务费由民间非营利组织根据自己的服务质量和社会受服务对象的接受能力自主决定。服务收费是非营利组织获得资金的极其重要来源，在发达国家的非营利组织收入中，收费收入已占相当大的比重，在美、意、日三国非营利部门收入中，收费所占的比重都在50%以上。主营业务收入在补偿必要的成本费用开支后，全部用于组织的业务扩展和提高服务质量。

（四）开发其他业务市场，增加收入

虽然说非营利组织不以营利为目的，但并不是说非营利组织不能营利，为了使民间非营利组织能有充足的资金保证其优质完成其服务社会的使命，民间非营利组织可以开辟其他筹资渠道以增加收入，从而真正发挥民间非营利组织的职能，促进

民间非营利组织的可持续发展。在一些发达国家的非营利组织收入中，商业经营的收入构成了总收入的很大部分。在美国，近年来的一个新趋势是非营利部门日益变得商业化起来。譬如，非营利医院纷纷兴办面向社会的健康俱乐部，非营利博物馆纷纷开办礼品店，非营利的各种社团纷纷与公司签订产品认可或促销协议，以换取对方的捐款等例子层出不穷。

我国民间非营利组织也可以将筹集到的资金一部分用于投资主业，另一部分投资于营利产业，但取得的经营收入在按规定交纳相关税费后要回归组织，全部用于非营利组织的业务扩展。

（五）开发募捐市场

在民间非营利组织的收入中，捐赠收入也是其收入的重要组成部分。捐赠一方面可以体现捐赠收入对社会的贡献，另一方面也可以帮助其进一步扩大社会影响，进而扩展其本身的业务。民间非营利组织要加大对民众，尤其是加大对新富阶层的劝募力度。同时，民间非营利组织要向社会公开自己的服务范畴、经营过程、经营效果，接受社会的监督，使公众信任该组织，使其真心实意愿意慷慨解囊。

（六）积极争取政府的资金援助

在欧洲一些发达国家，非营利组织最大的一个资金来源就是政府补贴和拨款。如德国非营利组织收入的 68% 来自政府，法国则占到 60%。在美国，政府对于非营利组织的资助分为直接资助和间接资助两种形式。到 1980 年，联邦政府对非营利部门的直接资助相当于非营利部门总收入的 35%，联邦政府每年因为对非营利组织的“暗补”所造成的税收转移数额也非常巨大。

在我国，由于政府财力的限制，政府不会是民间非营利组织收入的主要来源。但政府可以考虑将无力亲自去做的社会福利等项目向社会民间非营利组织公开招标，这一方面可以节省政府的财力，发挥第三部门的作用，同时又可以调动民间非营利组织的社会参与意识，并且增加其收入。为此，民间非营利组织应集中本组织的人力、物力、财力，积极投标竞争项目的经营权，增加组织的收入，保证组织的资金来源。

阅读拓展 5-1

从中国青基会财务分析观其资金运作现状

一、中国青少年发展基金会简介

具有独立法人地位的中国青少年发展基金会简称“中国青基会”（英文译名为“China Youth Development Foundation”，缩写为“CYDF”），是全国性非营利社会团体。中国青基会属于全国性公募基金会，面向中国以及许可中国青基会募捐的国家和地区进行公众募捐。1989 年 3 月，共青团中央、中华全国青年联合会、中华全国学生联合会和全国少先队工作委员会联合创办青基会，旨在“通过资助服务、利益表达和社会倡导，帮助青少年提高能力，改善青少年成长环境”，倡导“社会责任、创造进取、以人为本、追求卓越”。

基金会的主要业务涉及资助符合本基金会使命的服务项目；开展符合基金会使命的海内外募捐活动；开展和资助有益于青少年身心健康的各项活动；支持并组织实施青少年研究和非营利组织发展的研究；奖励青少年优秀人才及为青少年事业做出杰出贡献的个人和团体；开展与台港澳同胞、海外侨胞、国外友好团体和人士以及国际青少年组织、非营利组织的友好交流与合作；投资基金会章程规定的活动。中国青少年发展基金会所开展的活动具有广泛的影响力，比如耳熟能详的“希望工程”“保护母亲河”“古诗文诵读”等。

二、中国青少年发展基金会的资金运作现状

随着社会经济的发展和进步以及市场化改革的推行，社会和政府管理机构对非营利组织的公信力建设提出了更高的要求。2005 年我国《民间非营利组织会计制度》中规定：根据民间非营利组织的业务特点及会计信息使用者的需求，要求民间非营利组织的财务会计报告至少应当包括资产负债表、业务活动表、现金流量表三张基本报表以及会计报表附注等内容。非营利组织为适应这种社会需求，主动披露自身财务信息，增加了自身的信息透明度，社会的信任度会不断得到提升。

非营利组织运作受到自身特殊性的影响，不仅要考虑自身的收益，更要考虑到社会价值的实现，有效地平衡两方面的资金投入和运作，进而有利于组织的良性发展。中国青少年发展基金会是全国性公募基金，通过其官方网站每年向社会提供审计报告以披露其财务状况，使公众真实详细地了解其资金的来源和运作，监督其发展运行状况。

（一）总体规模

根据中国青基会 2006—2010 年的审计报告可以看出，中国青少年发展基金会的资产规模是不断扩大的，净资产不断增加，固定资产比率逐年下降并维持在较低的水平，组织的可支配资金充足，资金可运作范围广阔。伴随着青基会规模的扩大，基金总额的提升，组织的总收入增长率呈现明显的上下波动的趋势，除 2009 年出现负增长外，保持了稳步增长的趋势。2008 年汶川地震，青基会开展“希望工程紧急救灾募捐行动”，使当年的捐赠收入达到 40 115.01 万元，超过年度预算的 234.29%，而 2009 年青基会的捐赠收入恢复常规水平，2008 年的过度增长致使 2009 年的总收入增长率出现负值。中国青基会资产大规模的扩张使组织资金管理运作面临挑战，收入出现疲软现象，如何有效地保持资金收入的平稳增长成为组织不得不思考的问题。

（二）资金来源渠道

作为面向社会募款的全国性公募基金，中国青基会从 2006 年到 2010 年从未获得政府补助，捐赠收入是组织资金来源的主要渠道。除 2007 年，每年捐赠收入占总收入的比例均达到 90% 以上，2009 年更是高达 97% 以上，这些捐赠收入主要来自组织的募捐收入和自然人、法人及其他组织自愿的资源性捐赠，可见中国青基会的公众支持率很高，具有良好的社会声誉。

在强大的筹资能力背后，青基会受自身章程规定的限制，投资收益能力略显一般。2006—2010 年，青基会投资收入占总收入的比例一直处于 5% 以下，除 2007 年达到了 11.98%，投资收入超过 2 000 万元外，其余年份投资收入都在 200 万元上下，保持相对平稳的态势。相比之下，美国福特基金会几乎全部依靠资金投资运作收益维持组织的经营发展，不面向社会筹集资金，形成自给自足的良性运作机制。较低的投资收入使得中国青少年发展基金会的对外依存度很大，在没有外界的支持下很难依靠自身运作维持组织的持续发展。

中国青基会虽然没有政府补贴的支撑，但是具有很高的社会公众支持率，这使得中国青基会的资金一直处在良性运行的状态。但强大的筹资能力和高比例的社会捐赠收入致使中国青基会资金充裕，缺乏自给自足的投资意识，投资能力相对较弱，资金筹集渠道相对单一，对维持组织长远稳定发展存在一定的影响。

（三）筹资效率

非营利组织的资金大部分来自捐赠，筹资的效率在一定程度上反映了组织的绩效和资金的筹措能力，反映组织的发展潜力。中国青基会的筹资效率指标由于受到捐赠收入占总收入的较高比例影响呈现出指标数值趋势相同的情况，而且两组指标的数值结果也比较相近。可见中国青基会的筹资效率一直处在较高水平。从 2006 年起，青基会的筹资效率逐渐提升，受 2008 年汶川地震的影响，当年的筹资效率达到了顶峰，之后平稳下降，仍保持较高的水平，可见中国青基会已经具有了相对稳定的筹资渠道和有力的筹资方式，并逐步形成了低投入高产出的筹资模式。

（四）公益性指标

公益性是非营利组织的重要特征，通过公益性指标反映一个组织是否为公益组织以及组织的公益程度。青基会从 2006 年到 2010 年的公益事业支出总额占上年收入总额的比例基本达到 80% 以上，除 2009 年受到 2008 年收入翻倍增长的影响，公益事业支出比例仅达到 50% 左右，但当年的公益事业支出总额也占到当年收入的 80% 以上，远超过国家《基金会管理条例》中规定的 70%。同时工资福利和行政费用的支出比例远低于国家标准的 10%，中国青基会的资金使用效率较高，员工具有很强的工作能力和工作效率，使得中国青基会的资金运作具有明显的社会公益性。

通过上述对中国青少年发展基金会运作现状的分析可以看出青基会的组织规模不断扩大，具有较强的资金筹措能力，但资金筹集渠道相对单一，运作能力相对较差，同时组织凭借良好的社会声誉和较为有效的组织管理，保持着良好的运行状态，能有效地实现社会职能，完成社会使命。

通过对各种财务指标的分析，青基会如何利用自身优势进行调整？

资料来源　王姝雯. 非营利组织资金运作策略探讨——以中国青少年发展基金会财务分析为例［J］. 党政干部学刊，2013（5）.

第二节　非营利组织项目资金的支出管理

民间非营利组织开展各项公益性活动，会发生一定的耗费，导致经济利益或服务潜力的流出。民间非营利组织要求加强成本管理，准确核算业务活动成本与各项期间费用，以便能够提供反映受托责任履行情况的会计情况。民间非营利组织在进行项目资金管理时，如何保证资金支出管理的有效性从而使项目资金的使用效益最大化成为项目资金支出管理的重要内容。本节将介绍项目资金支出的管理制度、岗位设置、人员分工、内容与分类、会计核算等内容。

一、项目资金的支出管理制度

建立项目资金的支出管理制度，应该从项目资金的预算、使用、项目结算及资金使用效果的绩效评价四个环节进行。完善并细化各环节的实施办法及操作流程，形成一整套行之有效的项目资金支出管理机制，使项目的开展和专项资金的使用做到公开透明。

民间非营利组织可以通过完善项目设立申报阶段的支出管理机制、项目实施阶段的支出管理机制和项目验收考评阶段的支出管理机制，来提高项目资金的使用效率。具体而言，项目资金的支出管理制度包括以下几项内容：

（一）建立资金预算项目库，减少立项随意性

预算项目库是指对申请预算项目进行规范化、程序化管理的数据库系统，数据库系统完整地反映项目名称、总投资、补助额、项目执行情况以及资金使用绩效等信息，并实现与预算编制系统衔接，每年列入预算的项目，须从项目库中选取。对各类项目申请，从立项依据、可行性论证等方面进行严格审核，按照规模均衡的要求进行筛选、分类、排序，建立项目库。根据工作任务、事业发展目标，确定当年项目安排的原则和重点，结合年度财力状况和项目排序、项目资金结余情况，按轻重缓急分类择优筛选，统筹安排项目支出预算。在现行我国的项目资金支出预算管理办法的要求下，根据本单位自身的实际情况和数据支撑，对项目支出资金的需求量进行科学、合理的预测，提高预算编制的科学化水平，使得项目资金的支出预算具有可操作性。

（二）细化预算支出内容，做实资金预算

细化预算支出是当前推进项目支出资金精细化管理的重要手段，逐步建立一套项目支出预算的定额标准，切实推行“零基预算”。做实资金预算就是要使预算落实到每一个项目和每项支出的每一科目，原则上不应安排尚未明确具体支出内容的预算。因客观因素年初确实无法细化到具体项目的，可以预留一个预算控制额度，待具体方案明确后，再编制该项目的明细化预算。

（三）规范预算调整程序，强化预算约束力

为了保持项目支出资金预算的严肃性，必须按照批复下达的预算项目、科目和

数额执行，不得随意变动，严格控制预算调整。如遇到难以预见的特殊情况确需调整的，必须按照规定的程序办理调整手续。

对于确需调整且随时提请审批执行难度较大的情况，可以改进预算调整的程序和方法，确定预算调整的比例或绝对额，实行总量控制，在规定范围内采取备案制和审批制相结合的预算调整方式。对一定标准内的预算调整，采取备案制，将调整事项送相关审批部门备案存查；对于超出标准的预算调整，采取审批制，先将预算调整方案提交相关审批部门审查批准，维护预算的刚性约束力。

（四）加强资金支出管理，保证专款专用

加大对项目资金使用团队相关人员的宣传教育，提高对项目支出资金“专款专用”的重要性和必要性的认识。财务管理部门要严格规范资金的支付管理，严格执行财经纪律，确保项目支出资金做到专款专用。加强预算执行改革，推行集中支付管理制度，将项目支出资金纳入财务管理体系，由财务部门直接支付最终受益人，使每一笔项目支出资金的去向都掌握在财务部门的监控之下，防止挪用、移用现象发生。

（五）及时拨付资金，改善资金结余管理

加快对项目支出的审核速度，对资料齐全、符合条件的项目，缩短在业务部门流转的过程，尽快拨付资金。将项目支出资金申报作为日常工作常年受理、及早受理，不断提高项目审核和资金拨付效率，加快项目支出资金预算执行进度。通过实施财务直接支付改革措施，将项目支出的结余资金留在财务账上，实现对项目支出结余资金的统筹管理，从而有效控制结余资金规模，减少资金沉淀。

二、岗位设置和人员分工

（一）岗位设置

民间非营利组织应该设置专门的项目资金管理部门或者岗位，对项目资金的支出进行有效的管理。项目资金管理部门应当加强与人事部门的沟通合作，联合人事部门统一培训和安排项目资金的管理人员，提高民间非营利组织项目资金管理的工作效率。岗位设置的具体内容包括以下几项：

（1）项目资金管理部门应积极配合人事部门统一招聘相关资金管理人员，吸纳专业素养优秀、胜任能力强的高素质人才加入到本单位的项目资金管理工作中。

（2）财务部门应根据本单位特点和实际情况制定项目资金管理人员培训和轮岗制度，通过定期的培训和轮岗制度，使相关人员不仅能胜任某一个具体岗位的资金管理工作，还能够熟悉民间非营利组织整个项目涉及的其他管理工作，从而提升民间非营利组织项目资金管理的整体工作水平。

（二）人员分工

民间非营利组织应提高项目资金管理人员对项目资金管理的重视程度，将项目资金管理的工作职能定位于全面参与项目资金的使用决策与控制。项目资金管理人员应该参与到项目资金管理的全过程，对于整个过程进行统筹规划，以保证资金使用的高效率。民间非营利组织在项目资金的管理过程中，也要充分发挥财务部门在项目资金管理过程中的作用。

推进项目资金管理人员的能力建设，全面提高项目资金管理人员的综合素质，具体包括以下几项内容：

（1）加强业务学习和培训。项目资金管理人员应及时更新知识，全面掌握会计核算、目标管理和分析预测方法，掌握社会科学领域相关知识，了解学科发展情况，以适应现代管理的需要。

（2）转变观念，确立先进的资金管理的理念。这是提高项目资金管理人员综合素质的关键。

（3）充分利用财务管理信息系统，全面提高项目资金管理的工作效率，提高项目资金管理的能力和执行能力，灵活运用现代财务管理办法，努力使项目管理人员成为复合型的人才，使项目资金管理人员在项目资金的管理上真正发挥重要作用。

三、费用的内容及分类

（一）费用的内容

费用是指民间非营利组织为开展业务活动所发生的、导致本期净资产减少的经济利益或者服务潜力的流出。费用具有以下两项主要特征：

（1）费用是指民间非营利组织经济利益或者服务潜力的流出；

（2）费用会导致本期净资产的减少。

民间非营利组织的费用应当按照其功能包括以下内容：

（1）业务活动成本，是指民间非营利组织为了实现其业务活动目标、开展其项目活动或者提供服务所发生的费用。

（2）管理费用，是指民间非营利组织为组织和管理其业务活动所发生的各项费用，包括民间非营利组织董事会（或者理事会或者类似权力机构）经费和行政管理人员的工资、奖金、住房公积金、住房补贴、社会保障费，离退休人员工资与补助，以及办公费、水电费、邮电费、物业管理费、差旅费、折旧费、修理费、租赁费、无形资产摊销费、资产盘亏损失、资产减值损失、因预计负债所产生的损失、聘请中介机构费和应偿还的受赠资产等。其中，福利费应当依法根据民间非营利组织的管理权限，按照董事会、理事会或类似权力机构等的规定据实列支。

（3）筹资费用，是指民间非营利组织为筹集业务活动所需资金而发生的费用，包括民间非营利组织为了获得捐赠资产而发生的费用以及应当计入当期费用的借款费用、汇兑损失（减汇兑收益）等。

（4）其他费用，是指民间非营利组织发生的、无法归属到上述业务活动成本、管理费用或者筹资费用中的费用，包括固定资产处置净损失、无形资产处置净损失等。

民间非营利组织的某些费用如果属于多项业务活动或者属于业务活动、管理活动和筹资活动等共同发生的，而且不能直接归属于某一类活动，应当将这些费用按照合理的方法在各项活动中进行分配。

（二）费用的分类

按照归属的对象不同，民间非营利组织的费用分为成本费用和期间费用。

（1）成本费用，是指民间非营利组织开展项目活动所发生的费用，主要包括业务活动成本。成本费用应按照所展开的业务活动项目进行归集，以便进行成本核算与管理。

（2）期间费用，是指民间非营利组织本期发生的、不能直接或间接归入业务活动成本的各项费用，包括管理费用、筹资费用和其他费用。期间费用按照会计期间进行归集，不计入所开展的项目活动成本。

民间非营利组织的费用一般不需要区分“限定性费用”和“非限定性费用”。民间非营利组织如果存在限定性收入，需要在“捐赠收入”“政府补助收入”等科目中设置明细科目进行核算，但发生的各项费用并不需要按限定性设置明细科目与其对应。期末，民间非营利组织应当将本期发生的各项费用结转至净资产项下的非限定性净资产，作为非限定性净资产的减项，再将限定性条件已经解除的净资产从限定性净资产转入非限定性净资产，作为非限定性净资产的加项。

四、会计核算

项目支出包括业务活动成本、管理费用、筹资费用和其他费用，对于不同的支出，需采用不同的会计核算。

（一）业务活动成本

业务活动成本可以分为提供服务成本和商品销售成本。教学成本、医疗成本等为提供服务成本，刊物发行成本、药品成本为商品销售成本。业务活动成本的构成内容，主要包括业务活动中发生的人工费用、材料费用和其他费用。

民间非营利组织应设置“业务活动成本”账户，核算为了实现其业务活动目标、开展其项目活动或者提供服务所发生的费用。该账户属于收入费用类账户，其借方登记发生的业务活动成本，贷方登记期末转入非限定性净资产的业务活动成本额，期末结转后无余额。

民间非营利组织可以根据业务的开展情况和管理的要求设置成本项目。如果民间非营利组织从事的项目、提供的服务或者开展的业务比较单一，可以将相关费用全部归集在“业务活动成本”项目下进行核算和列报；如果民间非营利组织从事的项目、提供的服务或者开展的业务种类较多，应当在“业务活动成本”项目下分别项目、服务或者业务大类进行核算和列报。如果民间非营利组织既从事提供服务活动，又从事商品销售活动，需要分“提供服务成本”和“商品销售成本”两个成本类别核算。如果各项活动项目下又设置了许多具体项目，则需要按具体项目进行成本核算。民间非营利组织发生的业务活动成本，应当按照其发生额计入当期费用。

其会计处理如下：

（1）发生的业务活动成本，借记“业务活动成本”科目，贷记“现金”“银行存款”“存货”“应付账款”等科目。

（2）期末，将“业务活动成本”科目的余额转入非限定性净资产，借记“非限定性净资产”科目，贷记“业务活动成本”科目。

（二）管理费用

民间非营利组织发生的管理费用应当在发生时按其发生额计入当期费用。民间非营利组织对管理费用进行核算时，应设置“管理费用”账户。该账户属于收入费用类账户，其借方登记发生的管理费用，贷方登记期末转入非限定性净资产的管理费用，期末结转后无余额。

且应当按照管理费用种类设置明细账，进行明细核算。民间非营利组织可以根据具体情况编制管理费用明细表，以满足内部管理等有关方面的信息需要。

其会计处理如下：

（1）现金、存货、固定资产等盘亏，根据管理权限报经批准后，按照相关资产账面价值扣除可以收回的保险赔偿和过失人的赔偿等后的金额，借记“管理费用”科目；按照可以收回的保险赔偿和过失人赔偿等，借记“现金”“银行存款”“其他应收款”等科目；按照已提取的累计折旧，借记“累计折旧”科目；按照相关资产的账面余额，贷记相关资产科目。

（2）对于因提取资产减值准备而确认的资产减值损失，借记“管理费用”科目，贷记相关资产减值准备科目。冲减或转回资产减值准备，借记相关资产减值准备科目，贷记“管理费用”科目。

（3）提取行政管理用固定资产折旧时，借记“管理费用”科目，贷记“累计折旧”科目。

（4）无形资产摊销时，借记“管理费用”科目，贷记“无形资产”科目。

（5）发生的应归属于管理费用的应付工资、应交税金等，借记“管理费用”科目，贷记“应付工资”“应交税金”等科目。

（6）对于因确认预计负债而确认的损失，借记“管理费用”科目，贷记“预计负债”科目。

（7）发生的其他管理费用，借记“管理费用”科目，贷记“现金”“银行存款”等科目。

（8）期末，将“管理费用”科目的余额转入非限定性净资产，借记“非限定性净资产”科目，贷记“管理费用”科目。

（三）筹资费用

筹资费用是民间非营利组织的一项重要费用，特别是慈善机构、基金会、扶贫组织等一些社会公益组织，其筹资费用所占的比例比较大。民间非营利组织的筹资费用，包括在筹资过程中发生的各种耗费，主要内容包括：

（1）为了获得捐赠资产而发生的费用，包括举办募款活动费，准备、印刷和发放募款宣传资料费，以及其他与募款或者争取捐赠资产有关的费用。民间非营利组织取得代理资产所产生的费用不计入筹资费用。

（2）应当计入当期费用的借款费用。借款费用是指民间非营利组织因借款而发生的利息费用、手续费等。筹资费用仅包括计入当期费用的借款费用。与购建固定资产有关的借款费用，在办理竣工决算之前发生的应当计入资产价值，不计入筹资费用。银行存款产生的利息收入，冲减筹资费用。

（3）汇兑损失。如果民间非营利组织有外币业务，购入或售出外汇因汇率不同所产生的价差，以及期末按规定汇率折算外币账户余额所产生的价差，为汇兑损失或汇兑收益。若为汇兑收益，冲减筹资费用。

有关筹资费用的会计核算详见第六章，此处不作详述。

（四）其他费用

民间非营利组织发生的有些费用，无法归属到上述的业务活动成本、管理费用或者筹资费用中，需要通过“其他费用”科目核算。民间非营利组织发生的其他费用，应当在发生时按其发生额计入当期费用，并按照费用种类设置明细账，进行明细核算。其会计处理如下：

（1）发生的固定资产处置净损失，借记“其他费用”科目，贷记“固定资产清理”科目。

（2）发生的无形资产处置净损失，按照实际取得的价款，借记“银行存款”等科目，按照该项无形资产的账面余额，贷记“无形资产”科目，按照其差额，借记“其他费用”科目。

（3）期末，将“其他费用”科目的余额转入非限定性净资产，借记“非限定性净资产”科目，贷记“其他费用”科目。

以上费用类科目在期末结转后，均应无余额。

【例 5-6】某民间非营利学校月初发放工资。本月应付工资总额为 200 000 元，其中：教学人员工资 150 000 元，教学辅助人员工资 30 000 元，行政人员工资 20 000 元。月末将本月应付工资进行分配。根据以上信息，编制相关会计分录。

（1）月末分配时：

借：业务活动成本——教学人员工资	150 000	
——教学辅人员工资	30 000	
管理费用——行政人员工资	20 000	
贷：应付工资		200 000

（2）发放工资时：

借：应付工资	200 000	
贷：银行存款		200 000

【例 5-7】某民间非营利医院医疗设备一台，因火灾不能继续使用而转入清理。该设备原价 200 000 元，已提折旧 50 000 元，以银行存款支付各项清理费 2 000 元，保险公司赔偿 100 000 元，款项已收回。根据以上信息，编制相关会计分录。

固定资产处置净损失=200 000−50 000+2 000−100 000=52 000（元）

借：其他费用——固定资产处置净损失	52 000

贷：固定资产清理　52 000

【例 5-8】2017 年某民间非营利组织 B 发生的业务活动成本为 20 000 元，因提取固定资产减值准备而确认的固定资产减值损失 5 000 元，发生固定资产处置净损失 1 000 元。根据以上信息，编制相关会计分录。

（1）发生业务活动成本时：

借：业务活动成本　20 000

贷：银行存款　20 000

（2）确定资产减值损失时：

借：管理费用　5 000

贷：固定资产减值损失　5 000

（3）发生固定资产处置净损失时：

借：其他费用　1 000

贷：固定资产清理　1 000

（4）期末结转时：

借：非限定净资产　26 000

贷：业务活动成本　20 000

管理费用　5 000

其他费用　1 000

阅读拓展 5-2

广东工业大学教育发展基金会会计管理模式

广东工业大学教育发展基金会（下称基金会）经广东省民政部门批准于 2011 年 11 月成立，注册资本为人民币 200 万元，其业务范围为：更新教学和科研设施，资助重点课程、学科、实验室建设、学术交流等，奖励优秀教职工和品学兼优的在校学生。基金会会计由学校财务处派出，受基金会理事会和学校财务处双重领导，按《民间非营利组织会计制度》要求进行会计科目的设置与会计核算，年末按照中国注册会计师协会印发的《基金会财务报表审计指引》的有关要求，出具审计报告和专项信息审核报告。该组织成立时间较短，但发展势头良好，收入全部来源于企业或个人捐赠，支出按协议进行，业务相对简单，正逐步建立会计核算体系及会计内部控制体系等会计管理模式。该基金会会计管理模式具体为：

一、基金会会计核算设计与安排

基金会按《民间非营利组织会计制度》的要求进行会计科目的设置与会计核算，基金会会计核算以权责发生制为记账基础，资产以历史成本为计价原则。资产或资产所产生的经济利益（如资产的投资利益和利息等）的使用受到资产提供者或者国家有关法律、行政法规所设置的时间限定或用途限定，则由此形成的净资产为限定性净资产；除此之外的其他净资产，为非限定性净资产。收入是指民间非营利组织开展业务活动取得的、导致本期净资产增加的经济利益或者服务潜力的流入。收入应当按照其来源分为捐赠收入、政府补助收入、提供服务收入、投资收益、商品销售收入和其他收入等。基金会按以下规定确认收入实现，并按已实现的收入记账，计入当期损益：无条件的捐赠或政府补助，在收到时确认收入；附条件的捐赠或政府补助，在取得捐赠资产或政府补助资产控制权时确认收入；但当基金会存在需要偿还全部或部分捐赠资产或者相应金额的现时义务时，应当根据需要偿还金额确认一项负债和费用。

二、基金会内部会计控制制度设计与安排

基金会内部会计控制主要控制目标为：满足基金会发展战略；提高基金会经营的效率和效果；保证基金会财务报告及管理信息的真实、可靠和完整；保证资产的安全完整和遵循国家法律法规及有关监管要求。基金会内部会计控制措施包括基金会会计岗位职责分工控制、授权控制、审核批准控制、预算控制、财产保护控制、会计系统控制、内部报告控制、经济活动分析控制、绩效考评控制、信息技术控制等措施。基金会内部会计关键控制在于不相容岗位相互分离，具体体现为建立货币资金业务、采购与付款业务、捐赠物资业务、固定资产管理、捐赠收入业务、成本费用业务的岗位责任制。

三、基金会会计人员管理安排

基金会会计人员包括会计及出纳人员均由广东工业大学财务处派出，会计人员同时对学校财务处和基金会负责，基金会会计人员在基金会不领取酬金和报酬，定期按《民间非营利组织会计制度》编制财务报表对外报送。

通过对广东工业大学教育发展基金会会计管理模式的了解，有哪些值得借鉴的优点及需要改进的不足？

资料来源　罗伟峰. 非营利组织会计管理模式设计与创新——以广东工业大学教育发展基金会为例［J］. 财会通讯，2017（1）：55.

第三节　非营利组织项目资金的评估

项目与活动是非营利组织的生命力与价值所在，非营利组织的项目管理中遍布各种复杂的利益相关关系，如何在项目计划阶段就做好相关分析、制定出有效的管理策略和执行计划，在项目实施阶段沟通和协调相关关系，按计划逐步开展项目活动，使项目管理取得预期成果和目标，项目资金能够有效使用，正是项目管理中的关键控制点。

民间非营利组织的项目管理需要控制成本，优化资源，提高效率，在预定的时间和成本范围内，实现项目的目标。此外，项目的社会价值也是评价项目成败的重要指标。各级民间非营利组织应当提高对项目事后的考评工作，建立完善的项目完工绩效考评机制，提高项目的执行效率。

一、项目绩效考核机制的建立

项目绩效考核机制中包括合理的考评标准和专业的评价团队。建立一个由中立地位的专家组成的评审机构，根据项目的不同特点订立不同的切实可操作的评价指标，对项目资金进行事前、事中、事后的评价，能够保证项目绩效考核机制的有效运转。项目绩效考核机制包括对项目的事前评价、事中评价、事后评价。

（一）事前评价

事前评价是对项目资金使用的必要性也就是这些资金产生的财务、经济、社会和生态环境等方面效益进行的全面和系统的分析，促进预算编制的科学性、合理性，促使项目资金结构的优化。

（二）事中评价

事中评价主要是分析项目在进展过程中的运行情况，研究项目的具体进展，及时处理进展工作中的一些问题，保证项目资金的使用效率。

（三）事后评价

事后评价是通过审查和评价项目支出成果是否符合目标要求，作为以后年度项目资金审批的依据。对表现出色的项目组，可以将项目的结余资金留归该项目组使用，以示对有贡献的个人和项目团队给予适当的物质奖励。对于造成组织资产流失的项目组，可以通过暂时不再安排项目以示惩罚。

二、建立项目的审计制度

项目审计的目的是通过审计明确项目资金的使用是否按批准的预算进行。审计制度的建立，有利于保证项目资金的使用效率。对项目资金的审计重点主要是资金的实际使用效果和资金结余两个方面。在建立项目审计制度时，由于民间非营利组织的特殊性，需要重点注意以下几个方面：

1. 项目审计具有一定的特殊性

民间非营利组织的项目的特殊性，决定了实施项目审计有别于一般审计的内容，审计客体是项目承担（实施）部门（单位）；审计的内容涵盖了项目实施的全过程（立项可行性、费用支出、效益等）；审计的重点是项目的绩效性。

2. 项目审计中包括了对项目可行性研究结论的再审计

该措施是运用审计监督方法来控制项目管理的关口，从目前较为普遍的对项目绩效与实施阶段的审计管理前移到前期对项目源头的可行性研究阶段，对可行性研究的主要内容进行审计，用项目评估和可行性研究审计的“双保障”措施来确保项目决策的准确科学与操作程序的规范性，是从源头治理项目决策失误的一条极其有效的途径。

3. 审计方法的多样性

针对不同项目的特点开展分层次、分阶段的效益审计，选择相适应的多种审计方法，保证审计结果的可靠性。审计方法主要包括以下几种：审计与审计调查相结合的方法，审计专家经验与行业专家经验相结合的方法，项目立项形式审核与专家评估和事前审计相结合的方法，项目预算执行审计与经济责任审计相结合的方法，项目预算审计与项目决算审计相结合的方法，项目预算执行审计、经济（离任）责任审计与效益审计相结合的方法，项目审计与项目评估相结合的方法，项目财务数据审计与项目业务资料（包括项目成果报告）审计相结合的方法等。

4. 项目支出预算审计

项目支出预算是支出预算审计的一个重点，在审查过程中应重点关注是否存在违规转移项目经费、克扣或延压项目资金；是否存在将项目经费挪用或挤占用作他途；是否严格按照项目经费的预算申请书安排使用资金；是否切实做到专款专用等内容。其具体包括以下几项内容：

（1）审查是否存在克扣或截留下属单位专项资金、延压和滞拨专项资金的情况。防止因资金拨付不到位、不及时，造成专项事业任务得不到及时完成和顺利落实。

（2）审查是否存在分解项目到下属单位的情况。重点审查被审计单位项目预算申报编制时，未在预算说明中明确项目具体承担单位或部门、项目决算时资料与实际执行不符的情况。

（3）审查是否按照项目预算执行经费收支。重点审查项目申报文件内容与实际执行情况，审查实际支出与预算的一致性。防止未按规定时效落实项目的建设，项目自筹资金不到位、套取上级财政资金，防止项目支出中超预算或列支无预算支出等情况。

（4）审查是否存在超范围支出或公用经费挤占项目经费的情况。重点审查项目经费签订的合同合约条款、实际采购的项目设备材料与预算中的项目明细、招标文件中合同条款是否相符，审查项目实际执行与预算内容是否相符，防止挤占和挪用项目经费。

（5）审查是否存在基本经费与项目经费调剂使用、项目打包的情况。重点审查项目之间相互调剂使用资金、项目打包合用资金的情况，审查调剂项目和打包项目的原因、资金数额和使用情况，防止专款不专用情况的发生。

复习思考题

1. 民间非营利组织的项目活动主要集中在哪几个领域？
2. 民间非营利组织如何申报项目？
3. 民间非营利组织如何提高项目资金的利用效率？
4. 什么是民间非营利组织的收入？具有什么特征？如何分类？
5. 民间非营利组织的主要业务收入包括哪些？
6. 什么是民间非营利组织的费用？具有什么特征？如何分类？
7. 对项目资金的运用进行事前、事中、事后评价的具体内容是什么？
8. 民间非营利组织项目活动的审计方法包括哪些？

9. 民间非营利组织项目评估的内容和步骤包括哪些?

10.A 为某民间非营利组织，2017 年 12 月发生以下业务:

（1）解除限定性捐赠收入 10 000 元的限制。

（2）通过银行存款收到会费 8 000 元，其中 20% 为限定性收入。

（3）处置固定资产获得净收入 1 000 元。

（4）发生业务活动成本 5 000 元，暂未支付。

（5）提取行政管理用固定资产折旧 500 元。

（6）处置账面余额为 80 000 元的无形资产，收到银行存款 71 000 元。

根据以上信息，编制相关会计分录。

第六章　非营利组织的筹资管理

学习目标：通过本章学习，能够全面熟悉非营利组织筹资管理的相关概念、目的及原则；明确非营利组织与营利组织相比的特点以及非营利组织的筹资渠道；全方位掌握非营利组织的筹资管理制度及非营利组织筹资费用的会计核算；了解非营利组织筹资的现状、问题及解决对策。

第一节　非营利组织筹资管理内涵及筹资渠道

资金对非营利组织来说是得以维系生命的血液，科学合理的筹资管理可以使非营利组织以尽可能低的成本投入筹集到更多的资金，从而使其更好地开展业务活动，实现非营利组织的可持续发展目标。本节对非营利组织筹资管理的含义及目的、与营利组织筹资的区别、筹资管理的原则、影响因素和筹资渠道等方面进行介绍。

一、筹资管理的含义及特征

（一）含义

筹资管理是指非营利组织根据其持续经营和业务活动的需要，通过筹资渠道，运用筹资方式，依法经济、有效地为组织筹集所需要资金的财务行为。

（二）特征

非营利组织筹资活动具有如下特征：

1. 非营利组织筹资活动追求多种目标

第一个目标是保证组织的基本运作，是非营利组织筹资的最低目标。第二个目标是完成非营利组织的社会任务，是根本目标。

2. 非营利组织的筹资渠道和方式多样化

非营利组织可以通过政府组织、企业组织、服务对象、社会公众、金融机构以及境外相关组织等多种渠道进行资金筹集。筹资方式主要有向政府申请财政拨款和补贴、向其他组织和个人收取会费、吸收捐赠、进行负债筹资、利用组织资源进行合法运营取得收益性筹资等，呈现多样化特点。

3. 非营利组织筹资主要依赖于政府

非营利组织与政府有着共同使命，都是服务大众，为大众提供公共物品。一定程度上，非营利组织有理念、有能力、有使命解决问题，但没有资金；政府有资源、有资金，也想做事，但有时由于自身弊端无法达成或是努力了也达不到好的效果。基于此，二者可以达成合作，非营利组织能够通过政府筹集到业务活动所需的大部分资金。

二、非营利组织与营利组织筹资的区别

营利组织的筹资是根据营利组织的特点和需求，通过向政府、其他组织或个人等渠道依法筹措其生存和发展所必需的资金，从而实现营利的目的。而非营利组织的筹资是根据非营利组织的特点和对资源的需求，通过向政府申请财政拨款和补贴等渠道依法筹措其生存和发展所必需的资金，从而完成某一社会使命。

（一）筹资目的不同

营利组织（如企业）筹资目标具有单一化，筹资的目的就是营利。企业通过筹资实现企业资金流量的增加；实现企业扩张；调整资本结构；保持盈利的控制权，进而达到营利的目的。无论怎样，营利组织的筹资都是为了满足企业的生存、发展和营利。

而非营利组织筹资追求的是多种目标，在谋求组织自身利益的基础之上，满足社会群体利益，最终目的与任务在于造福整个社会。非营利组织筹资的第一个目的是保证组织的基本运作。非营利组织的设立与生存所需要的资金是非营利组织筹资需要达到的第一个目标，也是实现第二个目标的基础。筹资的第二个目的是完成非营利组织的社会任务。社会使命的完成与否是非营利组织筹资的出发点和归宿点。这两个筹资目的的归结点是完成非营利组织的社会使命。

（二）筹资手段不同

营利组织的筹资渠道和方式主要有：向政府引入投资或进行股权筹资，向其他组织和个人引入投资、进行股权筹资或负债性筹资，其中负债性筹资包括借款、发行债券、租赁、商业信用等筹资方式。营利组织向政府、其他组织和个人进行筹资具有有偿性的特点，需用未来的现金或劳务进行偿还，并支付一定资金成本。

而非营利组织的筹资渠道和方式主要有：向政府申请财政拨款和补贴，申请项目支持和政策支持；向其他组织和个人收取会费，吸收捐赠；向金融机构进行负债筹资，挖掘自身潜力；利用组织资源进行合法运营，进行收益性筹资。非营利组织除负债性筹资外，向政府、其他组织和个人进行筹资具有非偿还性的特点，旨在通过对资金等财产物资的使用达到服务社会的目的。

（三）筹资绩效考核指标不同

营利组织的筹资目的就是营利，对其筹资绩效可以通过利润指标进行考核，利润指标对营利组织筹资的及时性、足额性提供量化分析依据，也便于不同组织之间进行比较。

而非营利组织筹资的目的是完成其社会使命，社会使命最终要达到什么程度，在实现目标的各个阶段需要多少资金，什么时候筹集资金成本最低，筹集到的资金进入组织后能产生多大的效益，能在多大程度上帮助组织实现自己的目标等没有一

个具体衡量标准。因此，对其筹资绩效可以从筹资效率、筹资能力、筹资结构、满意度等多方面进行系统量化考核。其中，效率和能力维度下的计划完成率、预算准确率、成本收益率、创收能力等指标，反映了筹资活动效率以及筹资能力的高低；结构维度下的各项总收入指标，反映了非营利组织对不同筹资方式的依赖程度；满意度维度下的定量指标是对非营利组织筹资行为的综合评价，反映筹资行为的社会影响。

（四）筹资对政府依赖程度不同

随着我国经济体制改革的深入，政企分开后，营利组织（如企业）对政府的依赖程度越来越低，在筹资方面很难再得到政府的资助和补贴，在向金融机构融入资金时也难以得到政府的担保。营利组织需要获得资金，只能走入市场，通过借贷有偿使用资金等方式或通过销售产品、提供服务从而取得收入。如果产品不适销，不能满足市场需要，那么营利组织会出现入不敷出，严重的只能以破产而告终。

而非营利组织筹资主要依赖政府。特别是由政府机构演变产生的组织或在社会上具有较大影响力的非营利组织，可以通过各种渠道从政府手中获得各种拨款、补贴、项目支持、特许权等。非营利组织作为独特的经营机构，相对于企业激烈的竞争环境而言，其成长环境十分宽松，这也造成了非营利组织缺乏积极性，很少主动开拓资金渠道、对外开展有效性服务活动的现状。同时，非营利组织与政府具有共同的社会使命。基于以上两点形成了非营利组织筹资依赖政府的特点。

三、筹资管理的原则

（一）时机适当原则

筹资时机是指一系列对筹资有利的内外部环境因素的组合，它随时间、空间的变化而变化。选择筹资时机是在考察非营利组织内部筹资条件的基础上，再寻求与此相适应的外部环境的过程。

筹资时机包括资金需求时间、费用支付时间和还本时间。按这三个时机把握筹资时间，以资金需要时间确定合理的筹资时间，以避免因取得资金过早而造成资金的闲置，或因筹资滞后而影响资金的使用，从而影响组织职能的发挥。

为了更好地把握好时机适当的原则，应对组织资金的使用和活动进行规划，根据不同的使用方向、不同的资金使用期限要求进行筹划，把筹资还款期错开，避免还债高峰期的产生。

（二）筹资数目的合理性原则

非营利组织应该合理确定筹集资金的规模，以用定筹，充分考虑筹资管理的两个目标，避免资金的浪费与不足，既要防止因筹资不足而影响组织各种活动的开展，也要避免由于过分筹资而降低非营利组织的公信度，丧失持续筹资能力。

（三）筹资风险的适当性原则

非营利组织在筹资的时候需要考虑风险的存在，以组织所能承担风险的程度作为组织筹措多少资金的依据，防止因债务过多而造成组织财务风险过高的现象出现。

（四）筹资成本的最小化原则

非营利组织在筹措资金的时候，要做到既满足资金预算的需要，又要尽量降低资金总成本，因为在收入一定的情况下，筹资总成本支出越小，能提供给组织用于生存发展的资金也就越多。因此，在考虑不同来源的资金成本时，要尽可能选择经济、可行的筹资渠道与方式，并且不仅考虑利率风险，还需要考虑汇率风险，权衡利弊，使筹资成本最小化。

（五）筹资途径的合法化原则

非营利组织的筹资行为和筹资活动必须遵循国家的相关法律法规，依法履行法律法规和合同约定的责任，合法合规地进行筹资，依法进行信息披露、维护各方的合法权益是实现有效筹资管理的必要条件。

四、非营利组织筹资的影响因素

影响非营利组织筹资的因素具体可以分为内部因素和外部因素。一般而言，非营利组织本身无法控制的因素是外部因素，构成非营利组织筹资的外部环境；非营利组织内部可以控制的因素是内部因素，构成非营利组织筹资的内部环境。

（一）外部因素

1. 国家有关法律法规和政策

非营利组织的筹资如果能得到国家法律法规和政策的支持，筹资将走向规范化、法制化。这些法律法规和政策可能是针对非营利组织自身的规定，也可能是面向非营利组织捐赠者的规定。其中，国家税收政策对非营利组织筹资具有较大影响。例如，税法对于企业、个体工商户和自然人捐赠财产用于公益事业，可享受企业所得税或个人所得税方面的优惠，将直接影响企业或个人对非营利组织的捐赠水平。

2. 国民经济发展水平与民众的收入水平

国民经济发展水平与民众收入水平直接影响了人们的捐赠能力和投身公益事业的热情。就我国目前而言，动员企业进行捐赠的机制较强，而面向个人捐赠的机制较弱。同时，国民经济发展水平和民众收入水平也影响了人们关注问题的焦点。在发展中国家，公益事业一般以援贫济困和助学等传统项目为主，而当国民经济得到发展，人民收入水平得到提高时，政府、组织和个人则会更多地关注科技、医疗、环境等问题，其资助重点也会发生变化。

3. 文化和地域因素

援贫济困、维护穷人利益是社会公认的理念，是社会文化的重要组成部分。我国大多数地区都有着自身的传统观念，在接受捐赠的问题上，只有为特定文化习惯所接受的筹资方式才能为非营利组织所利用。同时，地域因素也影响着筹资渠道，例如，在发达地区的非营利组织，能够较容易地寻求到国内社会和国际社会的捐助，而在一些不够发达的地区，筹资渠道相对单一，筹资受到限制。

4. 非营利组织的背景

非营利组织产生背景不同，与政府和其他组织或个人联系紧密程度不同，影响了非营利组织的筹资能力和渠道。从政府职能部门分离出来的非营利组织，跟政府之间还存在着较为紧密的联系，仍执行着政府部分职能，政府给予的支持也会相应较多，如青少年基金会开展活动时的资金来源大都是各级党政部门。从企业派生出来的非营利组织，对企业的依赖程度可能要大于其他部门。而一些纯粹民间意义上的、自下而上形成的组织，与政府或其他组织联系相应较少，筹资渠道可能更多来自于个体或海外。

当然，还有一些其他外部因素会影响非营利组织的筹资，如社会舆论、媒体曝光度等，均在不同程度上影响着非营利组织的筹资。

（二）内部因素

1. 非营利组织的非营利性特征

非营利组织的非营利性特征，是影响其筹资的重要因素。非营利组织不以营利为目的，并且其财产归公益法人所有，资金拥有者在投资、捐赠民间非营利组织时，不得以获取投资回报为目的。这些非营利性的特征导致非营利组织在筹资时经济利益驱动机制不足，不能通过实施投资报酬吸引投资者的关注，筹集资金的方式较少，筹资渠道相对于企业等营利组织而言较为单一，筹资比较困难。

2. 非营利组织的社会使命

不同的非营利组织有不同的社会使命。有些非营利组织的社会使命较为单一，且不被社会广泛关注，导致其筹资困难；有些非营利组织由于承担了广泛的社会使命，关注度较高，筹资渠道通畅，筹资相对容易。

3. 非营利组织的治理结构

合理的治理结构有利于非营利组织筹资的实现。治理结构的优劣会影响组织的运行效率和透明度，会影响委托-代理成本的高低，会对筹资渠道有深入的影响。一个拥有良好治理结构的非营利组织，不仅具有高效的管理能力，也具有较强的筹资能力。

4. 非营利组织的社会公信力

接受捐赠是非营利组织筹资的主要渠道之一。如果非营利组织缺乏社会公信力，会导致非营利组织向社会募款能力下降，筹资效果较差，也不容易实现筹资渠道的多元化。相反，如果非营利组织的社会公信力强，社会募捐能力会提高，筹资效果也较好。

当然，还有其他一些内部因素会影响非营利组织的筹资，如非营利组织的历史背景、与政府和其他组织或个人联系的紧密程度、组织的透明度水平、组织的宣传力度等，都对非营利组织的筹资产生一定的影响。

五、非营利组织筹资的渠道和方式

（一）筹资渠道

筹资渠道是指非营利组织筹集资金来源的方向与通道，能够体现出资金的源泉和流量。现行的非营利组织筹资渠道主要有政府组织、企业组织、服务对象、社会公众、金融机构、以及境外相关组织。

1. 政府组织

政府组织是非营利组织一个重要的资金筹集渠道。政府的财政资金来源于社会，通过税收等方式无偿取得，也主要用于社会活动当中。决定社会发展水平的各项公益性社会福利主要是由非营利组织提供的，如教育事业、医疗事业、文化事业、福利事业等，政府为了保证社会稳定发展有义务向非营利组织提供资金，支持社会公益活动的发展。

2. 企业组织

企业组织也是非营利组织资金的一个重要来源，很多企业为实现其社会责任，愿意向非营利组织提供一定的资金，扶持非营利组织的发展。同时，企业组织向非营利组织提供资金的同时，也提高了自身声誉，有利于企业价值的提高。

3. 服务对象

非营利组织的服务对象在接受服务的同时也要提供一定的费用，从而形成非营利组织的一项资金来源。非营利组织提供的服务可以分为有偿服务和无偿服务两种。社会中有一些非营利组织，如慈善机构、福利机构等向社会提供的是无偿服务，但大多数非营利组织提供的服务都是有偿的，如一些医疗机构、高等学校等。非营利组织提供的有偿服务是以低于成本或成本补偿为原则的，其目的是通过收取一定的补偿费用来维持非营利组织的正常运营，为更多的公民提供更好的服务。

4. 社会公众

社会公众是社会的一个组成部分，每个社会公民都有义务支持社会公益活动的发展。社会公众可以根据自身的生活水平和收入情况，自愿地向非营利组织捐献财物，形成非营利组织的资金。我国许多非营利组织（如希望工程基金会、社会慈善基金会等），其主要的资金来源就是社会公众的捐赠。

5. 金融机构

为弥补资金的不足，非营利组织可以向金融机构申请借款。非营利组织的负债也可以根据借款期限的长短分为长期负债和短期负债。从金融机构取得的资金并不是非营利组织的主要资金，其作用主要在于补充资金的临时性不足，需要依靠以后的收入来偿还债务本息。

6. 境外相关组织

非营利组织除了从内地各社会组织及社会公众取得资金外，还可以从境外相关组织取得资金。在国际上存在一些资助组织，专门向世界各地提供国际援助。每一个国际资助组织都有其相应的宗旨和固定的援助方向，要取得其援助必须符合其标准，并向该组织提出申请。

（二）筹资方式

资金的筹集方式，是非营利组织取得资金的具体方法。为了满足资金需要，非营利组织应当积极采取对策，针对不同渠道的资金，运用不同的筹集方式。非营利组织的主要资金筹集方式有以下几种：

1. 出资人提供

出资人提供的资金是非营利组织的基本资金来源。任何社会组织都必须依法设立。我国非营利组织相关注册登记条例规定，具有与其业务活动相适应的经费来源，是非营利组织成立的必要条件。每一个非营利组织一般都有出资人，负责启动资金的注入。国有非营利组织的出资人是各级人民政府，由财政部门提供经费来源。非国有非营利组织的出资人是社会其他组织或个人，由社会组织或个人提供经费来源。

2. 财政拨款和补助

财政拨款和补助是指各级政府向非营利组织提供的资金。向非营利组织直接提供财政补助，是政府支持非营利组织事业发展的一种主要方式。各级政府的资金主要通过税收等方式无偿取得，原则上是取之于社会、用之于社会。政府在社会管理中起着主导作用，而非营利组织提供的是公益性社会服务，与政府组织的社会管理有着共同的目标，所以非营利组织要通过购买服务、相互合作等方式争取政府的资助。一方面，可以为政府减轻负担，发挥政府的主导作用；另一方面，非营利组织贴近民众这一特点可以节省资源，发挥资源的最大利用效率。所以，为了保证社会稳定发展，政府有义务向非营利组织提供资金，支持社会公益活动的发展。财政补助是一项公共资金，需要纳入财政预算管理，接受财政部门和政府审计部门的监督管理，因此，非营利组织取得的政府资金，要按规定的用途使用。

3. 慈善捐赠

慈善捐赠是非营利组织从社会其他组织或公众募集的资金。非营利组织开展社会公益性活动，为社会公众服务。按照“社会事业大家办”的原则，各个组织、个人均有义务向非营利组织提供资金。社会捐赠可以分为组织捐赠和个人捐赠。组织捐赠是社会上的企业组织、政府组织或其他组织，用组织的资金向特定非营利组织提供的捐赠。个人捐赠是社会公众用个人的资金向非营利组织提供的捐赠。此外，捐赠的资金可以是货币资金，也可以是各种物品、设备等。

将社会捐赠作为一项资金来源是非营利组织的特点。非营利组织接受捐赠、资助，必须符合非营利组织的宗旨和业务范围，必须根据捐赠人限定的期限、方式和合法用途使用。同时，非营利组织应将捐赠资金的使用情况定期向捐赠人和社会公布，接受社会各界的监督。

4. 会费收入

会费收入是指非营利组织根据章程等的规定向会员收取的会费，通常属于非交换交易收入。一般情况下，非营利组织的会费收入为非限定性收入，除非相关资产提供者对资产的使用设置了限制。

5. 经营活动收入

经营活动收入是非营利组织在向服务对象提供服务或商品时取得的资金。非营利组织提供的社会公益性服务一般是有偿服务，提供的服务或商品需要收取一定的费用，从而形成一项资金来源。非营利组织的经营活动收入是为了弥补资金的不足，同企业组织的营业收入不同。实际上，经营活动收入是非营利组织一项重要的资金筹措方式。

6. 银行借款

银行借款是非营利组织从金融机构取得的债务性资金，需要用以后取得的资金偿还。同企业组织一样，非营利组织取得银行借款也需要有一定的条件，满足符合银行贷款的各项要求。首先由非营利组织向金融机构提出借款申请，金融机构按规定进行审批，审批通过后与金融机构签订借款合同，取得银行借款，并按规定时间偿还借款本息。非营利组织的负债在性质上不同于企业，企业的负债可以用经营收益来偿还，而非营利组织的负债偿还只能动用后期的资金。

阅读拓展 6-1

整合资源　助力发展——南京博爱安养庇护中心创业纪实

南京博爱安养庇护中心（以下简称博爱中心）是一家专为弱智、弱能残疾人士提供教育、康复、体能训练、技能培训、社会交流等专业服务的安养庇护机构。和大多数民间“草根”公益机构一样，博爱中心也经历过创业期的种种艰辛。生存的压力让博爱中心努力抓住一切资源和机遇，助力自身发展，终于度过了艰难的创业期，走上了快速发展的道路。

一、积极争取社会资源

2004 年夏天，机构创始人梁襄通过媒体了解到南京大学研究生会到农民子弟学校助学的新闻，于是，梁襄先找到撰写新闻的记者，通过记者又找到南大研究生会，向南大团委和研究生会的领导介绍了博爱中心。2004 年底，南京大学团委、研究生会携手博爱中心，发起了“关爱智障人士，共筑爱心家园”的系列活动。

南京大学人才济济。有了这一资源，博爱中心可以让学员们尝试更多的服务。2005 年，博爱中心学员报名参加了江苏省残疾人职业技能大赛。为此，博爱中心邀请南大学子辅导学员硬件组装、CAD 制图、网页设计……博爱学员不仅掌握了新的技能，还通过参加比赛，获得了江苏省残疾人职业技能竞赛特别奖。2005 年 4 月，博爱中心携手南京大学，在南大校内成立了一个帮助智障人士融入社会、学会独立生活技能和社交技巧的“爱心家园”。同年 5 月，经过博爱中心的推荐，南京大学团委首次在江苏省扶残助残先进集体及个人表彰大会上荣获“助残先进集体”称号。

在与南京大学这样著名的高等学府合作之后，陆续与博爱中心开展合作的有南京体育学院、南京师范大学、南京财经大学等十余所南京地区的高校。为了迎接 2007 年在上海举行的夏季特殊奥林匹克运动会，2004 年各地准备工作已拉开序幕，博爱中心通过与“特奥运动在社区”的承办单位南京体育学院争取合作，接受了专业老师的系统性体能训练，在 2006 年特殊奥林匹克运动会上海国际邀请赛中共获得金牌 2 枚、银牌 1 枚、铜牌 5 枚。作为特奥会的赞助商，建设银行南京分行也给博爱中心送去了各种物资。

博爱中心从媒体上了解了很多信息，并对这些信息迅速做出了反应，积极寻求合作，为博爱中心引来了很多资源。博爱中心非常重视和媒体的合作，很多活动相继被《现代快报》《扬子晚报》等报道。有些记者也成为博爱中心的老熟人，“世界上本无陌生人，只有还不相识的朋友”，这是《新华日报》一名记者留给博爱中心的。

二、积极获取企业支持

卫岗乳业作为南京的一家大企业，每年都会捐赠很多善款。博爱中心联系到卫岗的负责人，经过多次沟通，2008 年 3 月，卫岗旗下的南京勤善堂生物技术有限公司为博爱中心援助了爱心工程——南京博爱庇护工场。这是博爱发展历程中的一个重要里程碑。庇护工场针对智障人士的特点，设立了名片制作和印刷生产线；配备了艺术调理室、民间工艺室、专家顾问室、评估室、活动室、阅览室、食堂等，并针对智障人士特殊的生活工作节奏，安排了丰富多彩的工作、康复、娱乐项目，真正成为适合智障人需要的独特的庇护性就业场所。

近年来，博爱中心与一些国际品牌企业也建立了良好的合作。每年，安利都会与博爱中心一起举办安利纽崔莱健康跑活动，学员们有机会与著名运动员王军霞、刘翔一起跑步。曾经在大学里当过博爱志愿者的学生毕业后到摩托罗拉工作，把博爱中心介绍给了摩托罗拉管理人员，在摩托罗拉全球服务日，通过义卖和拍卖活动为博爱中心筹集到近 1 万元善款。过新年时，旺旺食品有限公司给学员们送来旺旺大礼包……这些合作还仅仅只是开始，已经给了博爱中心新的希望和信心。

虽然博爱中心主动降费，收费已经很低，但有些贫困家庭的孩子仍然没法进入。于是，梁襄发动自己的朋友，以爱心助学的形式资助部分孩子的费用。后来，一些企业也加入了助学的行列，解决了部分孩子的费用，让更多的孩子能进入博爱中心学习、生活。

在博爱中心，除了日常活动，大小节日都会举办各种活动，而这些活动都有社会各界的广泛参与，提供各种社会资源，整合到了博爱中心。街道、学校、企业、个人等社会各界的捐款捐物大大助力了博爱的发展。如今，博爱中心总收入的 1/3 来自社会捐赠。

三、高度重视政府合作

如果仅仅依靠社会捐赠，非营利组织的持续发展仍然会有问题。博爱中心从成立伊始就高度重视与政府的沟通与合作。还在 2004 年中心成立之时，就曾邀请残联和相关政府部门参加开学仪式。在以后的工作中，博爱中心主动向政府相关部门汇报工作，让政府及时看到博爱的成长与成绩，同时也积极配合政府工作，比如协助接待泰国的特奥运动员等，为政府提供力所能及的支持。博爱中心实实在在、卓有成效的工作，也得到了政府的认可。

2006 年初，博爱中心荣获了民政部“全国民办非企业单位自律与诚信建设先进单位”称号。

2006年底，江苏省残联领导在一次全国性会议上宣传了博爱中心的事迹，吸引了全国各地相关单位到博爱中心来参观学习。随后，博爱中心被江苏省评选为第一批省级残疾人安养庇护示范机构。省、市两级政府第一次给了博爱中心财政支持10万元。这是博爱中心发展中的一次重大转折。

博爱中心获得这些政府给予的荣誉，并不是浪得虚名。从成立的第一天起，博爱中心就把关注点放在智障人士的能力开发上，而非着眼于他们先天的缺憾，确定了中心所扮演的角色是按智障人士的能力，协助他们尽展潜能，寻求适合国情、富有特色的智障服务模式。博爱中心根据学员的实际情况，开发了很多卓有成效的项目。

2008年，南京市各区残联接到上级指示，要求各区都要开办为智障人士提供服务的安养庇护机构。博爱中心作为南京首家省级专业安养庇护机构，抓住机遇，先后与六合区残联、江宁区残联签署了合作协议，通过政府购买服务的形式进行合作。残联提供场地，负责招收学员，博爱负责提供教师和专业服务。残联不仅承担博爱教师的工资，每招收一个学员还要付给博爱一定金额的服务费。这样，博爱中心利用自身的专业经验和优势，打开了与政府合作的大门，踏上了一个新的发展台阶。

如今，政府购买服务的收入已占到博爱中心总收入的1/3，博爱中心终于走上了凭借提供专业服务实现可持续发展的道路。

资料来源　吴锦容. 整合资源　助力发展——南京博爱安养庇护中心创业纪实［C］. 中国非营利组织管理案例集，2009.

第二节　非营利组织筹资管理制度及会计核算

一、非营利组织筹资管理制度

通常筹资费用都是伴随着筹资而存在，如何利用最少的筹资费用来获取最多的筹资金额，是非营利组织在进行筹资时必须考虑的问题。因此，在进行筹资时，筹资管理制度不可或缺，良好的筹资管理制度有利于非营利组织筹资效率的提高。非营利组织应根据自己的实际情况，制定有效的筹资管理制度，使筹资管理做到有章可循。非营利组织筹资管理制度主要包括以下几个方面：

（一）筹资费用管理的内容

非营利组织筹资费用是指非营利组织为筹集业务活动所需资金而发生的费用，包括非营利组织为了获得捐赠资产而发生的费用以及应当计入当期费用的借款费用、汇兑损失（减汇兑收益）等。其中，非营利组织为了获得捐赠资产而发生的费用包括举办募款活动费，准备、印刷和发放募款宣传资料费以及其他与募款或者争取捐赠资产有关的费用。非营利组织发生的筹资费用，应当在发生当期按其发生额如实计入当期费用。以上筹资过程中发生的各项费用，均应纳入非营利组织筹资费用管理体系中。

（二）岗位设置与职责分工

为了提高筹资效率，降低筹资成本，增加筹资金额，非营利组织应对筹资涉及的岗位和人员进行专门的岗位设置与人员分工，实行相应的筹资激励与约束机制。例如，可以设置筹资管理委员会，专门负责资金筹募、管理和项目实施。该筹资管理委员会的委员一般由民间非营利组织的创始发起人、捐赠方代表等利益相关者组成，通常包括主任委员 1 人、执行主任委员 1 人、副主任委员和委员若干，由执行主任负责主持管理委员会工作。

管理委员会的职责具体如下：（1）对筹资方面有关章程进行制定和修改；（2）选举和罢免执行主任委员、副主任委员、一般委员；（3）对项目计划书和项目预算进行审核，提交民间非营利组织审批；（4）拟定工作报告和财务报告，提交民间非营利组织理事会等决策机构审议；（5）对拟开展项目活动的立项和相应的执行方案、项目预算进行审核，提交民间非营利组织理事会等决策机构审批；（6）对资金的募集、资金使用情况和项目实施进行审核、监督与管理；（7）拟定筹资方面的终止及其他重大事项，报民间非营利组织理事会等决策机构审议。

一般而言，管理委员会须有 2/3 以上委员出席方能召开，其决议须经到会委员 2/3 以上委员表决通过方能生效。

（三）筹资活动的过程

非营利组织的筹资活动一般包括五个步骤：设定筹资目标；组织人员，划分市场；制订具体筹资计划；实施筹资计划；评估、总结筹资活动。根据具体的筹资活动可以有所增减和修改。

1. 设定筹资目标

确定目标之后，组织才可以确定合理的人员安排，制订有效的成本投入计划。筹资目标应该紧扣组织的现状和发展目标，筹资不足会影响组织活动的开展和自身的发展，筹资过多也不利于组织的运作。所以，民间非营利组织应该实事求是地制定筹资活动的目标。

确定目标的常用方法包括：（1）增减法。这种方法根据民间非营利组织上一年的收入，考虑通货膨胀因素，然后根据预期的变化有所增减。（2）需求法。这种方法根据民间非营利组织预测需要的资金，依此确定目标。（3）机会法。这种方法首先需要民间非营利组织对于能从各个筹资渠道中筹到多少款项作一个初步的估算，然后结合组织自身规模确定一个合适的目标。

2. 组织人员，划分市场

民间非营利组织一般每年都有筹资任务，以维持组织的运作与发展。成立筹资小组是筹资活动重要的一步，只有拥有一支有效的团队，才可能做出成功的市场划分，制订成功的实施计划。一般筹资小组要由民间非营利组织的主要领导人带领，大部分高层管理者都应该参与，以保证最大限度地动员组织资源。划分市场也是一个重要的环节。例如，对个人捐赠者进行分析时，可以对年龄、收入水平、捐赠动机等方面进行细分。对筹款市场进行合理的划分可为制定有效的策略打下基础，有助于管理者决策市场投入的划分以及如何进入市场。

3. 制订具体筹资计划

设计筹资计划的时候，应该根据不同的分市场，配以不同的筹资方式。例如，捐赠额很小的市场一般使用直接邮件联系的方法，这是最节约成本的方法；捐赠规模中等的市场可以使用电话联系；大规模捐赠的市场采用面对面的恳谈方式。

4. 实施筹资计划

实施筹资计划是筹资活动的核心，只有经过了这个环节，筹资活动才能真正实现。筹资计划的实施一般要求助于志愿者的参与，所以对志愿者进行培训也是重要环节。

5. 评估、总结筹资活动

筹资结束后及时对本次筹资活动进行评估，总结得失，并根据各个员工和志愿者的工作绩效进行适当的激励，尤其在面对越来越复杂的竞争和取得捐赠越来越难的情况下，组织的评估将对下一次筹资产生重要影响，还将会影响到组织的声誉和其他方面的工作。

（四）筹资的绩效评估

非营利组织对于筹资活动必须通过评估成果以寻找缺点，总结经验，提高效率。

1. 筹资报告

筹资报告是对筹资活动的总结，内容包括参加筹资的总人数、收入总额、总成本、人数比例、筹资的成本回收率、捐赠结构、达到目标的百分比等指标，也包括和竞争者的比较。在筹资报告中，往往需要总结得失，提出下一次筹资的建议。例如，假设某高校每年都可以得到 25% 的校友的捐赠收入，那么问题就在于为什么有 75% 的校友不捐赠。学校需要接见一些有代表性的不捐赠的校友，确定主要原因，如“不喜欢捐赠的方式”“从来没有被要求过”等，对每个原因的处理和应对都将影响下一年的捐赠水平。再如，假设某高校把其筹资成果和 5 个可以比较的大学作对比，如果发现它获得的捐赠和其他学校相比，主要来自校友捐赠和政府资助，这说明它要对这两类筹资渠道投入更多的努力，并分析其他筹资收入不多的原因，商讨解决措施。

2. 员工的工作绩效和激励制度

工作绩效是对筹资活动中开展的各项工作及其参与人员的工作效率的评估，通过各种指标来评定。例如，组织者、志愿者、其他人员的参与工作总时间、单位时间的筹资额、单位时间筹资成本、为项目提出的建议数、书写项目建议书的数量等。

民间非营利组织由于其非营利性质，对于表现优秀的员工，不宜一味采取金钱激励方法，而应该辅以精神鼓励。

3. 间接成本

在筹资活动中除直接成本之外的其他开支就是间接成本。民间非营利组织在对筹资进行评估的过程中，往往更重视募捐总量，而募捐成本常常被淡化。而且，大多数民间非营利组织只重视直接成本，对间接成本很少分析，这样就为筹资留下了极大的隐患。间接成本更容易进行暗箱操作，容易引发腐败的滋生，当间接成本过大时，容易吞没筹资的成果，所以，筹资评估时统计和公布间接成本是非常重要的环节。

4. 成本效益分析

成本效益分析是筹资绩效评估和管理的关键环节。民间非营利组织的筹资成本不能过高，发达国家的筹资成本上限为10%~20%，我国《基金会管理条例》规定的管理成本上限为7%。

（五）筹资绩效考核指标体系

筹资绩效考核指标体系从筹资效率、筹资结构、筹资能力、满意度等方面对非营利组织筹资能力进行定量评价。

1. 筹资效率

（1）计划完成率，反映筹资计划的完成情况和工作效率。比率越高，说明非营利组织筹资活动完成得越好，工作效率越高。

$$\text{计划完成率} = \frac{\text{实际筹款收入}}{\text{计划筹款收入}} \times 100\%$$

（2）预算准确率，反映筹资预算编制的准确度。比率越高，说明非营利组织筹资支出预算编制得越准确。

$$\text{预算准确率} = \frac{\text{预算筹资支出}}{\text{实际筹资支出}} \times 100\%$$

（3）成本收益率，反映非营利组织的筹资能力。比率越高，说明单位成本所获得的收入越高，筹资能力越强。

$$\text{成本收益率} = \frac{\text{筹资总收入}}{\text{筹资总成本}} \times 100\%$$

2. 筹资结构

对非营利组织筹资结构的划分，反映不同筹资方式对筹资总收入的贡献程度。比率越高，说明该筹资方式贡献度越大。

（1）捐赠比率。捐赠比率是指捐赠收入所能带动的全部组织经费的倍数，反映民间非营利组织每年的开支在多大程度上依赖于捐赠。比率越高，表明非营利组织对捐赠资金的依赖性也越大。

$$\text{捐赠比率} = \frac{\text{捐赠收入总额}}{\text{收入总额}} \times 100\%$$

（2）政府拨款比率。政府拨款比率是指政府拨款所能带动的全部组织经费的倍数。本指标被称为“软通货”。比率越高，说明非营利组织对政府拨款的依赖性越强，会使组织处于危险境地。

$$\text{政府拨款比率} = \frac{\text{政府拨款额}}{\text{收入总额}} \times 100\%$$

（3）经营收入比率。经营收入比率是指非营利组织通过经营活动取得收入所能带动的全部组织经费的倍数。比率越高，说明非营利组织对经营收入的依赖性越强，会促进组织良性发展。

$$经营收入比率 = \frac{经营收入总额}{收入总额} \times 100\%$$

3. 筹资能力

（1）创收能力。创收能力是指非营利组织社会服务收入用于公益事业的经费占非财政性经费的比率。本指标说明非营利组织的创收能力，比率越高，说明非营利组织自主创收能力越强。

$$创收能力 = \frac{社会服务收入上缴组织的经费}{非财政性经费} \times 100\%$$

（2）回报率。回报率是一种计量组织效率的指标。对于接受捐赠的非营利组织而言，主要测量其筹资活动的效率，对于学校或健康服务组织而言，主要测量其承担风险而获取营业收入的效率。

$$回报率 = \frac{收入总额}{资产总额} \times 100\%$$

（3）净收益。净收益是一定时期内的“经营利润”，即一定时期内收入弥补支出的相对值。如果是正数，那么收入超过支出；如果是零，那么收支相抵；如果是负数，意味着一定时期内组织的收入不足以弥补支出。

$$净收益 = 收入总额 - 支出总额$$

4. 满意度

（1）筹资人员满意度。筹资人员满意度用人才流失率指标来衡量，该指标反映筹资人员的流动性和组织对员工的吸引力。比率越高，说明筹资人才流动性越大，对组织未来发展信心越小。

$$人才流失率 = \frac{离职筹资人员数}{筹资人员总人数} \times 100\%$$

（2）捐赠人员满意度。捐赠人员满意度用客户保持率和客户获得率指标来衡量。客户保持率反映非营利组织维系老客户的能力。比率越高，表明客户对组织的服务或是筹资工作越满意。客户获得率反映非营利组织吸引新客户的能力。比率越高，表明客户对组织的服务或是筹资工作越满意，也说明本组织的筹资能力越强和发展潜力越大。

$$客户保持率 = \frac{重复捐赠人数}{原有老顾客人数} \times 100\%$$

$$客户获得率 = \frac{新增捐赠人数}{捐赠总人数} \times 100\%$$

二、非营利组织筹资管理会计核算

（一）筹资费用的确认条件

筹资费用的确认，应当遵循权责发生制和配比原则。根据《民间非营利组织会计制度》的规定，民间非营利组织应当在单位的经济利益或服务潜力的资源已经流出本单位，资产预期带来的未来经济利益或服务潜力将减少或者资产预期不能再带来未来经济利益或服务潜力时，确认相应的费用。民间非营利组织的某些费用如果属于多项业务活动或者属于业务活动、管理活动和筹资活动等共同发生的，而且不能直接归属于某一类活动，应当将这些费用按照合理的方法在各项活动中进行分摊。必须分清本期成本、费用和下期成本、费用，不得任意预提和摊销费用。

具体地说，筹资费用应当在同时满足以下条件时予以确认：

（1）含有经济利益或者服务潜力的资源流出非营利组织，或者承担了相关的负债；

（2）能够引起当期净资产的减少；

（3）费用的金额能够可靠地计量。

（二）科目设置

为了核算民间非营利组织的筹资费用，应当按照筹资费用种类设置明细账，进行明细核算，并设置“筹资费用”科目。发生筹资费用时，借记“筹资费用”科目，贷记“预提费用” “银行存款”“长期借款”等科目。发生应冲减筹资费用的利息收入、汇兑收益时，借记“银行存款”“长期借款”等科目，贷记“筹资费用”科目。期末，将本科目的余额转入非限定性净资产，借记 “非限定性净资产”科目，贷记“筹资费用”科目。结转后，“筹资费用”科目应无余额。

（三）会计核算

（1）为获得捐赠资产而发生筹资费用的会计核算。民间非营利组织发生的为获得捐赠资产的筹资费用，应当在发生时按其发生额计入当期筹资费用。发生捐赠费用时，借记“筹资费用”科目，贷记“现金”“银行存款”等科目。

（2）借款费用的会计核算。民间非营利组织发生的借款费用，应当在发生时按其发生额计入当期筹资费用。发生借款费用时，借记“筹资费用”科目，贷记“预提费用”“银行存款”“长期借款”等科目。发生的应冲减筹资费用的利息收入，借记“银行存款”“长期借款”等科目，贷记“筹资费用”科目。

（3）汇兑损失的会计核算。民间非营利组织在筹资过程中发生汇兑损失时，应借记“筹资费用”科目，贷记“银行存款”“长期借款”等科目；发生的应冲减的汇兑收益，借记“银行存款”“长期借款”等科目，贷记“筹资费用”科目。

（4）筹资费用科目的结转。期末，应将“筹资费用”科目余额转入“非限定性净资产”。结转后，“筹资费用”科目无余额。

【例 6-1】中国扶贫基金会 2017 年 12 月发生经济业务如下：因获得捐赠资产发生费用 2 000 元，通过银行存款支付。通过银行存款支付借款费用 5 000 元。计提当月利息费用 1 200 元。期末，筹资费用科目借方余额为 10 000 元。根据以上信息，账务处理如下：

（1）因获得捐赠资产而产生费用：

借：筹资费用　　2 000

　贷：银行存款　　2 000

(2) 支付借款费用:

借:筹资费用 5 000

贷:银行存款 5 000

(3) 计提利息费用:

借:筹资费用 1 200

贷:预提费用 1 200

(4) 期末结转筹资费用:

借:非限定性净资产 10 000

贷:筹资费用 10 000

第三节 非营利组织的筹资问题与应对措施

非营利组织既不像政府部门有固定的税收和财政收入,也不像企业一样以营利为目的,可以在经营活动中获得营业利润,并以追求股东利益最大化来促使资金的主动流入,其需要主动寻找捐赠人。因此,有效的筹资方式能够提升非营利组织的筹资效率,缓解筹资难问题。

一、非营利组织筹资问题

大数据信息化时代为非营利组织的发展带来了前所未有的机遇,加快了非营利组织向专业化运营的转变。新的非营利组织不断涌现,我国非营利组织的筹资正迎来规范繁荣的时期。根据《慈善蓝皮书:中国慈善发展报告(2017)》的统计,截至 2016 年 12 月底,我国共有社会组织 69.9 万个,社会捐赠总量预期将达 1 346 亿元,较 2015 年的社会捐赠总量增长 10.7%。虽然非营利组织捐赠市场热情高涨,获得的捐赠总额每年都稳步上升,但除一些大型的基金会筹资能力相对较强外,大多数非营利组织的筹资情况并不是很乐观。一些“草根”非营利组织过度依赖政府,不积极增加经营收益和寻找筹资资源,自创收入比例过低,社会公信力较低,存在公众信任危机,导致捐赠者少,形成筹资难的恶性循环。

目前我国非营利组织筹资存在筹资机制先天不足、项目筹资能力不足以及公信力缺失等问题。

(一) 非营利组织筹资机制先天不足

1. 组织特征决定筹资机制的缺陷

非营利组织的运作模式是吸收资金提供者的资源,分配给受益者。资金提供者和受益者经常不是同一个群体。也就是说,非营利组织的资金筹集机制与其对资源的分配使用、社会责任的实现是两个相对独立的过程,分别遵循不同的机制。非营利组织资金提供者和受益者的分离,使其不能像企业一样为资金提供者创造利润以吸引资金,也不能像政府一样采用强制手段获得资金。因此,它的筹资有其固有的特点,也必然造成筹资困难。

2. 筹资机制面临合法性困境

不顺畅的非营利组织管理体制，使大量“草根”公益团体只能在夹缝中艰难生存。一方面，它们享受不到正规非营利组织所能享受到的税收优惠、政府补助等政策福利，导致组织内部十分脆弱；另一方面，它们由于身份不被认同被挤压在法律边缘的灰色地带难以发展，面临的外部环境十分恶劣。“草根”非营利组织筹资困难，其当务之急是得到法律的认同。合法性主要表现在公募资质和受捐资质两方面。然而，目前只有公募基金会、各类慈善会、红十字会拥有公募资格。根据《中华人民共和国公益事业捐赠法》，只有民政注册型非营利组织方可接受社会捐赠。

（二）非营利组织项目筹资能力不足

非营利组织项目筹资能力，是指当非营利组织为实现组织目标而开辟一个项目，在需要资金时，它可以直接从资金提供者那里获得资金的能力。目前我国许多非营利组织甚至未意识到主动筹资的重要性，消极地等待政府或公共部门支持或者慈善捐赠，使非营利组织陷入资金困境中。

对官办非营利组织来说，长期的行政化运作造成它们对政府依赖性极强，自主性和独立性弱，自身能力发展受限。对民间非营利组织来说，由于缺乏科学的管理机制和专业化的项目运作能力以及可利用的资源不足，其自身能力也有待提升。非营利组织筹资能力不足主要体现在筹资金额不足、筹资理念陈旧、筹资方式单一、筹资管理不规范、筹资过程的“孤岛效应”等方面。

（三）非营利组织公信力缺失

公信力是非营利组织筹资的基础，具体表现为对利益相关者的责任。中国非营利组织对其利益相关者尚未表现出足够的责任意识：一是常常背离非营利性的基本特征。现阶段，我国非营利组织的绩效管理与财务公开不够规范，财务混乱和暗箱操作所引发的贪污腐化、徇私舞弊等丑闻严重降低了非营利组织的公信力。二是过多参与政治，或者因政治需要而建立，被当成政治组织。中国有许多政府性质的非营利组织，其行政化、官僚化倾向明显，缺乏提高效率的竞争机制。三是信息披露不到位。我国非营利组织普遍存在严重的信息不透明问题，非营利组织与公众之间信息不对称，公众由不了解演变为不信任，进而导致了非营利组织的持续筹资能力不足。

二、非营利组织筹资问题成因

（一）相关法律法规不完善

目前，我国法律层面的相关机制还处于逐步完善的阶段，与非营利组织相关的行政法规无法适应当前非营利组织快速发展的需要。例如，根据《社会团体登记管理条例》的规定，社会团体必须满足以下条件：具备 50 个以上的个人会员或者 30 个以上的团体会员，同时必须具有固定的住所和专职工作人员，必须有 3 万元（地方性团体）或者 10 万元（全国性团体）以上的活动资金，社会团体必须取得法人资格。这样的规定，对于以自由、小众、松散为特征的非营利组织设置了一道难以跨越的门槛。又如《社会团体登记管理条例》和《民办非企业单位登记管理暂行条例》明确规定社会团体、民办非企业单位等非营利组织“不得从事营利性经营活动”，这严重制约了非营利组织的独立筹资与自我发展。

（二）劝募手段单一，过于依赖政府

成熟的非营利组织应使其筹资渠道多元化，用来抵御突如其来的风险。但实际情况恰恰相反，我国大多数非营利组织筹资理念陈旧，固守传统的融资方式，不面向市场和社会进行经营性和投资性融资，过于依赖某项单一的资金来源，即政府财政拨款和补贴或靠政府购买社会组织服务项目，这些资金几乎占其全部收入的50%。对于官办非营利组织，这种根深蒂固的行政化运作模式使其对政府产生了极强的依赖性。除了政府的财政补贴和拨款，非营利组织更多的是被动地依靠身边现成的资源，或找不到合适的资方，缺乏对资方捐助动机的了解和调研，缺乏筹资技巧，导致筹资绩效不佳。

（三）自创型经营收益少

非营利组织的自创收益主要有会费收入、经营收入等。一方面，非营利组织的非营利性与商业化筹资行为之间关系处理不当。许多人把非营利组织的非营利性与商业化的筹资行为对立起来，认为非营利性使其不能通过以营利为目的的商业经营活动来获取利润。但是随着公民生活意识、理念和企业社会责任感的提升，越来越多的个人和企业开始逐渐购买以及接受非营利组织的产品和服务，为提高非营利组织的收入发挥了重要作用。另一方面，由于非营利组织特殊的组织设定形式，其营利行为和营利范围受到多种制约。一些“草根”非营利组织由于缺少对大众消费者的需求分析、对市场的准确定位，缺少系统的规划，项目设计存在缺陷，导致其树立的品牌、生产的产品、提供的服务缺少吸引力，公众不能清晰地认识到购买此项产品或服务的积极意义，不能判断是否“物有所值”，导致非营利组织无法获得相应的收入。

（四）财务信息不透明，公信力缺失

非营利组织的公信力是指社会对非营利组织的认可与信任程度。社会认可是非营利组织得以存在的前提，得不到社会的认可，非营利组织就丧失了其合法存在的社会基础。非营利组织公信度不高的成因主要有以下两个方面：（1）非营利组织自身缺乏服务理念和使命感。由于组织内部的管理制度不健全，财务混乱、暗箱操作、贪污腐化、违反中央八项规定和“四风”问题等现象的存在，大大降低了非营利组织的公信力。从 2008 年汶川地震中 8 472 万元的善款被改变具体用途，到 2010 年红十字会将政府投资建成的救灾物资仓库出租、每年牟利 90 万元，再到 2011 年“郭美美”事件的爆发，以及 2016 年的“罗一笑”事件等，大大打击了公众对慈善捐赠的热情，严重影响了非营利组织的筹资效率。（2）非营利组织财务信息不透明。在大数据时代的背景下，社会整体的信息透明度逐渐提高，公民的权利意识不断增强，对非营利组织财务信息透明度的期望和要求变得越来越高。财务信息公开透明不仅对非营利组织自身治理有重要作用，而且对民间非营利组织捐赠收入的增加也有重要作用。

三、非营利组织筹资问题的应对措施

（一）建立与培育关系

1. 建立和个人的关系

建立非营利组织和个人的关系，是资金募集首要关心的问题。每一位捐赠者在捐赠前都会对所希望捐赠的民间非营利组织做一定了解，在信任的基础上，才能放心地给予；同样，捐赠者在捐赠后也都希望和所捐赠的民间非营利组织保持联系，确保自己的捐赠落到实处。

2. 建立和企业的关系

非营利组织还应当重视与企业建立和培养关系。企业可以给民间非营利组织提供财物与资金援助，还可以输送员工作为公益事业的志愿者。因此，非营利组织可以通过有效的公关宣传策略、财务公开措施和褒奖回馈活动，建立与企业之间互信互益的良好关系，发展与企业之间的合作伙伴关系。

3. 建立和政府的关系

政府可以给非营利组织提供资源与经费，更重要的是对非营利组织的认同与支持，这种认同与支持可以使非营利组织在获得社会广泛认同的基础上募集到更多的事业发展资金，激发其自身的潜能和活力，促进非营利组织全方面、多方位的发展，扩展对社会的服务范围功能，加强其自身对风险的抵抗和免疫力。但同时，政府也应加大对资金流向的实时跟踪监督，逐步减少政府向民间非营利组织直接提供的资金支持，同时合理增加以项目为导向的经费支持，防止资金权力的滥用，保持民间非营利组织自身的独立性。

（二）确定资金募集战略

非营利组织的资金募集战略伴随着非营利组织的发展，大致经历了产品导向阶段、推销导向阶段和顾客导向阶段这三个阶段。资金募集战略的产品导向，只在乎把自己的产品做好，很少考虑到顾客，大部分资金由非营利组织的高级管理人员利用他们的关系网募得。资金募集战略的推销导向，强调社会上有很多潜在的捐赠人，民间非营利组织必须走出去，说服他们掏钱。资金募集战略的顾客导向，不再把潜在捐赠人当作它的目标，而是当成潜在的合作伙伴。这时，非营利组织应主动分析自己在市场上的位置，关注那些接受组织宗旨的人们，设计使潜在捐赠人满意的活动计划，甚至和潜在捐赠人一起合作设计活动项目，同时也通过资金募集活动培养新的潜在捐赠人。

非营利组织必须根据自身的具体情况，确定资金募集战略。在此基础上，创新资金募集方式。例如，利用互联网劝募、私人请求、“一对一”捐助、计划捐赠、项目募款、专门活动募款、协同筹资等方式，也可以借助广为人知的义卖义演、广告劝募、传媒报道劝募、电话劝募、电视劝募、上街劝募、开会劝募、邮件劝募等方式。此外，各种资金募集方式各有特点与适应性，非营利组织应当根据自身的情况灵活选择适当的募集方式，并综合运用多种募集方式募集资金。

（三）提升品牌影响力，提高自创收益

非营利组织收入可以来源于公共部门的支持、接受民间的捐赠，以及自创收入，且自创收入是其主要来源。然而，在我国非营利组织的收入来源中，自创收入的比重还相当低。扩大自创收入，是我国非营利组织持续健康发展的必然要求。

非营利组织自创收入的主要形式是业务收入，即非营利组织为实现其社会使命开展非营利业务活动所取得的收入。在当前社会经济条件下，非营利组织要获得发展，应当根据自身的专业特点，按照市场经济发展的客观要求，利用现有的人力、物力与财力资源，努力发挥自身优势，挖掘潜力，拓宽服务范围，积极创造业务收入，扩大收入来源。应当注意的是，开展非营利业务活动获取收入，必须严格执行国家有关法律法规规定的收费政策与管理制度，把社会效益放在首位，而不能按照市场经济背景下的价值规律来收费。

非营利组织的自创收入还包括经营收入。经营收入是指非营利组织在实现社会使命的非营利性业务活动之外开展营利性经营活动而取得的收入。为了保障非营利组织的持续健康发展，应当鼓励非营利组织从事活跃的经济活动来筹款支持其非营利活动。

品牌是一个组织或产品/服务的象征，是能让公众记住产品或服务相关信息并区别于竞争者的符号。公众对于产品或服务的追求不再仅仅是其价格或质量，而是产品和服务所带来的特殊的体验和感受。因此，非营利组织可以通过以下方式提升品牌影响力：（1）设计个性鲜明、辨识度高且具有感召力、可以引发公众共鸣的产品或服务；（2）打造优质的品牌，使公众有更强烈的意愿参与到组织的活动中，入会并购买相应的产品或服务；（3）针对不同需求的客户定制不同的方案，维持客户的稳定性，以此增加民间非营利组织自创收入的可持续性。

（四）提高非营利组织公信力

具有诚信形象和良好社会声誉的非营利组织才能够得到受益人、资助者及合作伙伴和公众的认可，提高组织的公信力，募集到更多的资金。非营利组织要提高其社会公信力，首先，要建立健全组织管理机构。管理机构的缺陷通常会导致组织的低效率和腐败，从而影响公信力和组织形象。其次，要确保组织运行的公开透明化。为了提升社会公众的信任度及公益形象，非营利组织需要建立有效的公开透明机制，定期公布财务状况和资金使用去向，以及资金使用成效，增强人们的信任度，提高社会的捐赠意愿。最后，非营利组织还需要制定科学的公共关系策略，善于和媒体合作。通过媒体的报道吸引更多的资金和志愿者加盟。媒体报道也是公众监督的一种形式，有助于提升非营利组织的透明度与公信力。

阅读拓展 6-2

提升财务透明度、重塑社会公信力——论非营利组织的生存发展之道

公信力是非营利组织的灵魂和根基。“郭美美”“卢美美”等多起网络事件，把

以中国红十字会为代表的非营利组织推向了风口浪尖，造成了一场系统性的社会公信力危机。危机既是深刻的教训，也是改革的契机，最重要的是要抓住危机的根源，切实加强非营利组织的财务信息披露，提升非营利组织的财务透明度，重塑社会公众对非营利组织的信心。

一、危机根源——机制缺失是根本

不信任源于不透明，最主要的是财务信息不透明。非营利组织财务信息不透明集中表现为财务信息披露不主动、不完整、不真实、不及时，其根源在于相关机制的缺失。

一是无产权约束机制，导致披露缺乏全面性。这是非营利组织的先天缺陷，也是国内外非营利组织都要面对的共同难题。非营利组织收入主要来源于社会捐赠和政府拨款，具有无偿性特点，资金所有者自动放弃了对资金运营的管理权和剩余索取权，非营利组织更多的是受托责任，没有直接的产权约束。这就导致非营利组织在披露与不披露的成本收益权衡中，天平自然偏向了不披露。即使是披露，也是选择性披露，大部分信息简单，没有全面反映资金的收入、支出、管理状况。同时，披露渠道狭窄，缺乏公共性，主要是组织自身发布，没有统一、权威的信息发布平台。

二是无法律强制机制，导致披露缺乏系统性。由于非营利组织的先天产权缺陷，是否为满足社会知情权而公布财务信息，成了非营利组织的权利，而非义务和责任。因此，用法律进行约束，通过行政干预强制披露是必要的。但目前，我国尚没有相关的法律法规要求，同时，很多非营利组织具有半官方、半行政的性质，管理人员的收入相对固定，与是否披露信息毫不相关，缺乏主动披露的动力。这就导致目前我国部分非营利组织披露信息，大部分组织不披露；部分项目披露，大部分项目不披露。同时，披露缺乏及时性，很少在第一时间主动公布项目进展情况、资金使用情况，往往是有外部的督促才公布，有些甚至是跨越几年才公布。

三是无立体监督机制，导致披露缺乏可信性。由于非营利组织财务信息的使用者主要是社会大众，没有单一的直接受益主体，加上非营利组织介于政府与市场之间的地位，使得任何一方对其进行监管都有难度，其监管长期处于真空地带。这就导致大部分披露的报表既缺乏政府审计，也缺乏专业中介机构的审计，信息的真实性和可信度存在疑问。

二、危机反思——加强财务信息披露是关键

“郭美美”事件是短时的，但公益慈善事业是长期的。为此，加强财务信息披露，把非营利组织放在“玻璃瓶”中，晒在阳光下，树立自身形象，重塑社会信心，既是当务之急，也是长远之道。

一是要建立强制披露制度。2004 年，财政部发布了《民间非营利组织会计制度》，在一定程度上增强了非营利组织财务信息的透明度，但执行的范围较为狭窄，不包括为数众多的没有法人资格的民间非营利组织。同时，很多非营利组织限于会计基础薄弱、对会计工作不重视等原因，并没有完全落实制度，因此执行效果不佳。为此，要通过法律法规等形式，参照对公司、企业的要求，强制非营利组织定期披露各类财务信息，并对不执行规定的组织采取惩罚性措施，促使非营利组织自觉、主动公开财务信息。

二是统一财务信息披露标准。统一标准要着重解决财务信息可读、可比两大问题，重点要统一时间和内容标准。统一时间，就是要规定非营利组织披露财务信息的时间，确保各类信息能及时发布、持续发布；对于跨年度的项目，也要根据情况约定发布时间。关于统一内容，《民间非营利组织会计制度》事实上作了规定，即至少应当包括资产负债表、业务活动表、现金流量表。但非营利组织毕竟不同于企业，没有复杂的经济活动，也不具备企业的会计力量，而且公众关心的重点并不在于资产、负债、折旧等内容，而在管理人员报酬、支出的具体内容、项目的运营状况等上。因此，其规定还应进一步细化、简化，做到让非营利组织有能力以最低成本披露最重要、最有用的信息。

三是建立统一的财务信息网络发布平台。当前，非营利组织发布财务信息包括书面、网络两种形式，以书面为主，主要是其符合人们获取信息的传统习惯。但随着信息网络技术的进步，网络披露是主流趋势，这是因为网络披露具有时效性强、容量大、成本低的特点，既可以满足所有社会公众的需求，又可以解决财务报告成本瓶颈制约。目前，部分规模较大的非营利组织在逐步建立网络发布平台。比如，中国红十字会上线了“捐赠信息发布平台”，但由于权威性等种种原因受到了广泛批评。鉴于网络信息平台一次性投入大、维护成本高，不是所有非营利组织都可以实现。因此，建议比照上市公司发布财务信息模式，由政府部门牵头建立类似于上交所、深交所一样具有官方背景的网络信息发布平台，统一发布各类登记在册的非营利组织财务信息报告，既方便社会公众查阅，也节约成本。

四是加强全面监督。监管是确保信息可靠、透明的有效措施。监管要立体化，要强化政府监管，非营利组织的主管部门，会计、审计监管部门要经常性地开展对非营利组织的检查，监督和规范非营利组织的行为。要加强媒体监督，“郭美美”事件已经充分说明媒体监督的力量，在美国、新加坡等国家非营利组织财务信息披露制度建立过程中，媒体监督都起到了“导火索”和“推进器”的作用，比如，1992 年美国联合慈善基金会阿尔莫尼丑闻就推动了美国政府监管制度的出台。要加强第三方评估，引入社会中介专业力量，强化对非营利组织财务信息审计，可规定非营利组织财务报告都要经过第三方审计方可发布。要建立非营利组织评级制度，按照非营利组织的管理等情况，综合评定级别，定期发布评级报告，督促非营利组织不断加强自身管理。

资料来源　欧阳璐. 提升财务透明度　重塑社会公信力——论非营利组织的生存发展之道[N]. 中国财经报，2011-11-12.

复习思考题

1. 民间非营利组织筹资的含义是什么？进行筹资管理的目的是什么？

2. 影响民间非营利组织筹资的因素有哪些？
3. 民间非营利组织筹资渠道和方式主要有哪些？
4. 民间非营利组织筹资管理的原则有哪些？
5. 简述民间非营利组织筹资管理制度以及筹资能力的评价体系。
6. 简述民间非营利组织的筹资过程。
7. 我国非营利组织筹资存在的主要问题及其成因是什么？如何解决？
8. 中华慈善总会 2017 年发生如下业务：
（1）以银行存款支付募款活动费用 800 元；
（2）发生应当计入筹资费用的长期借款费用 1 100 元；
（3）年终结账时“筹资费用”账户的借方余额为 2 100 元。
根据以上信息，编制相关的会计分录。

第七章　非营利组织的投资管理

学习目标：通过本章学习，能够全面了解非营利组织投资管理的相关概念；熟悉非营利组织投资管理的结构及程序；全方位掌握非营利组织投资管理的原则；精通非营利组织投资管理制度及其相关会计核算。

第一节　非营利组织投资管理概述

非营利组织的投资活动可以持续更新与促进资金的流转，进而使得组织稳定和实现可持续发展。然而投资并不是一项简单的经济活动，需要采用不同的方法进行风险分析，同时考虑风险、收益等方面的问题。因此，为使非营利组织的投资资金使用效率最大化，非营利组织需要进行投资管理，实现风险和收益的最优均衡。

一、投资管理的含义及目的

（一）投资管理的含义

投资是指非营利组织为通过分配来增加财富或为谋求其他利益，而将某种有价值的资产，包括资金、人力、知识产权等让渡给其他单位使用并获得另一项资产的经济行为。所谓投资管理，就是指非营利组织如何应用营运资金、固定资产及年度节余去投资，使资产增值的一项管理活动，具体而言，投资管理是指投资者对投资方向、投资金额以及投资时间分布进行决策的过程。

对于非营利组织而言，其投资主要是证券投资，即以货币购买企业发行的股票和公司债券，间接参与企业的利润分配。

（二）投资管理的要素

价格预测、时机选择和资金管理被称为非营利组织投资管理的三要素。

价格预测是指投资者对投资走向进行预测，据以判断某项投资是否可行，包括预测各种债券的价值、收益率以及预测转让固定资产使用权可获得的收益等。

时机选择就是确定具体的入市和出市时点。若时机把握准确，投资将很可能获利，否则即使正确地判断出投向，也会使组织获利减少或发生亏损。

资金管理是指如何对资金进行配置的问题，其中包括投资组合的设计、多元化安排、在不同的投资工具之间分配资金以及收益与风险之间的权衡。

（三）投资管理的目的

投资的目的是增加非营利组织未来现金流量的长期资产，获得与风险相匹配的报酬。投资管理作为一项与之密切相关的管理活动，其目的是通过对资金的配置、调度和运用进行管理，从而使投资资金达到使用效率最大化。

二、投资的分类

按照不同的分类标准，投资可以分为不同类别。

（一）按投资回收期限分类

按投资回收期限的长短划分，投资可分为短期投资和长期投资。短期投资是指非营利组织持有的能够随时变现并且持有时间不准备超过 1 年（含 1 年）的投资，包括股票、债券投资等。短期投资具有容易变现、风险低、收益低的特点。长期投资是指不满足短期投资条件的投资，即非营利组织持有的超过 1 年以上的投资。长期投资一般不易变现，流动性较弱，风险相对短期投资要高，但收益也较高。

（二）按是否具有经营管理权分类

按照非营利组织是否具有对被投资主体的经营管理权划分，投资可分为直接投资和间接投资两类。直接投资包括非营利组织内部直接投资和对外直接投资，前者形成非营利组织内部直接用于运作的各项资产，后者形成非营利组织持有的各种股权性资产；间接投资是指通过购买被投资对象发行的金融工具而将资金间接转移交付给被投资对象使用的投资，如企业购买特定投资对象发行的股票、债券、基金等。

（三）按投资的性质分类

按投资的性质划分，投资可分为债权性投资、权益性投资和混合性投资。债权性投资是指定期获得固定数额的利息，并在债权期满时收回本金的投资，非营利组织可通过购买债务证券获得债权性投资；权益性投资是指为获取其他企业的权益或净资产所进行的投资，如对其他企业的普通股股票投资；混合性投资是指同时兼有债务性和权益性的投资，非营利组织可通过购买可转换债券等混合性债券获得混合型投资。

（四）按投资的目标分类

按投资的目标划分，投资可分为经营性投资和政策性投资。经营性投资又称营利性投资，西方国家也称为商业投资，是指为了获取利益而进行的投资；政策性投资又称非营利性投资，是指用于保证社会发展和群众生活需要而不能或不允许带来利益的投资。政策性投资虽然不能带来经济利益，却能带来社会效益，是社会经济发展及人民生活水平不断提高必不可少的物质基础。

三、投资管理的原则

非营利组织投资管理的原则主要包括：安全性原则、收益性原则、流动性原则、分散性原则与审慎性原则等。

（一）安全性原则

安全性指投资本金不遭受损失的可能性，这是非营利组织投资的最基本原则。安全性原则是由非营利组织的志愿公益性或互益性决定的。

非营利组织是以捐赠为基础形成的公益财产的总和，也就是说，使用的是社会公共资源，提供的是社会公共物品。所以，非营利组织的亏损不仅会影响受益人的权益以及计划参与人的积极性，而且还会影响整个社会的福利水平。超过委托人和受托人风险承受能力的投资，都是不适合、不审慎的投资。在非营利组织的投资制度上，信托型投资制度，引入独立的托管人制度，建立委托人、受托人、账户管理人、托管人、投资管理人之间的相互制衡关系，都是为了保障非营利组织投资的安全性。非营利组织不能承担过高的风险。在非营利组织投资时，监管部门需要采取严格的监管和管理措施，保证其投资的安全性。在具体的投资管理过程中，投资管理人可以通过分散化投资和多样化投资，构建风险收益特征适当的投资组合，有效地降低投资亏损的风险，保障非营利组织投资的安全性。

（二）收益性原则

收益性指非营利组织投资获得收益的可能性。在收益性原则方面，非营利组织的投资目标是实现资产的保值增值，没有一定的投资收益，就无法实现非营利组织的投资目标。如果非营利组织的投资管理人不能实现一定的收益，受益人的权益、社会公益服务的效力以及捐款人等参与人的积极性则没有了保障。

非营利组织通过专业的投资管理机构进行投资理财，投资工具扩张到货币市场、债券市场、基金市场、股票市场，尤其是通过投资一定比例的高收益产品，如公司债、股票、共同基金等金融工具，进而实现收益性目标。追求适当的、合理的收益目标，是非营利组织投资管理的一项根本原则。非营利组织通过投资获取适当的、合理的收益，是其投资管理制度优越性的体现。适当的投资收益，可以降低非营利组织的负担以及更好地为社会提供公益服务。非营利组织的投资制度是一项长期制度，资金的积累和运作都呈现出长期特征，而非营利组织短期均衡适当的投资收益，从中长期来看，将对其资金积累发挥巨大的作用。

（三）流动性原则

流动性是指投资的资产在不遭受损失的情况下的变现能力。非营利组织的投资要保持一定的流动性，原因之一在于需要满足其投资计划中权益支付、账户转移等情况对现金的需要。另外，也因为非营利组织投资管理人为了优化投资组合，灵活调整投资组合的资产配置。

非营利组织投资的流动性受其各项支出及外部环境的影响，如教育、扶贫、科技、文化等。由于以上支出都会导致投资的现金频繁流入、流出，所以非营利组织投资流动性的管理是一个动态的过程。一般而言，如果非营利组织的支出数额比较大、面临的外部环境不稳定，那么投资所需要的流动性就较高，反之则较低。对于积极管理风格的投资计划来说，非营利组织的投资类别和工具的变换比较频繁，因此需要匹配较高的流动性。例如，通过把一定比例的资金投资于流动性较强的金融工具，如活期存款、短期国债、货币市场基金，可以保障非营利组织投资流动性的要求。另外，避免集中投资，也是保障非营利组织资金流动性的一个方法。非营利组织在投资运作的过程中，必须结合其未来的收入、支出情况及其他具体因素，确定适合非营利组织投资计划的流动性水平，动态调整投资策略，满足投资资产和负债在数额和现金流上的匹配。

（四）分散性原则

分散性原则是安全性原则、流动性原则衍生出来的一项重要的非营利组织投资原则。非营利组织的投资应保持充分的分散化水平以降低可能出现的大额亏损及资产价值波动的风险，进而保障其资产的安全性和流动性。

按照投资组合理论，分散化投资可以有效降低非营利组织投资的非系统风险。投资过于集中在某类或单个投资工具，将对非营利组织的资产造成很大的风险：一方面，当该类投资工具出现价格下跌时，非营利组织的账面价值受到的损害程度较大，其资金的安全性也就不能得到保证；另一方面，由于投资过于集中，在执行卖出指令时可能无法按预定价格抛出，造成一定的流动性冲击成本。此外，投资过于集中，投资对象的风险将转化为投资者的风险，衍生出关联风险。非营利组织投资管理的法规以及投资管理策略都对其投资类别和单个证券投资的比率有严格的限制，非营利组织投资管理人在投资管理过程中必须严格遵循相关规定，保证投资的充分分散化。投资理论和实践都证明，只有采用多元化、分散化的投资原则，才能分散风险并降低投资的风险水平，从而获取较高的、合理的投资收益。

（五）审慎性原则

审慎性原则即谨慎尽职原则。非营利组织的审慎性要求投资管理人必须谨慎尽职。而非营利组织投资的长期性、信托制度下的委托-代理风险、受托人与投资管理人的信息不对称等，都容易产生道德风险。投资管理人必须具备非营利组织投资管理所需的专业技能，在投资活动中要具备熟练的专业技能，并且在投资行为和过程中保持谨慎和勤勉。谨慎措施包括投资配置限制、维持资产质量要求、流动资金比例、市场风险控制、风险准备金、管理控制以及信息披露和报告要求等。

非营利组织的投资管理人在投资管理活动中必须做到：就非营利组织投资的内部和外部条件，投资策略的制定和战略资产配置、战术资产配置及对整个投资组合的影响进行全面的分析研究和监控，动态平衡投资的风险和收益，采取分散化投资，充分考虑非营利组织的现金流量需求等。非营利组织的投资管理既要符合其投资管理的政策法规，又要符合投资管理合同和投资策略的要求，还要在刚性约束之外，符合非营利组织投资受托人和受益人的风险收益特征。

第二节 非营利组织投资管理的结构与程序

一、投资管理的结构

非营利组织和企业组织有着相似的投资结构，只是基于投资目标的分歧而有所不同。企业追求的是利益的最大化，而非营利组织的工作宗旨是服务于社会，提高和改善公众福利。与企业相对应，非营利组织在投资时也可以分为两个方面。①

（一）商业化经营

非营利组织在实现社会使命的业务活动之外，开展商业性的经营活动取得的收入，可以成为其重要的资金来源。商业性的项目不一定非要有丰厚利润才值得去做，有些项目虽然利润不高，但可以减少对捐款的需求，提供更可靠和多元化的资金来源，从而改善组织的效率和效益。面对成本增加，捐赠和资助减少，以及越来越多的营利组织逐渐进入社会服务领域等严峻形势，非营利组织行为的商业化逐渐成为一种必然的趋势。

（二）资本市场投资

非营利组织不同于企业，它的最终目标不是利润最大化，而是完成某一特定的社会使命，但是资金对非营利组织来说仍然是不可或缺的。因此，非营利组织要实现资金的保值和增值，并且是在保值的基础上实现增值。非营利组织投资管理的基本原则要求非营利组织在投资时首先要考虑那些风险较低的投资组合，例如，可以选择投资收入比较稳定且流动性好的政府债券或者大型企业债券组合。

无论是商业化经营，还是资本市场投资都是带有营利性质的投资，这并不是非营利组织的根本目标，公益性使命才是非营利组织存在的意义。因此，非营利组织的决策者一定要时刻以组织的社会使命为根本出发点，即投资活动也是为了更好地完成其社会使命。

二、投资管理的程序

非营利组织的投资管理一般分五个步骤进行，如图 7-1 所示。

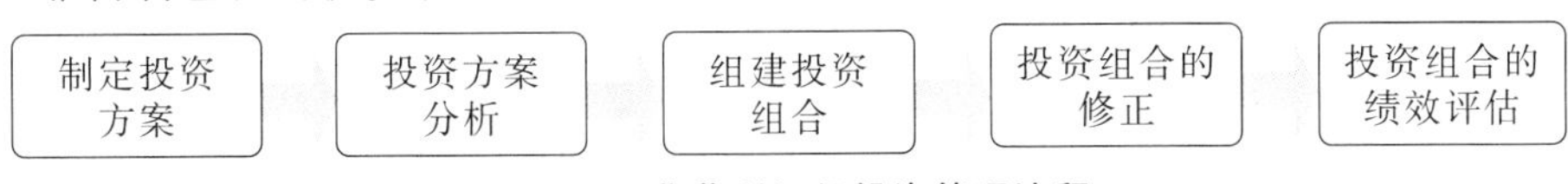

图 7-1 非营利组织投资管理流程

（一）投资方案分析

投资方案的分析方法可分为静态投资评价方法和动态投资评价方法。静态投资评价方法主要包括投资回收期法和会计收益率法；动态投资评价方法主要包括净现值法、内部收益率法和盈利指数法。

① 黄兰敏. 非营利组织的“盈利”投资管理［J］. 财会信报，2008（8）.

1. 静态投资评价方法

（1）投资回收期法。

投资回收期是指回收初始投资所需要的时间，投资项目经营净现金流量抵偿原始总投资所需要的全部时间。回收年限越短，项目越有利。一般以年为单位，主要用于多项目之间的筛选和初评。投资回收期可按式（7-1）计算：

$$投资回收期 = \frac{原始投资额}{每年现金净流入量} \tag{7-1}$$

在运用投资回收期法进行投资项目的分析时，其判定原则是：项目回收期小于预期回收期，项目可行；否则不可行。如果存在若干项目，则选择回收期最小的投资项目。

投资回收期法的优点主要有以下三点：①方法比较简单，实用性强，决策成本较低，容易为决策人所正确理解。②它可作为衡量备选方案风险程度的指标。投资项目的回收期越短，风险越小。③它可以衡量方案的投资回收速度。

投资回收期法的缺点主要有以下三点：①忽视了时间价值，把不同时间的货币收支看成是等效的。②没有考虑回收期以后的现金流，即没有衡量盈利性。③促使组织接受短期项目，放弃有战略意义的长期项目。一般来说，回收期越短的项目风险越低，回收期越长的项目风险越高。短期项目给组织提供了较大的灵活性，快速回收的资金可以用于别的项目。因此，投资回收期法可以粗略地衡量项目的流动性和风险。然而事实上，有战略意义的长期投资往往早期收益较低，而中后期收益较高。投资回收期法优先考虑急功近利的项目，可能导致放弃长期成功的项目。

为了弥补投资回收期法未考虑货币时间价值这一缺陷，人们提出了折现回收期法。这一方法是将未来各期现金流量用该项目的折现率进行折现，求得累积净现值与初始投资现值相等时所需的时间。但这一方法仍未考虑投资项目回收以后各期现金流量的影响。

（2）会计收益率法。

会计收益率法，也称为平均报酬率法，是用投资项目寿命周期内年平均报酬率来评估投资项目的一种方法。其计算公式如式（7-2）：

$$会计收益率 = \frac{年平均净利润}{年平均投资总额} \times 100\% \tag{7-2}$$

年平均净利润可按项目投产后各年净利润总和简单平均计算；年平均投资总额是指固定资产投资账面价值的算术平均数。

在采用会计收益率这一指标时，需事先确定一个企业要求达到的会计收益率，或称必要报酬率。在进行决策时，只有高于必要报酬率的投资方案才是可行的。在有多个方案的互斥投资方案选择中，应选用会计收益率最高的方案。

会计收益率法的优点在于：①它是一种衡量盈利性的简单方法，使用的概念易于理解；②使用财务报告的数据易于取得；③考虑了整个项目寿命期的全部利润；

④该方法揭示了采纳一个项目后财务报表将如何变化，使经理人能够较好地对预期业绩进行估计，也便于项目后期的评价。

但是，会计收益率法也存在一些缺陷，主要表现为：①没有考虑货币的时间价值和投资的风险价值，第一年的会计收益与最后一年的会计收益被看成具有同等的价值；②会计收益率是按投资项目账面价值计算的，当投资项目存在机会成本时，其判断结果与净现值等标准差异较大，甚至会得出相反的结论，影响投资决策的正确性。因此，会计收益率只能作为一种辅助方法衡量投资项目的优劣。

2. 动态投资评价方法

（1）净现值法。

净现值（Net Present Value，NPV）是指特定项目未来现金流入现值与未来现金流出现值之间的差额，是反映投资项目在建设和生产服务年限内获利能力的指标。一个项目的净现值是指在整个建设和生产服务年限内各年现金净流量按一定的折现率计算的现值之和，它是评价项目是否可行的最重要的指标。按照这种方法，所有未来现金流入和流出都要用资本成本折算现值，然后用流入的现值减流出的现值计算得出净现值。计算净现值的公式如式（7-3）：

$$NPV = \sum_{k=0}^{n} \frac{I_k}{(1+i)^k} - \sum_{k=0}^{n} \frac{O_k}{(1+i)^k} \tag{7-3}$$

式中：n 表示项目期限；I_k 表示第 k 年的现金流入量；O_k 表示第 k 年的现金流出量；i 表示资本成本。

净现值法所依据的原理是：假设原始投资是按资本成本借入的，当净现值为正数时偿还本息后该项目仍有剩余的收益；当净现值为零时偿还本息后一无所获；当净现值为负数时该项目的收益不足以偿还本息。所以，在运用净现值法进行投资方案选择时的决策规则是：NPV > 0 时，投资项目可行；否则，投资项目不可行。对于多种投资方案的筛选，应选择 NPV 最大的投资项目，或是按净现值大小进行项目排序并对净现值大的项目优先考虑。

采用净现值法进行项目评价具有以下三个特点：①净现值具有可加性。对于两个或两个以上的项目，既可以合并在一起评价，也可以分别评价，所得到的结果是一致的。②净现值法假定一个项目所产生的中间现金流量（即发生在项目初始和终止之间的现金流量）能够以最低可接受的收益率（通常指资本成本）进行再投资。③净现值计算考虑了预期期限结构和利率的变化。事实上，净现值可以用随时间变化的折现率进行计算。

净现值法考虑了项目周期各年现金流量的现时价值，反映了投资项目的收益，在理论上较为完善。但是，采用净现值法进行投资决策隐含的假设是：以当前预测的现金流量和资本成本进行项目投资与否的决策，是一种当期的决策，而与决策后可能出现的新信息无关，从而忽略了随时间流逝和更多信息的获得导致投资项目发生变化的各种因素，否认了决策的灵活性。

（2）内部收益率法。

内部收益率法，也称为内含报酬率法，是通过计算使项目的净现值等于零的贴现率来评估投资项目的一种方法，这个贴现率即是该投资方案本身的报酬率，通常用 IRR 表示。内部收益率既是项目投资实际期望达到的内部报酬率，也是投资项目的净现值等于零时的折现率。内部收益率满足下面的公式（7-4）：

$$NPV=\sum_{k=0}^{n}\frac{I_k}{(1+IRR)^k}-\sum_{k=0}^{n}\frac{O_k}{(1+IRR)^k}=0 \tag{7-4}$$

运用内部收益率法进行投资方案分析时的计算步骤如下：第一步，建立净现值等于零的关系式；第二步，采用试错法和插值法，计算内部收益率。

采用内部收益率法进行投资方案分析时，具体的判定原则是：当内部收益率大于资本成本时，该投资方案可行；否则方案不可行。内部收益率越大，投资方案就越好。在互斥项目决策时，选择内部收益率最高的项目。需要注意的是，投资项目的内部收益率与资本成本是不同的，内部收益率是根据项目本身的现金流量计算的，反映项目投资的预期收益率；而资本成本是投资者进行项目投资要求的最低收益率。

运用内部收益率法进行投资方案分析时，其优点在于计算非常准确，能够了解投资项目自身的报酬率，有利于准确地做出投资决策。但是内部收益率法也存在一些缺点，具体表现在以下三个方面：①IRR 假设再投资利率等于项目本身的 IRR。由于各项目的 IRR 不同，各项目的再投资利率也不同，这不仅影响评价标准的客观性，也不利于各项目间的比较。②项目可能存在多个内部收益率或无收益率。采用 IRR 进行项目评价时，如果一个投资项目的现金流量是交错型的，则投资项目可能会有几个 IRR，在这种情况下，很难选择哪一个用于评价最合适。而与多个内部收益率不同，也可能会出现没有任何折现率能满足 NPV=0，即 IRR 无解，在这种情况下，无法找到评价投资项目的标准。③互斥项目排序矛盾。在互斥项目的比较分析中，如果两个项目的投资规模不同，或两个项目的现金流量时间分布不同，采用净现值法和内部收益率法进行项目排序，有时会得出相反的结论。此外，如果两个投资项目投资额相同，但现金流量时间分布不同，也会引起两种标准在互斥项目选择上的不一致性。当采用净现值法和内部收益率法出现排序矛盾时，究竟以哪种方法作为投资项目的评价标准，取决于公司是否存在资本约束。如果公司有能力获得足够的资本进行项目投资，净现值法提供了正确的答案，如果公司存在资本限额，内部收益率法则是一种较好的标准。

（3）盈利指数法。

盈利指数法，又称获利指数法或现值指数法，是指用项目未来现金流量总现值与初始投资额现值之比来衡量投资项目经济效益的一种方法，通常用 PI 表示。其计算公式如式（7-5）：

$$PI=\frac{\text{经营期各年现金流量的现值合计}}{\text{原始投资额的现值合计}} \tag{7-5}$$

盈利指数法的判定原则为：投资项目的获利指数应大于或等于 1。若投资项目的获利指数大于或等于1，投资项目可行；否则不可行。获利指数越大，投资方案越好。当受到资本约束，只能选择一个项目时，选择PI最大的项目。由于NPV和PI使用相同的信息评价投资项目，所以得出的结论往往一致。但在投资规模不同的互斥项目的选择中，则有可能得出不同的结论。在这种情况下，项目选择的标准取决于公司是否存在资本约束，如果公司有能力获得足够的资本进行项目投资，净现值法提供了正确的答案；如果公司存在资本限额，盈利指数法则是一种较好的标准。

（二）投资组合的绩效评估

非营利组织的投资绩效评估是对其投资管理的成本与收益、风险与收益、绩效来源的评估。非营利组织投资绩效评估和反馈作为投资管理的重要环节，其作用是无可替代的。投资绩效的评估及反馈的重要作用不仅在于评价，而且在于向非营利组织投资管理过程提出改进意见，有助于投资运作水平得到不断改善和提高，使非营利组织更好地实现资产保值与增值。通过绩效评估，可以发现投资战略资产配置的成功与失败的原因，探索如何在下一阶段的投资过程中发现投资机会，防范投资风险。

非营利组织投资绩效评估的核心要素是收益和风险，投资绩效评估以绩效评估和风险评估为基础，对投资组合的收益进行风险调整，通过基准比较和分类比较，形成对投资决策委员会及基金经理的绩效与能力判断，并使用绩效归因模型分析投资组合超额收益的来源，对投资管理人和基金经理的行为做出专业、公正的评价与建议。尽管绩效评价不能预测未来，但能改善发起人的决策，让人明白监督正在进行，也确实刺激各方就投资绩效可能不足这一问题进行交流。通过对历史业绩的评价和未来投资决策的制定，它的确开拓了一条在未来实现更好业绩的途径。

投资收益是在承担相应风险的基础上取得的成果，单纯以投资收益不能客观地度量非营利组织的投资绩效。投资收益率高的非营利组织可能是由于所承担的风险较高，并不表明其投资管理人在投资上有较高的投资技巧。而投资绩效表现差的投资组合可能是风险较小的投资组合，并不必然表明非营利组织投资管理机构的投资能力水平低。若要用经济上敏感、管理上有用的方法来度量投资绩效，那么就必须将预期收益和预期风险联系起来，而比较标准则应采用常见的资产管理工具所取得的收益作为基准水平。非营利组织投资风险调整的绩效评估方法就是通过对收益加以风险调整，得出同时对收益与风险加以分析的综合指标，从而可以客观、公正、可比地对非营利组织投资组合的业绩进行评估。投资组合的三个经典风险调整绩效评估方法——特雷诺指数、夏普指数、詹森指数和其他新的绩效评估方法（如信息比率、M测度），可以运用于非营利组织投资的风险调整绩效评估。

对三个经典风险调整绩效评估方法和其他新的绩效评估方法，必须综合考虑综合运用。夏普指数与特雷诺指数是一种比率评估指标，给出的是单位风险的超额收益率。詹森指数给出的是差异收益率。比率评估指标与差异评估指标在对非营利组织投资绩效的排序上有可能得出不同的结论。夏普指数与特雷诺指数尽管评估的都是单位风险的收益率，但二者对风险的计量不同。夏普指数和特雷诺指数在对投资绩效的排序结论上有可能不一致。特雷诺指数与詹森指数只对绩效的深度加以考虑，而夏普指数则同时考虑了绩效的深度和广度。詹森指数要求用样本期内所有变量的样本数据进行回归计算。三个经典的风险调整绩效评估方法存在 CAPM 模型的有效性、SML 误定引致评估误差、投资组合风险并非固定不变和以单一市场组合为基准的评估指标使绩效评估有失偏颇等问题。下面主要对特雷诺指数、夏普指数和詹森指数加以阐述。

1. 特雷诺指数

特雷诺指数是指投资组合系统风险的超额收益率，由特雷诺在 1965 年提出。特雷诺指数公式如式（7-6）：

$$T_P = \frac{R_P - R_f}{\beta_P} \tag{7-6}$$

式中：T_P 表示投资组合 P 的特雷诺指数；R_P 表示考察期内投资组合 P 的平均回报率；R_f 表示考察期内平均无风险收益率；β_P 表示投资组合 P 的系统风险。

在收益率与系统风险所构成的坐标系中，特雷诺指数是无风险收益率与投资组合连线的斜率。根据特雷诺指数对基金的绩效加以排序，特雷诺指数越大，基金的绩效表现越好。那些位于 SML 线之上的投资组合的特雷诺指数大于 SML 线的斜率，表现要优于市场组合。当一项资产只是资产组合中的一部分时，特雷诺指数可以作为评估绩效表现的恰当指标应用，原因是特雷诺指数用超额收益对比的是系统风险而不是全部风险。特雷诺指数不能评估基金经理的风险分散程度，因此当投资组合分散程度提高时，特雷诺指数可能并不会变大。

2. 夏普指数

夏普指数是指超额收益与标准差的对比，即投资组合标准差的超额收益率，由诺贝尔经济学奖得主威廉·夏普于 1966 年提出，计算公式如式（7-7）：

$$S_P = \frac{R_P - R_f}{\sigma_P} \tag{7-7}$$

式中：S_P 表示投资组合 P 的夏普指数；R_P 表示考察期内投资组合 P 的平均回报率；R_f 表示考察期内平均无风险收益率；σ_P 表示投资组合 P 的标准差。

在收益率-标准差构成的坐标系中，夏普指数即投资组合与无风险收益率连线的斜率。根据夏普指数对非营利组织投资绩效进行排序，夏普指数越大，绩效越好。夏普指数调整的是全部风险，当评价一支基金整体时，夏普指数是绩效评估的适合指标。在风险调整的基础上，股票的投资绩效高于债券的投资绩效。夏普指数被用于比较、评价不同投资策略的结果。特雷诺指数与夏普指数一样，都是用于度量相对风险收益的比率。除此之外，负值意味着资产组合投资绩效绝对糟糕。

3. 詹森指数

詹森指数是将投资组合的实际收益率与具有相同风险水平的消极（虚构）投资组合的期望收益率进行比较，二者之差可以作为绩效优劣的一种评估标准。以

CAPM模型为基础，在SML线上可以构建一个与施加积极管理的投资组合的系统风险相等的、由无风险资产与市场组合组成的消极投资组合，该组合与实际收益率比较得出风险调整差异评估指标。其计算公式如式（7-8）：

$$\alpha_P = E(R_P) - \beta_P E(R_m) \tag{7-8}$$

如果 $\alpha_P=0$，说明非营利组织投资组合的收益率与处于同等风险水平的被动组合的收益率不存在显著差异，该投资组合的表现被称为是中性的；$\alpha_P>0$ 表示投资管理成功地预测到市场变化或正确地选择股票，施加积极管理，获得超过SML线上相应组合的超额收益；$\alpha_P<0$ 则表示非营利组织投资组合的绩效表现差强人意。在风险-收益坐标图中，詹森指数为投资组合的实际收益率与SML线上具有相同风险水平组合的期望收益率之间的偏离。

三、非营利组织投资的风险管理

（一）投资的风险分析

1. 投资项目风险的来源

项目风险是指某一投资项目本身特有的风险，即不考虑与非营利组织其他项目的组合风险效应，单纯反映特定项目未来收益可能结果相对于预期值的离散程度。投资项目风险一方面来源于项目特有因素或估计误差带来的风险，另一方面来自于各种外部因素引起的风险，对于非营利组织而言，其中具有普遍性且比较重要的因素如下：（1）项目收益风险。它是指影响项目收入的不确定因素，项目收入比任何其他的经济分析所采用的参数都具有更大的不确定性，这种不确定性将给组织带来更大的投资风险。（2）投资与经营成本风险。它是指对各项费用估计不足的风险。（3）融资风险。它是指项目资本来源、供应量与供应时间、利率、汇率变化对融资成本的影响。（4）其他风险。它主要指社会、政治、经济的稳定程度，技术进步与经济发展状况，国家的投资与产业政策，项目设计质量和可靠性，通货膨胀率等。

2. 敏感性分析

敏感性分析是衡量不确定因素变化对项目评价标准（如NPV或IRR）的影响程度。如果某一因素在较小范围内发生变动，就会影响原定项目的盈利能力，即表明该因素的敏感性强；反之则表示该因素的敏感性弱。敏感性分析的目的是找出投资机会的“盈利能力”对哪些因素最为敏感，从而为投资者提供重要的决策信息。投资项目敏感性分析的具体步骤如下：第一，确定敏感性分析对象；第二，选择不确定因素；第三，调整现金流量。

敏感性分析主要解决一系列“如果……会怎样”的问题。这种方法在一定程度上就多种不确定因素的变化对项目评价标准的影响进行定量分析，有助于决策者了解项目决策时需要重点分析与控制的因素。但敏感性分析存在一定的局限性，如它没有考虑各种不确定因素在未来发生变动的概率分布情况，因而影响风险分析的正确性。

3. 情景分析

投资项目风险不仅取决于对各主要因素变动的敏感性，而且还取决于各种因素变化的概率分布状况。敏感性分析只考虑了第一种情况，情景分析可以同时考虑这两种情况。

在情景分析中，分析人员在各因素基数值的基础上，分别确定一组“差”的情况和一组“好”的情况，然后计算“差”和“好”两种情况下的净现值，并将计算结果与基数净现值进行比较。情景分析可以提供项目特有风险的有用信息，但这种方法只考虑项目的几个离散情况，其分析结果有时不能完全反映项目的风险状况。

（二）投资的风险管理

风险管理是指如何在一个肯定有风险的环境里把风险减至最低的管理过程，包括对风险的度量、评估和应变策略。理想的风险管理是一连串排好优先次序的过程，使当中的可以引致最大损失、最可能发生的事情优先处理，而相对风险较低的事情则押后处理。非营利组织的投资风险管理应通过风险识别、预算和衡量、选择有效手段，以尽可能降低成本，有计划地处理风险，以获得非营利组织的投资安全保障。[①]这就要求非营利组织在投资过程中，应对可能发生的风险进行识别，预测各种风险发生后对资产及投资管理造成的消极影响。风险的识别、预测和处理是非营利组织投资风险管理的主要步骤。非营利组织的投资风险管理包含了用于增加或减少某种风险的所有投资管理决策的行为过程。将风险管理视为一个代表所有可能的风险-收益组合的一系列连续的点，从一个组合变化为另一个组合便是风险管理决策可以直观地理解风险管理，变化的过程体现了风险管理策略。

一旦确定了非营利组织的投资收益目标、风险承担度和限制条件，战略性的投资组合决策就会选择一个特定的风险-收益组合。合理的风险管理首先要充分理解选择某一决策的动机和可能的后果，没有理解策略的目标、动机和可能的后果将会导致非营利组织陷入困境。风险管理无非是在许多可能的风险-收益组合中选择一个组合符合受托人和受益人投资收益风险约束条件的配置策略。对非营利组织来说，低风险策略将产生较高的机会成本，增加捐款人的捐款数额或减少未来的社会公益。而高收益策略有可能成功地奏效，但也有可能使非营利组织破产或迫使发起人增加资金筹集数量。总的来说，非营利组织的投资风险管理是一个综合的系统，从投资政策的制定、产品设计，到资产配置，再到投资组合构建、投资时机的选择，整个运作流程都需要建立严格的风险控制制度，并确保风险措施的有效执行。

1. 非营利组织投资的风险准备金制度

为了确保公益事业受益人的利益，一些国家对非营利组织投资的收益都进行了某种程度的担保。非营利组织监管机构要求各非营利组织采取一些保证措施。例如，出资成立中央担保基金，或者自行提取一定比例作为储蓄，或者由投资管理公司的自由资本作支撑。风险保证金的规模和比例总体上根据非营利组织的资产规模

① 田丽. 非营利组织资金运营管理研究［D］. 大连：东北财经大学，2012.

或投资承担风险的大小来确定。

我国非营利组织法规应对非营利组织的投资风险做出有关风险准备的规定。投资管理人应从当期收取的管理费中，提取一定比例作为非营利组织投资管理风险准备金，专项用于弥补投资的亏损。非营利组织投资管理风险准备金存在托管银行专户储备上，余额达到非营利组织投资资产净值的一定比例时可不再提取。投资资产托管账户和投资管理风险准备金账户不得支取现金。此外，还应明确托管人应按照合同约定的提取标准和时间，将投资管理风险准备金及时足额划入投资管理风险准备金账户。如果发生因投资管理人的债权人或其他权利人申请查封、扣押、冻结或强制执行风险准备金时，投资管理人和托管人应及时报告受托人，由此造成的风险准备金减少额，投资管理人应在两个工作日内予以补全。投资管理人不得将风险准备金转存定期存款的存款证实书和存单用于任何质押或转让。风险准备金产生的存款利息收入应纳入风险准备金管理。未经有关受托人确认许可，投资管理人不得动用相应投资组合账户的风险准备金。

2. 非营利组织投资管理人的内部控制

非营利组织的财产是服务于社会公众的，有别于一般的证券投资资金和其他机构投资，对安全性的要求比较高，承担风险的能力比较低。建立健全非营利组织投资管理机构的内部控制是成功实现风险控制的前提。非营利组织投资管理机构的内部控制的目标是保证非营利组织的投资管理符合国家有关政策法规规定、实现投资管理收益目标、降低和控制投资管理风险。其原则有合法性原则、全面性原则、有效性原则、审慎性原则、独立性原则等。非营利组织投资管理机构应设立风险控制委员会、督查员、稽核部、危险处理小组等不同层次的风险控制组织，全面监控投资风险。在非营利组织投资管理的实际过程中，投资风险主要分为投资决策风险、投资指令风险，涉及的机构及人员主要有投资决策委员会、基金经理和交易人员，投资管理人需要对各风险重点源进行针对性的监控。

在不同的投资管理阶段，投资管理的风险特点不同，对投资过程的事前、事中、事后阶段需要分别采取不同的风险控制管理办法，从而有效地将风险控制在一定的范围之内。

事前的风险控制主要针对投资决策风险。事中风险控制涉及投资决策风险和决策执行风险，当事人有基金经理、投资总监及交易人员，为有效控制风险，投资决策委员会应对基金经理进行授权，对基金经理的投资决策权如风险头寸的限制、投资个股（券）的比例的上限等进行限定。建立风险指标体系，对投资过程进行风险监控，做好风险记录和风险分析，全面监控风险。对于交易过程，限定交易员的权限，通过组织控制和电脑技术控制，实行全面的风险监控，防范风险。事后风险控制主要包括止损止盈、定期的投资分析报告、业绩评估、稽核等。事后投资决策风险的控制主要采取研究支持、有效识别、测度风险等方式，从源头上控制风险，保障投资决策委员会和投资经理决策的科学性。建立和执行投资委员会集合决策制度，并且风险控制委员会、督查员应对投资决策委员会的决策进行监督。

第三节 非营利组织投资管理制度及会计核算

所谓无规矩不成方圆，没有一项好的投资管理制度，在实行投资管理时将会更加复杂，而投资管理制度可以使得投资管理更加规范化、合理化，使得投资管理事半功倍。对于非营利组织而言，应根据实际情况，在投资收益一定的情况下，对投资过程中产生的费用，制定相应的投资管理制度，进行科学合理的管理，并按规定进行会计核算。一般而言，建立的投资管理制度应该包括总则、职责分工、投资程序、投资决策、投资处置、投资跟踪与监督以及附则等方面的内容。

一、岗位设置与职责分工

投资管理一般有挑选、决策、评估、财务、监督五个岗位。其中，挑选岗位主要是在众多可供选择的投资方案中，结合非营利组织的实际情况以及其他相关信息，挑选出最合适的投资方案，并交与决策者进行决策。决策岗位的设置主要是根据挑选岗位给出的方案，进行投资方案的决策。评估岗位主要是对投资的效果进行评估。财务岗位主要是在投资方案确定后，负责投资时的相关财务事宜，如银行开户、支付手续费等。监督岗位主要是对投资进行日常管理，并监管投资是否根据国家相关法规进行。

阅读拓展 7-1

英国政府对非营利组织投资的管制措施

非营利组织通常需要进行投资活动以实现基金的保值和增值。政府对非营利机构投资活动的一些规定即为投资规制。各国对非营利组织的投资活动都有相应的管制规定，这些规定不尽相同。下面以英国为例介绍政府对非营利组织投资的管制措施。1995 年，英国慈善委员会发布了题为“慈善基金的投资”的文件，对非营利组织的投资管理做了具体的规定。

1. 投资和贸易的区别

所谓“贸易”，是指以获取利润为目的的商品或劳务的购买和转卖。一般来说，非营利组织的贸易行为被法律所禁止。非营利组织通过贸易活动所获取的利润不享受税收优惠。

2. 董事会负责制

董事会对非营利机构的投资活动负有全面责任。投资要有健全的投资政策。这一政策应满足两方面的需求：投入的资本能够保值，可能的情况下要实现增值。若董事会成员用基金进行投资活动并遭受了损失，个人会被要求承担相应的赔偿责任。

3. 专业咨询和投资经理制

一般来说，非营利组织在进行任何一项投资之前（不论其投资额的大小）都要进行适当的咨询。为了避免或减少风险所带来的损失，投资咨询是非常必要的。提供咨询者必须具有相应的资格和投资方面的经验，建议以书面形式提出。

4. 投资的基本原则

对于非营利组织来说，投资应该遵循安全和道德两个基本原则。所谓“安全原则”，是指非营利组织要确保其投资的安全性，进一步讲，就是要求非营利组织成为基金资源的消极持有者，而不是财富的积极创造者。为了确保投资的安全性，非营利组织应进行多样化的投资和对某些风险大的投资类型进行限制。

5. 投资类型的限制

对投资类型的限制主要是指投资须获得有关部门的批准或认可，同时也是出于投资安全性的考虑。此类限制涉及以下几个方面：一是商品的买卖和昂贵艺术品的购置。昂贵艺术品价格波动较大，即使有回报也完全取决于市场状况，不能适应于非营利组织有关活动的需求，并且在保存期间不会产生任何收入。二是投机行为和期货交易。三是房地产投资。房地产投资被认为是风险比较大的投资。因此，这种投资类型不受鼓励。具体来说是因为房地产投资需要较高的投资技巧，需要不同的专业知识；另外，购置的房地产需要认真加以管理，这样会给组织带来一定的财政负担；还有，房地产在存续期间，并不一定能够保证其升值。

资料来源　佚名. 非营利组织投资管理［EB/OL］.［2018-02-23］. https://baike.so.com/doc/9790010-10136749.html.

二、投资管理的会计核算

根据《民间非营利组织会计制度》的规定，在投资管理中涉及的会计核算科目主要有短期投资、短期投资跌价准备、长期股权投资、长期债权投资、长期投资减值准备、投资收益等 6 个科目。

（一）短期投资

短期投资科目应按照短期投资种类设置明细账，进行明细核算，其资产负债表中科目编号为 1101，主要是用于核算非营利组织持有的能够随时变现且持有时间不准备超过 1 年（含 1 年）的投资，包括股票、债券投资等，其期末借方余额反映非营利组织持有的各种股票、债券等短期投资的成本。如果非营利组织有委托贷款或者委托投资（包括委托理财）且作为短期投资核算的，也应当在短期投资科目下单设明细科目核算。其会计核算主要包括以下内容：

（1）短期投资在取得时应当按照投资成本计量。以现金购入的短期投资，按照实际支付的全部价款，包括税金、手续费等相关费用作为其投资成本，借记“短期投资”科目，贷记“银行存款”等科目。如果实际支付的价款中包含已宣告但尚未领取的现金股利或已到付息期但尚未领取的债券利息，则按照实际支付的全部价款减去其中已宣告但尚未领取的现金股利或已到付息期但尚未领取的债券利息后的金额作为短期投资成本，借记“短期投资”科目，按照应领取的现金股利或债券利息，借记“其他应收款”科目，按照实际支付的全部价款，贷记“银行存款”等科目。接受捐赠的短期投资，按照所确定的投资成本，借记“短期投资”科目，贷记“捐赠收入”科目。

（2）收到被投资单位发放的利息或现金股利时，按照实际收到的金额，借记“银行存款”等科目，贷记“短期投资”科目。但是，实际收到在购买时已记入“其他应收款”科目的利息或现金股利时，借记“银行存款”等科目，贷记“其他应收款”科目。需要注意的是，持有股票期间所获得的股票股利不作账务处理，但应在辅助账簿中登记所增加的股份。

（3）出售短期投资或到期收回债券本息，按照实际收到的金额，借记“银行存款”科目，按照已计提的减值准备，借记“短期投资跌价准备”科目，按照所出售或收回短期投资的账面余额，贷记“短期投资”科目，按照未领取的现金股利或利息，贷记“其他应收款”科目，按照其差额，借记或贷记“投资收益”科目。

（二）短期投资跌价准备

短期投资跌价准备科目用于核算非营利组织提取的短期投资跌价准备，在资产负债表中科目编号为 1102，期末贷方余额反映非营利组织已计提的短期投资跌价准备。非营利组织应当定期或者至少于每年年度终了，对短期投资是否发生了减值进行检查，如果短期投资的市价低于其账面价值，即发生了减值，则应当按照市价低于账面价值的差额计提短期投资跌价准备。如果短期投资的市价高于其账面价值，应当在该短期投资期初已计提跌价准备的范围内转回市价高于账面价值的差额，冲减当期费用。其会计核算如下：

（1）如果短期投资的期末市价低于账面价值，按照市价低于账面价值的差额，借记“管理费用——短期投资跌价损失”科目，贷记“短期投资跌价准备”科目。

（2）如果以前期间已计提跌价准备的短期投资的价值在当期得以恢复，即短期投资的期末市价高于账面价值，按照市价高于账面价值的差额，在原已计提跌价准备的范围内，借记“短期投资跌价准备”科目，贷记“管理费用——短期投资跌价损失”科目。

（3）非营利组织出售或收回短期投资，或者以其他方式处置短期投资时，应当同时结转已计提的跌价准备。

【例 7-1】非营利组织 A 于 2017 年 9 月买入按年付息的 B 企业债券 80 000 元，拟作为短期投资持有，10 月收到 2016 年债券利息 6 000 元，11 月 A 将 B 企业债券以 85 000 元卖出。根据以上信息，编制相关会计分录。

①2017 年 9 月买入短期债券：

借：短期投资——B 债券	74 000	
其他应收款	6 000	
贷：银行存款		80 000

②2017 年 10 月收到债券利息：

借：银行存款	6 000	
贷：其他应收款		6 000

③2017 年 11 月将债券卖出：

借：银行存款　85 000

　贷：短期投资　74 000

　　　投资收益　11 000

（三）长期股权投资

长期股权投资是指投资方对被投资方能够实施控制或具有重大影响的权益性投资，期末借方余额反映非营利组织持有的长期股权投资的价值，在资产负债表中的科目编号为 1401。非营利组织的长期股权投资科目核算持有时间准备超过 1 年（不含 1 年）的各种股权性质的投资，包括长期股票投资和其他长期股权投资。长期股权投资科目应当按照被投资单位设置明细账，进行明细核算。非营利组织如果有委托贷款或者委托投资（包括委托理财）且作为长期股权投资核算的，应当在本科目下单设明细科目核算。长期股权投资的会计核算如下：

1. 长期股权投资的初始计量

非营利组织在取得长期股权投资时，应按初始投资成本入账。以支付现金购入的长期股权投资，按照实际支付的全部价款，包括税金、手续费等相关费用作为其初始投资成本，借记“长期股权投资”科目，贷记“银行存款”等科目。如果实际支付的价款中包含已宣告但尚未领取的现金股利，则按照实际支付的全部价款减去其中已宣告但尚未领取的现金股利后的金额作为其初始投资成本，借记“长期股权投资”科目。按照应领取的现金股利，借记“其他应收款”科目，按照实际支付的全部价款，贷记“银行存款”等科目。接受捐赠的长期股权投资，按照所确定的初始投资成本，借记“长期股权投资”科目，贷记“捐赠收入”科目。

2. 长期股权投资的后续计量

同企业组织一样，非营利组织也应当对长期股权投资区别对待，分别采用成本法或者权益法核算。如果非营利组织对被投资单位没有控制、共同控制和重大影响，长期股权投资应当采用成本法进行核算；如果非营利组织对被投资单位具有控制、共同控制或重大影响，长期股权投资应当采用权益法进行核算。

（1）成本法，是指长期股权投资的账面价值按初始投资成本计量，除追加或收回投资外，一般不对长期股权投资的账面价值进行调整的一种方法。被投资单位宣告发放现金股利或利润时，按照宣告发放的现金股利或利润中属于非营利组织应享有的部分，确认当期投资收益，借记“其他应收款”科目，贷记“投资收益”科目。实际收到现金股利或利润时，按照实际收到的金额，借记“银行存款”等科目，贷记“其他应收款”科目。

【例 7-2】2017 年 3 月 20 日，非营利组织 A 以 628 000 元的价款（包括相关税费和已宣告但尚未发放的现金股利 25 000 元）取得 B 公司普通股股票 250 000 股，占 B 公司普通股股份的 1%；B 公司的股票在活跃市场中没有报价，公允价值不能可靠计量，非营利组织将其划分为长期股权投资并采用成本法核算；2017 年 3 月 31 日，B 公司宣告发放现金股利；2017 年 4 月 5 日，非营利组织收到支付的投资价款中包含的已宣告但尚未发放的现金股利。根据以上信息，编制相关会计分录。

①2017 年 3 月 20 日，取得 B 公司普通股股票：

借：长期股权投资——B 公司　603 000
　　其他应收款　25 000
　贷：银行存款　628 000

②2017 年 3 月 31 日，B 公司宣告发放现金股利：

借：其他应收款　25 000
　贷：投资收益　25 000

③2017 年 4 月 5 日，收到 B 公司派发的现金股利：

借：银行存款　25 000
　贷：其他应收款　25 000

（2）权益法，是指在取得长期股权投资时以投资成本计量，在投资期间则要根据投资方应享有被投资方所有者权益份额的变动，对长期股权投资的账面价值进行相应调整的一种会计处理方法。

采用权益法核算时，长期股权投资的账面价值应当根据被投资单位当期净损益中非营利组织应享有或分担的份额，以及被投资单位宣告分派的现金股利或利润中属于非营利组织应享有的份额进行调整。期末，非营利组织按照应当享有或应当分担的被投资单位当年实现的净利润或发生的净亏损的份额，调整长期股权投资账面价值，如被投资单位实现净利润，借记本科目，贷记“投资收益”科目；如被投资单位发生净亏损，借记“投资收益” 科目，贷记本科目，但以长期股权投资账面价值减记至零为限。

被投资单位宣告分派利润或现金股利时，按照宣告分派的现金股利或利润中属于非营利组织应享有的份额，调整长期股权投资账面价值，借记“其他应收款”科目，贷记本科目。在实际收到现金股利或利润时，借记“银行存款”等科目，贷记“其他应收款”科目。被投资单位宣告分派的股票股利，不作账务处理，但应当设置辅助账，进行数量登记。

3. 长期股权投资的处置

处置长期股权投资时，按照实际取得的价款，借记“银行存款”等科目；按照已计提的减值准备，借记“长期投资减值准备”科目，按照所处置长期股权投资的账面余额，贷记本科目；按照尚未领取的已宣告发放的现金股利或利润，贷记“其他应收款”科目；按照其差额，借记或贷记“投资收益”科目。

4. 长期股权投资的重分类

改变投资目的，将短期股权投资划转为长期股权投资，应当按短期股权投资的成本与市价孰低结转，并按此确定的价值作为长期股权投资的成本，借记本科目；按照已计提的相关短期投资跌价准备，借记“短期投资跌价准备”科目；按照原短期股权投资的账面余额，贷记“短期投资”科目；按照其差额，借记或贷记“管理费用”科目。

5. 长期股权投资的减值处理

期末，非营利组织应当对长期股权投资是否发生了减值进行检查。如果长期股权投资的可收回金额低于其账面价值，应当按照可收回金额低于账面价值的差额计提长期投资减值准备。如果长期股权投资的可收回金额高于其账面价值，应当在该长期股权投资期初已计提减值准备的范围内转回可收回金额高于账面价值的差额。

（四）长期债权投资

长期债权投资科目用于核算非营利组织购入的在 1 年内（不含 1 年）不能变现或不准备随时变现的债券和其他债权投资，在资产负债表中的科目编号为 1402，期末借方余额反映非营利组织持有的长期债权投资价值。非营利组织可以根据具体情况设置明细科目，进行明细核算，如果有委托贷款或者委托投资（包括委托理财）且作为长期债权投资核算的，应当在本科目下单设明细科目核算。其会计核算如下：

（1）长期债权投资在取得时，应当按照取得时的实际成本作为初始投资成本。以现金购入的长期债权投资，按照实际支付的全部价款，包括税金、手续费等相关费用作为其初始投资成本，借记“长期债权投资”科目，贷记“银行存款”等科目。

如果实际支付的价款中包含已到付息日但尚未领取的债券利息，则按照实际支付的全部价款减去其中已到付息日但尚未领取的债券利息后的金额作为其初始投资成本，借记“长期债权投资”科目；按照应领取的利息，借记“其他应收款”科目；按照实际支付的全部价款，贷记“银行存款”等科目。接受捐赠的长期债权投资，按照所确定的初始投资成本，借记“长期债权投资”科目，贷记“捐赠收入”科目。

（2）长期债权投资持有期间，应当按照票面价值与票面利率按期计算确认利息收入，如为到期一次还本付息的债券投资，借记“长期债权投资”科目“债券投资（应收利息）”明细科目，贷记“投资收益”科目；如为分期付息、到期还本的债权投资，借记“其他应收款”科目，贷记“投资收益”科目。

长期债券投资的初始投资成本与债券面值之间的差额，应当在债券存续期间，按照直线法于确认相关债券利息收入时摊销，如初始投资成本高于债券面值，按照应当分摊的金额，借记“投资收益”科目，贷记“长期债权投资”科目；如初始投资成本低于债券面值，按照应当分摊的金额，借记“长期债权投资”科目，贷记“投资收益”科目。

（3）购入的可转换公司债券在转换为股份之前，应当按一般债券投资进行处理。可转换公司债券转换为股份时，按照所转换债券投资的账面价值减去收到的现金后的余额，借记“长期股权投资”科目，按照收到的现金等，借记“库存现金”“银行存款”科目，按照所转换债券投资的账面价值，贷记“长期债权投资”科目。

（4）处置长期债权投资时，按照实际取得的价款，借记“银行存款”等科目；按照已计提的减值准备，借记“长期投资减值准备”科目；按照所处置长期债权投资的账面余额，贷记“长期债权投资”科目；按照未领取的债券利息，贷记“长期债权投资”科目“债券投资（应收利息）”明细科目或“其他应收款”科目；按照其差额，借记或贷记“投资收益”科目。

（5）如果改变投资目的，将短期债权投资划转为长期债权投资，应当按短期债权投资的成本与市价孰低结转，并按此确定的价值作为长期债权投资的成本，借记“长期债权投资”科目；按照已计提的相关短期投资跌价准备，借记“短期投资跌价准备”科目；按照原短期债权投资的账面余额，贷记“短期投资”科目；按照其差额，借记或贷记“管理费用”科目。

（五）长期投资减值准备

长期投资减值准备科目用于核算非营利组织提取的长期投资减值准备，在资产负债表中的科目编号为 1421，期末贷方余额反映非营利组织已计提的长期投资减值准备。非营利组织应当定期或者至少于每年年度终了，对长期投资（包括长期股权投资和长期债权投资）是否发生了减值进行检查，如果长期投资的市价低于其账面价值，即发生了减值，则应当按照市价低于账面价值的差额计提长期投资跌价准备。如果长期投资的市价高于其账面价值，应当在该长期投资期初已计提跌价准备的范围内转回市价高于账面价值的差额，冲减当期费用。其会计核算如下：

（1）如果长期投资的期末可收回金额低于账面价值，按照可收回金额低于账面价值的差额，借记“管理费用——长期投资减值损失”科目，贷记“长期投资减值准备”科目。

（2）如果以前期间已计提减值准备的长期投资价值在当期得以恢复，即长期投资的期末可收回金额高于账面价值，按照可收回金额高于账面价值的差额，在原计提减值准备的范围内，借记“长期投资减值准备”科目，贷记“管理费用——长期投资减值损失”科目。

（3）非营利组织出售或收回长期投资，或者以其他方式处置长期投资时，应当同时结转已计提的减值准备。

【例 7-3】A 为某非营利组织，2017 年 4 月接受捐赠的长期债权投资，捐赠方提供的有关凭证表明该长期债权投资金额为 10 000 元，但该长期债权投资公允价值为 20 000 元，二者相差较大。5 月购入 3 年期票面利率为 6% 的 B 企业长期债权 200 000 元，该债权每年年末付息，到期还本。7 月以货币资金 400 000 元购入 C 企业 5% 的股权，采用成本法进行计量，10 月 C 企业宣告发放现金股利 200 000 元，11 月 A 收到该现金股利。年末对长期投资是否发生减值进行检查，发现长期投资可回收金额为 600 000 元，账面价值 580 000 元，已计提长期投资减值准备 14 000 元。根据以上信息，编制 A 在 2017 年的相关会计分录。

（1）收到捐赠的长期债权投资：

借：长期债权投资　　20 000

　贷：捐赠收入　　20 000

（2）购入 B 企业长期债权：

借：长期债权投资——B　200 000
　贷：银行存款　200 000

（3）购入 C 企业股权：

借：长期股权投资——C　400 000
　贷：银行存款　400 000

（4） C 企业宣告发放股利：

借：其他应收款——C 股利　10 000
　贷：投资收益　10 000

（5）A 收到现金股利：

借：银行存款　10 000
　贷：其他应收款——C 股利　10 000

（6）年末对长期投资是否减值进行检查：

借：长期投资减值准备　14 000
　贷：管理费用——长期投资减值损失　14 000

（7）年末应收 B 企业长期债权利息：

借：其他应收款——B 长期债权　12 000
　贷：投资收益　12 000

（六）投资收益

投资收益科目核算非营利组织因对外投资取得的投资净损益，其在业务活动表中的科目编号为 4601。一般情况下，非营利组织的投资收益为非限定性收入，除非相关资产提供者对资产的使用设置了限制。对于短期投资、长期股权投资和长期债权投资涉及的投资收益科目的结转，前面会计核算中已经详细描述，这里不再赘述。除此之外，关于投资收益的会计核算如下：

期末，将本科目的余额转入非限定性净资产，借记“投资收益”科目，贷记“非限定性净资产”科目。如果存在限定性投资收益，则将其金额转入限定性净资产，借记“投资收益”科目，贷记“限定性净资产”科目。期末结转后，本科目应无余额。

【例 7-4】非营利组织 A 在 2016 年末的投资收益贷方余额为 160 000 元，其中有限定性投资收益 20 000 元。据此编制相关会计分录如下：

（1）结转限定性投资收益：

借：投资收益　20 000
　贷：限定性净资产　20 000

（2）结转非限定性投资收益：

借：投资收益　140 000
　贷：非限定性净资　140 000

第四节 非营利组织投资管理的问题及化解

一、非营利组织投资管理的问题

（一）投资项目效益低

一国的社会总投资由公共投资和非公共投资两部分组成。这两类投资具有不同的特点，适应不同的领域，共同满足社会经济发展的需要。企业等营利组织的投资是由追求独立经济利益的微观经济主体进行的投资，而非营利组织投资的性质具有公益性和基础性。公益性质一直以来是滋长效率低下的温床，非营利组织常常因人设岗，机构庞大，效率低下。精简与效能密切相关，只有精简，人们才能尽职尽责，各司其职，这才会提高效能，效能的提高又会促使机构的进一步精简，从而实现非营利组织投资的效益性。

（二）过多直接利用行政手段投资于微观经济领域

我国非营利组织往往管得过多、过细，深入到企业单位的方方面面，然而非营利组织终究是小的，企业终究是千变万化且复杂而庞大的。虽然政府组织很想对微观经济进行管理，但根本就无法实行，更不要说能管理得很好，其结果往往是应该投资管理的没有进行投资管理，如公共设施、社会保障、环境改善等一系列关涉人们生活质量的公共性事务，而不应该投资管理的却处处出面干涉。

（三）影响投资项目审批程序的因素复杂

对非营利组织投资项目审批也就是投资项目做出决策的过程，由于影响决策过程的各种环境、组织、个人等因素无疑也会对投资项目的审批过程产生不同程度的影响，在决策理论研究中，决策的质量和可接受程度是两个普遍性的问题。从理论上说，要保证实际审批过程中的决策质量和可接受性，必须保证问题判断和方案拟订、选择的正确性。

但是，有许多因素影响了决策者所做出的这种判断和选择，它们的作用有时是潜在的或无意识的，甚至比一些审批原则和方法对审批者的思想影响更大，主要来自以下几个方面：（1）政策和法律因素。现行的政策和法律是各级审批人员进行决策的主要依据。无论是否存在正当的政策和法律依据都是审批者必须考虑的重要问题。（2）投资项目的复杂性、困难大等因素。（3）外界压力及信息来源。投资项目的审批由于牵涉到社会上各个方面的利益，各种社会集团、社会阶层以及各类人员将会以各种活动或各种方式表现其对某一社会问题或某种审批结果的关心，甚至可能会在某种程度上直接影响或干预投资项目。信息是否准确、及时、全面，直接影响问题判断的准确性和决策的质量与效果。（4）个人素质差异。审批人员的个人素质不同对决策质量和审批行为有不同的影响。（5）审批过程中使用的方式和手段及审批体制对审批结果有着重要的作用。

阅读拓展 7-2

钱去哪了——谁在控制河南宋庆龄基金会

中国宋基会创立于1982年，与红十字基金会、青少年发展基金会并称为中国三大公益基金会。中国宋基会设立于北京，但河南、上海、江西、广东、海南、陕西六省市，因各种渊源而设有省级宋基会。它们与中国宋基会之间，虽时有业务往来但并无上下隶属关系，均由省内政府机构主管。错综缠绕的“宋基系”公司大多集中于两个领域——地产与教育。这正是利润最高，同时权力最能发挥作用之地。更令人震惊的是，许多公司在中国宋基会年报中几乎无迹可寻，营收状况、开支走向，均在政府与公众的视野之外。

河南省宋庆龄基金会隶属于河南省统战部，是一家成立于1992年的公募基金会，其注册业务范围是“募集发展资金，资助儿童文教、科技和福利事业”。河南宋基会2011年年报显示，应收账款中，河南宋基投资有限公司（以下简称宋基投资）约24亿元。据媒体报道，宋基投资是河南宋基会秘书长张悍东等人出资成立的公司。根据公开资料可以看到，宋基投资的投资已横跨金融、地产、文教等领域。伴随宋基投资的扩张，与其在资金上一脉相连的河南宋基会，财务表现极为诡异。

根据基金会中心网数据库的排名，河南宋基会2010年末时资产已近30亿元，在全国2 000多家慈善基金会里名列第一，位列第二的是私募基金北京大学教育基金会，资产只有12亿元，而中国红十字基金会只有7亿元，中国宋基会不到3亿元。在这个榜单上，河南宋基会已是三连冠，且资产规模爬升速度极为惊人。2008年是15亿元，2009年是21亿元。至于2007年及以前，由于数据库里没有河南宋基会的财务数据，所以没有进入排名。不仅如此，作为省级慈善机构的河南宋基会，获得的捐赠收入同样高得惊人。其2010年捐赠收入逾10亿元，全国第一，是中国红十字基金会、中国扶贫基金会的将近2倍。要知道，2008年适逢汶川大地震，红十字基金会获得民众海量募捐，在国内募得的善款规模也就不过是10亿元。而河南宋基会的募捐能力，连年都是令人咋舌地强大：2009年和2008年，河南宋基会分别募得6亿元和8亿元的善款。这种超强的筹款能力是个巨大的谜——搜索公开资料即可发现，即使是被河南宋基会大力宣传的大企业捐赠款项，也不过千万元级别，而且几年里也就两三家。

然而，与筹款能力的强大形成反差的是，在公益支出的榜单上，河南宋基会却名落孙山。按照《基金会管理条例》规定，公募基金会每年用于从事公益事业支出不得低于上一年总收入的70%，也就意味着河南宋基会2010年和2009年的公益开支必须达到4.2亿元和4.8亿元，而实际情况却仅仅只是1.4亿元和8 000万元，离规定金额相去甚远。倘若能筹集很多的钱却没有花出去，不难理解，基金会的账上应该有很多钱。但事实恰恰相反——查阅这三年河南宋基会的资产负债表不难看出，基金会手头的货币资金并不多，2010年末时只有1亿元，2009年末和2008年末时只有一两千万元。

大量的钱哪里去了？资产负债表的答案是，大量资金都在“应收款项”科目下面——简单来说，就是已被借出。南方周末记者从多个渠道了解到，这些资金流入诸如宋基投资这样的以张悍东或下属员工们为股东的各种“宋基系”公司，除了进行上文提及的各种投资业务，甚至还有大量资金被用于放贷。在河南的一些企业圈子里，宋基投资方面可以“放贷”早已是个公开的秘密。南方周末记者翻阅了十来家宋基投资相关公司历年的年审报告，几乎所有公司的资产负债表上，其他应收款和其他应付款两个科目金额都非常巨大，少则数千万元，多则数亿元，但其他科目的金额相对都比较小。对照这些公司的年审报告里的明细记录，可以看到许多借进来的钱都直接或间接地来自河南宋基会，而最终资金的去向则是五花八门，仅记者所掌握的部分名单，就分布在房地产、钢铁、计算机网络、商品贸易等诸多领域。这种混乱的借贷关系，风险不可避免，通过公开途径就能轻易查阅到多起这类“宋基系”公司和各种社会企业的借款纠纷。至于河南宋基会那高得让人费解的捐款收入，其中一部分便来自于此，这也是河南宋基会的一种“商业模式”——宋基放贷，捐款付息。

资料来源 陈中小路. 中国最能筹款慈善组织的钱去哪了——谁在控制河南宋庆龄基金会[N]. 南方周末，2011-09-01.

二、加强非营利组织投资管理的对策

（一）进行投资环境分析

投资环境是指影响投资效果的各种外部因素的总和。非营利组织在投资时，投资者面对的是复杂、瞬息万变的环境，必须对投资环境进行认真分析。投资环境包括的内容很广泛，按照影响的普遍性，可分为投资的一般环境和相关环境。投资的一般环境主要包括政治形势、经济形势、法律环境及文化状况。投资的相关环境指与特定的投资项目有关的一系列因素，如相关技术开发状况、相关行业市场、相关资源、相关地理环境等。

非营利组织进行的所有投资都离不开特定的政治、经济、法律、市场环境等因素。环境对投资项目的经济效益有至关重要的影响。如果经济疲软，投资就会处于不利地位。所以，在进行投资决策之前，必须仔细地研究投资环境，使投资决策有可靠的基础，保证决策的准确性；非营利组织还要及时了解环境的变化，保证投资决策的及时性和灵活性。投资者必须用高度的社会责任感去进行投资实践，从而面对环境做出积极的回应；投资者在实践中要善于利用社会的压力改造内部环境，利用民族习惯、风土人情等使投资项目效用最大化，从而使非营利组织得到社会更大的支持。

（二）严格遵循合法性原则

首先，用于对外投资的资金范围必须合法。其次，非营利组织对外投资应当按照国家有关规定报经主管部门、国有资产管理部门或财政部门批准及备案。非营利部门必须严格按审批程序编报投资项目计划，由投资主体或投资项目主管部门委托勘察、设计、咨询等机构，从技术能力和经济效益等方面论证投资项目的合理性和可行性，在此基础上，设计多个项目投资方案，经过反复比较论证，选择最佳方案，为投资项目决策提供正确的依据。再次，非营利组织以实物、无形资产进行对外投资的，应按照国家有关规定由评估机构进行资产评估，以防止国有资产流失，保护国家利益。最后，非营利组织长期用国有资产进行对外投资，不得擅自改变资产的国家所有性质。所以，非营利组织对外投资时，不能挤占事业经费，影响事业的发展。用于保证事业发展的所有计划资产，都不应该用于对外投资。

（三）投资项目要具有宏观调控性

非营利组织提供的产品与服务具有公共性，这也是非营利组织的核心职能。企业等营利组织由于受微观经济利益的驱动，一般乐于投资收益高、期限短、盈利大的项目。但是非营利组织一定要做到以宏观管理、间接管理为主，非营利组织的职能中管理投资是一个重要的部分，但究竟该投资什么，如何投资却有很大的差别。非营利组织的投资方向必须符合一定时期社会经济发展战略目标和国家产业政策的导向。例如，为提高全社会的国民素质，投资于科技、教育、文化、卫生、体育、广播电视等非物质生产领域；为弥补市场调节机制的缺陷，投资于基础设施和原材料工业等低盈利行业；为国家安全需要，投资于国防建设事业；为鼓励高科技产业发展，投资于高、精、尖技术领域等。

（四）对投资项目进行经济分析与社会评价

在市场经济条件下，非营利组织进行对外投资时，也必须考虑该项目的经济效益和社会效益。投资项目财务分析的目的就是分析项目的财务获利能力，体现微观经济效益。国民经济评价，是为了了解项目的宏观经济合理性和宏观可行性，体现宏观经济效益。投资项目的社会评价，是从社会经济、自然资源利用、自然与生态环境、社会环境等方面评价项目的社会效益。这三种分析评价方法的综合运用，有助于使投资项目获得微观、宏观经济效益和社会效益的和谐统一。此外，在考虑投资效益性原则的同时，还要具有全局观念，项目的投资目标应与非政府组织的总体目标相一致，只有这样才能提高其整体经济效益和社会效益。实施对外投资时，应依法签订投资协议或者合同，以明确责、权、利。单位所获得的投资收益要纳入单位预算，统一核算，统一管理。

（五）对投资项目实施监控与审计

一旦决定接受某一个或某一组投资项目后，就要积极地实施并进行有效的监督和控制。对投资项目从立项、实施到完工交付使用后的全过程，要采用项目前评估、项目后评估等方法对投资项目的筹备、决策、实施、运营各阶段进行全程质量跟踪监督，发现问题就马上解决问题，保证投资项目质量。

首先，严格监督资金管理，必须做到专款专用，严格财务核算制度，避免资金互相挪用、挤占，提高资金的使用效益。其次，在项目的实施过程中，要对项目的实施进度、工程质量、施工成本等进行控制和监督，以便使投资按照预算规定如期完成。再次，在项目的实施过程中，要定期进行后续分析。把实际的收益和预期的收益进行比较，找出差异，分析差异存在的原因，并根据不同的情况做出不同的处理，这实际上就是投资过程中选择权的问题。最后，投资项目的事后审计是指对已经完成的投资项目的投资效果进行审计，这种审计主要由非营利组织内部审计机构完成，将投资项目的实际表现与原来的预期相对比，通过对其差额的分析可以更深入地了解某些关键性的问题。例如，发现预测技术上存在的偏差，分析原来的资本预算的执行情况和预算的精确度，查找项目执行过程中存在的漏洞，找出影响投资效果的敏感因素，总结成功的经验等。

复习思考题

1. 为何非营利组织多选择进行债权性投资？
2. 非营利组织进行投资时应遵循哪些原则？
3. 非营利组织投资活动的分类有哪些？
4. 非营利组织投资管理结构可分为哪两个方面？
5. 非营利组织投资管理的步骤是什么？
6. 非营利组织投资方案的评价方法有哪些？各自有什么特点？
7. 非营利组织投资管理的人员岗位设置与分工是怎样的？
8.A 为某非营利组织，2017 年 9 月发生如下业务：

（1）收到应冲减前期长期借款筹资费用的利息收入 4 000 元。

（2）发生汇兑损失 3 600 元。

（3）对短期投资是否发生了减值进行检查，发现短期投资的市价低于账面价值 2 000 元。

（4）购入 5 年期票面年利率为 8% 的 B 企业长期债权 200 000 元，该债权每年年末付息，到期还本。

（5）通过银行存款 600 000 购买 H 公司 2% 的股权，采用成本法计量。

（6）收到 G 公司宣告并当期发放的现金股利 16 000 元。

（7）F 公司宣告发放现金股利 1 000 000 元，其中属于 A 的为 3%。

根据以上信息，编制相关会计分录。

第八章　非营利组织的财务报告与分析

学习目标： 通过本章学习，主要掌握财务报告的目标、分类及编制原则；理解财务报告分析的意义，重点掌握财务报表比率分析法，理解其他三种分析方法；在熟悉我国民间非营利组织财务报告现状的基础上，了解目前存在的缺陷及有关改进的方法。

第一节　非营利组织财务报告及其编制

为了进一步完善我国民间非营利组织的法律规范体系，适应民间非营利组织快速发展的需要，财政部发布了《民间非营利组织会计制度》。这一制度统一了会计核算标准，要求民间非营利组织按照制度的规定编制和对外提供财务会计报告。民间非营利组织的年度财务会计报告至少应当于年度终了后 4 个月内对外提供。本节将介绍非营利组织财务报告的概念、目标、编制原则及具体要求。

一、非营利组织的财务报告

（一）概念及目标

财务报告也称财务报表，是反映民间非营利组织财务状况、业务活动情况和现金流量的书面文件。财务报告是非营利组织会计核算的最终成果，是民间非营利组织对外提供会计信息的主要形式和信息载体。民间非营利组织财务会计报告包括会计报表、会计报表附注和财务情况说明书。其中会计报表包括资产负债表、业务活动表和现金流量表。

由于民间非营利组织的特殊性，其财务报告的目的和企业财务报告的目的有一定的差别。根据《民间非营利组织会计制度》的规定，民间非营利组织的财务报告目标是如实反映民间非营利组织的财务状况、业务活动情况和现金流量等信息，并且所提供的信息应当能够满足会计信息使用者（如捐赠人、会员、监管者等）的需要。民间非营利组织财务报告的使用者包括内部使用者和外部使用者。外部使用者是民间非营利组织财务报告的主要使用者，主要包括资源提供者、服务对象、债权人、政府和社会监管部门。他们关心民间非营利组织财务资源的运用情况，要求披露反映受托责任履行情况的会计信息。所以，民间非营利组织财务报告是对外披露的报告，是为外部信息使用者提供的总结性书面文件。

（二）非营利组织财务报告的分类

1. 按报告的服务对象不同可以分为内部报告和外部报告

外部报告是指民间非营利组织向外提供的，供政府部门、其他民间非营利组织和个人使用的会计报表。民间非营利组织对外提供的财务会计报告的内容、会计报表的种类和格式、会计报表附注应予披露的主要内容等，由《民间非营利组织会计制度》规定。内部报告是指为适应民间非营利组织内部管理经营需要编制的、不对外公开的会计报告，不要求统一格式，也没有统一的标准，民间非营利组织内部管理需要的会计报表由单位自行规定。

2. 按报告编制的时间不同可以分为年度财务会计报告和中期财务会计报告

以短于一个完整的会计年度的期间（如半年度、季度和月度）编制的财务报告称为中期财务报告，一般包括资产负债表和业务活动表，半年财务报告还应包括简略的报表附注。年度财务报告是以整个会计年度为基础编制的财务报告，包括资产负债表、业务活动表、现金流量表和报表附注等。

3. 按报告编制的主体不同可以分为个别财务报表和合并财务报表

个别财务报表是指以民间非营利组织本身为会计主体而编制的单独反映民间非营利组织本身的财务状况和业务活动成果的会计报表，包括对外的会计报表和对内的会计报表。合并财务报表是指民间非营利组织对外投资，而且占被投资单位资本总额 50% 以上（不含 50%），或者虽然占该单位资本总额不足 50%，但具有实质上的控制权的，或者对被投资单位具有控制权的，应当将被投资单位与本民间非营利组织视为一个会计主体，编制能够反映其整体财务状况和业务活动成果的会计报表。

4. 按所提供信息的重要程度不同可以分为主要会计报表和附属会计报表

主要会计报表又称主表，它是全面反映民间非营利组织资金增减变化、业务成果和财务状况的会计报表。附属会计报表又称附表，是进一步详细说明主表某项或某几项指标的会计报表。

5. 按其反映的资金运动状态不同可以分为静态报表和动态报表

静态报表是指反映资产、负债和净资产的会计报表。动态报表指反映一定时期内资金耗费和资金收回的会计报表。

二、非营利组织财务报告的编制原则

财务报告所提供的信息应当能够满足会计信息使用者（如捐赠人、会员、监管者等）的需要。为了充分发挥财务报告的信息载体作用，最大限度地满足信息使用者的信息需求，必须保证财务报告的质量。我国《民间非营利组织会计制度》和相关法规要求民间非营利组织编制财务报表必须遵循的基本原则主要包括以下几项：

（1）财务报告的编制应当以民间非营利组织的持续经营为前提。持续经营是会计确认、计量和编制财务报表的基础。如果民间非营利组织不能够持续经营，那么其所依据的持续经营基础就不存在，以持续经营为前提编制财务报表也就不再合理。

（2）会计政策前后各期应当保持一致，不得随意变更，除非符合下列条件之一：法律或会计制度等行政法规、规章的要求；这种变更能够提供有关民间非营利组织财务状况、业务活动情况和现金流量等更可靠、更相关的会计信息。如有必要变更，应当在会计报表附注中披露变更的内容和理由、变更的累积影响数，以及累积影响数不能合理确定的理由等。

民间非营利组织应当采用追溯调整法核算会计政策的变更；如果追溯调整法不可行，则应当采用未来适用法；如果相关法律或会计制度等另有规定，则应当按照相关规定进行核算。

这里的追溯调整法，是指对某项交易或者事项变更会计政策时，如同该交易或事项初次发生时就开始采用新的会计政策，并以此对相关项目进行调整的方法；未来适用法是指对某项交易或者事项变更会计政策时，新的会计政策适用于变更当期及未来期间发生的交易或者事项的方法。

（3）财务报告的编制应当区别资产负债表日后事项。资产负债表日至财务会计报告批准报出日之间发生的需要调整或说明的有利或不利事项，属于资产负债表日后事项。对于资产负债表日后事项，应当区分调整事项和非调整事项进行处理。

调整事项是指资产负债表日后至财务会计报告批准报出日之间发生的，为资产负债表日已经存在的情况提供了新的或进一步证据，有助于对资产负债表日存在情况有关的金额做出重新估计的事项。民间非营利组织应当就调整事项，对资产负债表日所确认的相关资产、负债和净资产以及资产负债表日所属期间的相关收入、费用等进行调整。

非调整事项是指资产负债表日后至财务会计报告批准报出日之间才发生的，不影响资产负债表日的存在情况，但不加以说明将会影响财务会计报告使用者做出正确估计和决策的事项。民间非营利组织应当在会计报表附注中披露非调整事项的性质、内容，以及对财务状况和业务活动情况的影响。如无法估计其影响，应当说明理由。

（4）民间非营利组织的年度财务会计报告至少应当于年度终了后4个月内对外提供。如果民间非营利组织被要求对外提供中期财务会计报告的，应当在规定的时间内对外提供。会计报表的填列，以人民币“元”为金额单位，“元”以下填至“分”。

（5）民间非营利组织对外提供的财务会计报告应当依次编定页数，加具封面，装订成册，加盖公章。封面上应当注明：组织名称、组织登记证号、组织形式、地址、报表所属年度或者中期、报出日期，并由单位负责人和主管会计工作的负责人、会计机构负责人（会计主管人员）签名并盖章；设置总会计师的单位，还应当由总会计师签名并盖章。

（6）民间非营利组织对外投资，而且占被投资单位资本总额50%以上（不含50%），或者虽然占该单位资本总额不足50%但具有实质上的控制权的，或者对被投资单位具有控制权的，应当编制合并会计报表。

（7）资产负债表和业务活动表应列报所有科目的前期比较数据。民间非营利组织当期财务报表中的资产负债表和业务活动表的列报，至少应提供所有列报项目上一会计期间的比较数据，目的是向报表使用者提供对比数据，提高信息在会计期间的可比性，以反映民间非营利组织的财务状况、业务活动和现金流量的发展趋势，满足使用者的信息需求。

（8）保证财务报告数据的真实可比性。会计核算应当以实际发生的交易或者事项为依据，如实反映民间非营利组织的财务状况、业务活动情况和现金流量等信息。对于交易或者事项应按照规定的会计处理方法进行，会计信息应当口径一致，相互可比。同一会计期间内的各项收入和与其相关的费用，应当在该会计期间内确认，并使得所发生的费用应当与其相关的收入相配比，同时合理划分应当计入当期费用的支出和应当予以资本化的支出。另外，财务报表各个项目的列报和分类应在各期间保持一致，不得随意变更。

（9）财务会计报告中的会计报表至少应当包括以下三张报表：资产负债表、业务活动表、现金流量表。

三、财务报告编制的具体要求

（一）主要会计报表的编制

会计报表是指根据日常会计核算资料定期编制的，综合反映民间非营利组织某一特定日期财务状况和某一会计期间业务情况、现金流量的总结性书面报告。会计报表包括资产负债表、业务活动表、现金流量表。

1.资产负债表的编制

资产负债表是反映民间非营利组织某一特定日期财务状况的报表（见表8-1）。

资产负债表“年初数”栏内各项数字，应当根据上年年末资产负债表“期末数”栏内数字填列。如果本年度资产负债表规定的各个项目的名称和内容同上年度不一致，应对上年年末资产负债表各项目的名称和数字按照本年度的规定进行调整，填入资产负债表“年初数”栏内。

表中“期末数”各项目的内容和填列方法：

“货币资金”项目，反映民间非营利组织期末库存现金、存放银行的各类款项以及其他货币资金的合计数。本项目应当根据“库存现金”“银行存款”“其他货币资金”账户的期末余额合计填列。如果民间非营利组织的委托代理资产为现金、银行存款或其他货币资金且通过“库存现金”“银行存款”“其他货币资金”账户核算，还应扣减“库存现金”“银行存款”“其他货币资金”账户中“受托代理资产”明细账户的期末余额。

表 8-1　资产负债表

编制单位：　20××年××月××日　单位：元

资产	行次	期初数	期末数	负债和净资产	行次	期初数	期末数
流动资产				流动负债			
货币资金				短期借款			
短期投资				应付款项			
应收款项				应付工资			
预付账款				应交税金			
存货				预收账款			
待摊费用				预提费用			
1年内到期的长期债权投资				预计负债			
其他流动资产				1年内到期的长期负债			
流动资产合计				其他流动负债			
				流动负债合计			
长期投资							
长期股权投资				长期负债			
长期债权投资				长期借款			
长期投资合计				长期应付款			
固定资产				其他长期负债			
固定资产原值				长期负债合计			
减：累计折旧							
固定资产净值				受托代理负债			
在建工程							
文物文化资产				负债合计			
固定资产清理							
固定资产合计							
无形资产				净资产			
				非限定性净资产			
受托代理资产				限定性净资产			
				净资产合计			
资产合计				负债和净资产合计			

“短期投资”项目，反映民间非营利组织持有的各种能够随时变现并且持有时间不准备超过1年（含1年）的投资，包括短期股票、债务投资和短期委托贷款、委托投资等。本项目应当根据“短期投资”账户的期末余额，减去“短期投资跌价准备”账户的期末余额后的金额填列。

“应收款项”项目，反映民间非营利组织期末应收票据、应收账款和其他应收款等应收未收款项。本项目应当根据“应收票据”“应收账款”“其他应收款”账户的期末余额合计，减去“坏账准备”账户的期末余额后的金额填列。

“预付账款”项目，反映民间非营利组织预付给商品或者服务供应单位等的款项。本项目应当根据“预付账款”账户的期末余额填列。

“存货”项目，反映民间非营利组织在日常业务活动中持有以备出售或捐赠的，或者为了出售或捐赠仍处在生产过程中的，或者将在生产、提供服务或日常管理过程中耗用的材料、物资、商品等。本项目应当根据“存货”账户的期末余额，减去“存货跌价准备”账户的期末余额后的金额填列。

“待摊费用”项目，反映民间非营利组织已经支出，但应当由本期和以后各期分别负担的、分摊期在1年以内（含1年）的各项费用，如预付保险费、预付租金等。本项目应当根据“待摊费用”账户的期末余额填列。

“1年内到期的长期债权投资”项目，反映民间非营利组织将在1年内（含1年）到期的长期债权投资。本项目应当根据“长期债权投资”账户的期末余额中将在1年内（含1年）到期的长期债权投资余额，减去“长期投资减值准备”账户的期末余额中1年内（含1年）到期的长期债权投资减值准备余额后的金额填列。

“其他流动资产”项目，反映民间非营利组织除以上流动资产项目外的其他流动资产。本项目应当根据有关账户的期末余额分析填列。如果其他流动资产价值较大，应当在会计报表附注中单独披露其内容和金额。

“长期股权投资”项目，反映民间非营利组织不准备在1年内（含1年）变现的各种股权性质的投资的可回收金额。本项目应当根据“长期股权投资”账户的期末余额，减去“长期投资减值准备”账户的期末余额中的长期股权投资减值准备余额后的金额填列。

“长期债权投资”项目，反映民间非营利组织不准备在1年内（含1年）变现的各种债权性质的投资的可回收金额。本项目应当根据“长期债权投资”账户的期末余额，减去“长期投资减值准备”账户期末余额中长期债权投资减值准备余额，再减去本表“1年内到期的长期债券投资”项目金额后的金额填列。

“固定资产”项目，反映民间非营利组织的各项固定资产的账面价值。本项目应当根据“固定资产”账户的期末余额，减去“累计折旧”账户的期末余额后的金额填列。

“在建工程”项目，反映非营利组织期末各项未完工程的实际支出，包括交付安装的设备价值、已耗用的材料、工资和费用支出、预付出包工程的价款等。本项目应当根据“在建工程”账户的期末余额填列。

“文物文化资产”项目，反映非营利组织用于展览、教育或研究等目的的历史文物、艺术品以及其他具有文化或者历史价值并作为长期或永久保存的典藏等。本项目应当根据“文物文化资产”账户的借方余额填列。

“固定资产清理”项目，反映民间非营利组织因出售、毁损、报废等原因转入清理但尚未清理完毕的固定资产的账面价值，以及固定资产清理过程中发生的清理费用和变价收入等各项金额的差额。本项目应当根据“固定资产清理”账户的期末借方余额填列；如果“固定资产清理”账户期末为贷方余额，则以“-”号填列。

“无形资产”项目，反映民间非营利组织拥有的为开展业务活动、出租给他人或为管理目的而持有的没有实物形态的非货币性长期资产，包括专利权、非专利技术、商标权、著作权、土地使用权等。本项目应当根据“无形资产”账户的期末余额填列。

“受托代理资产”项目，反映民间非营利组织接受委托方委托从事委托代理业务而收到的资产。本项目应当根据“受托代理资产”账户的期末余额填列。如果民间非营利组织的受托代理资产为现金、银行存款或其他货币资金且通过“库存现金”“银行存款”“其他货币资金”账户核算，还应当加上“库存现金”“银行存款”“其他货币资金”账户中“受托代理资产”明细账户的期末余额。

“短期借款”项目，反映民间非营利组织向银行或其他金融机构等借入的、尚未偿还的期限在 1 年以下（含 1 年）的各种借款。本项目应当根据“短期借款”账户的期末余额填列。

“应付款项”项目，反映民间非营利组织期末应付票据、应付账款和其他应付款等应付未付款项。本项目应当根据“应付票据”“应付账款”“其他应付款”账户的期末余额合计填列。

“应付工资”项目，反映民间非营利组织应付未付的员工工资。本项目应当根据“应付工资”账户的期末贷方余额填列；如果“应付工资”账户期末为借方余额，以“-”号填列。

“应交税金”项目，反映民间非营利组织应交未交的各种税费。本项目应当根据“应交税金”账户的期末贷方余额填列；如果“应交税金”账户期末为借方余额，则以“-”号填列。

“预收账款”项目，反映民间非营利组织向服务和商品购买单位等预收的各种款项。本项目应当根据“预收账款”账户的期末余额填列。

“预提费用”项目，反映民间非营利组织预先提取的已经发生但尚未实际支付的各种费用。本项目应当根据“预提费用”账户的期末贷方余额填列。

“预计负债”项目，反映民间非营利组织对因或有事项所产生的现时义务而确认的负债。本项目应当根据“预计负债”账户的期末贷方金额填列。

“1 年内到期的长期负债”项目，反映民间非营利组织承担的将于 1 年内（含 1 年）偿还的长期负债。本项目应当根据有关长期负债账户的期末余额中将在 1 年内（含 1 年）到期的金额分析填列。

“其他流动负债”项目，反映民间非营利组织除以上流动负债之外的其他流动负债。本项目应当根据有关账户的期末余额填列。如果其他流动负债金额较大，应当在会计报表附注中单独披露其内容和金额。

“长期借款”项目，反映民间非营利组织向银行或其他金融机构等借入的期限在1年以上（不含1年）的各种借款本息。本项目应当根据“长期借款”账户的期末余额减去其中将于1年内（含1年）到期的长期借款余额后的金额填列。

“长期应付款”项目，反映民间非营利组织承担的各种长期应付款，如融资租入固定资产发生的应付租赁款。本项目应当根据“长期应付款”账户的期末余额减去其中将于1年内（含1年）到期的长期应付款余额后的金额填列。

“其他长期负债”项目，反映民间非营利组织除以上长期负债项目之外的其他长期负债。本项目应当根据有关项目的期末余额减去其中将于1年内（含1年）到期的其他长期负债余额后的金额分析填列，如果其他长期负债金额较大，应当在会计报表附注中单独披露其内容和金额。

“受托代理负债”项目，反映民间非营利组织因从事受托代理业务、接受受托代理资产而产生的负债。本项目应当根据“受托代理负债”账户的期末余额填列。

“非限定性净资产”项目，反映民间非营利组织拥有的非限定性净资产期末余额。本项目应当根据“非限定性净资产”账户的期末余额填列。

“限定性净资产”项目，反映民间非营利组织拥有的限定性净资产期末余额。本项目应当根据“限定性净资产”账户的期末余额填列。

2. 业务活动表的编制

业务活动表反映民间非营利组织在某一会计期间内开展业务活动的实际情况，是民间非营利组织的基本报表之一，它能够反映非营利组织业务活动成果，可以为评价管理机构、管理者业绩提供依据，有助于反映净资产增减变动情况（见表8-2）。

业务活动表“本月数”栏反映各项目的本月实际发生数。在编制季度、半年度等中期财务会计报告时，应当将本栏改为“本季度数”“本半年度数”等本中期数栏，反映各项目本中期的实际发生数。在提供上年度比较报表时，应当增设可比期间栏目，反映可比期间各项目的实际发生数。如果本年度业务活动表规定的各个项目的名称和内容同上年度各项目的名称和内容不一致，应对上年度业务活动表各项目的名称和内容按照本年度的规定进行调整，填入业务活动表上年度可比期间栏目内。

业务活动表“本年累计数”栏反映各项目自年初起至报告期末止的累计实际发生数。

业务活动表“非限定性”栏反映本期非限定性收入的实际发生数、本期费用的实际发生数和本期由限定性净资产转为非限定性净资产的金额；业务活动表“限定性”栏反映本期限定性收入的实际发生数和本期由限定性净资产转为非限定性净资产的金额（以“-”号填列）。在提供上年度比较报表项目金额时，限定性栏目和非限定性栏目的金额可以合并填列。

表中各项目的内容和填列方法：

“捐赠收入”项目，反映民间非营利组织接受其他单位或者个人捐赠所取得的收入总额。本项目应当根据“捐赠收入”账户的发生额填列。

表 8-2　**业务活动表**

编制单位：　20××年××月　单位：元

项目	行次	本月数			本年累计		
		非限定性	限定性	合计	非限定性	限定性	合计
一、收入							
其中：							
捐赠收入	1						
会费收入	2						
提供服务收入	3						
商品销售收入	4						
政府补助收入	5						
投资收益	6						
其他收入	9						
收入合计	11						
二、费用							
（一）业务活动成本	12						
其中：	13						
	14						
	15						
	16						
（二）管理费用	23						
（三）筹资费用	24						
（四）其他费用	28						
费用合计	35						
三、限定性净资产转为非限定性净资产	40						
四、净资产变动额（若为净资产减少额，以“-”号填列）	45						

“会费收入”项目，反映民间非营利组织根据章程等的规定向会员收取的会费总额。本项目应当根据“会费收入”账户的发生额填列。

“提供服务收入”项目，反映民间非营利组织根据章程等的规定向其服务对象提供服务取得的收入总额（包括学费收入、医疗费收入、培训收入等）。本项目应当根据“提供服务收入”账户的发生额填列。

“商品销售收入”项目，反映民间非营利组织销售商品等所形成的收入总额。本项目应当根据“商品销售收入”账户的发生额填列。

“政府补助收入”项目，反映民间非营利组织接受政府拨款或者政府机构给予的补助而取得的收入总额。本项目应当根据“政府补助收入”账户的发生额填列。

“投资收益”项目，反映民间非营利组织以各种方式对外投资所取得的投资净损益。本项目应根据“投资收益”账户的贷方发生额填列；如果为借方发生额，则以“-”号填列。

“其他收入”项目，反映非营利组织除上述收入项目外所取得的其他收入总额。本项目应当根据“其他收入”账户的发生额填列。

上述各项收入项目应当区分“限定性”和“非限定性”分别填列。

“业务活动成本”项目，反映民间非营利组织为了实现其业务活动目标、开展其项目活动或者提供服务所发生的费用。本项目应当根据“业务活动成本”账户的发生额填列。

民间非营利组织应当根据其所从事的项目、提供的服务或者开展的业务等具体情况，按照“业务活动成本”账户中各明细账户的发生额，在本表第12行至第13行之间填列业务活动成本的各组成部分。

“管理费用”项目，反映民间非营利组织为组织和管理其业务活动所发生的各项费用总额（包括民间非营利组织董事会（或者理事会或者类似权力机构）经费和行政管理人员的工资、奖金、福利费、住房公积金、住房补贴、社会保障费，离退休人员工资与补助，以及办公费、水电费、邮电费、物业管理费、差旅费、折旧费、修理费、租赁费、无形资产摊销费、资产盘亏损失、资产减值损失、因预计负债所产生的损失、聘请中介机构费和应偿还的受赠资产等。其中，福利费应当依法根据民间非营利组织的管理权限，按照董事会、理事会或类似权力机构等的规定据实列支)。本项目应当根据“管理费用”账户的发生额填列。

“筹资费用”项目，反映民间非营利组织为筹集业务活动所需资金而发生的各项费用总额，包括利息支出（减利息收入）、汇兑损失（减汇兑收益）以及相关手续费等。本项目应当根据“筹资费用”账户的发生额填列。

“其他费用”项目，反映民间非营利组织除以上费用项目之外发生的其他费用总额。本项目应当根据有关账户的发生额填列。

“限定性净资产转为非限定性净资产”项目，反映民间非营利组织当期从限定性净资产转为非限定性净资产的金额。本项目应当根据“限定性净资产”“非限定性净资产”账户的发生额分析填列。

“净资产变动额”项目，反映民间非营利组织当期净资产变动的金额。本项目应当根据本表“收入合计”项目的金额，减去“费用合计”项目的金额，再加上“限定性净资产转为非限定性净资产”项目的金额后填列。

3. 现金流量表的编制

现金流量表反映民间非营利组织在某一会计期间内现金和现金等价物流入和流出的信息。编制现金流量表的目的是向报表使用者提供民间非营利组织一定时期内现金流入与流出信息，有助于他们了解和评价组织获取现金的能力，据以预测未来的现金流量（见表 8-3）。

表 8-3　现金流量表

编制单位：　20××年度　单位：元

项目	行次（略）	金额
一、业务活动产生的现金流量		
接受捐赠收到的现金		
收取会费收到的现金		
提供服务收到的现金		
销售商品收到的现金		
政府补助收到的现金		
收到的其他与业务活动有关的现金		
现金流入小计		
提供捐赠或者资助支付的现金		
支付给员工以及为员工支付的现金		
购买商品、接受服务支付的现金		
支付的其他与业务活动有关的现金		
现金流出小计		
业务活动产生的现金流量净额		
二、投资活动产生的现金流量		
收回投资所收到的现金		
取得投资收益所收到的现金		
处置固定资产和无形资产所收回的现金		
收到的其他与投资活动有关的现金		
现金流入小计		
购建固定资产和无形资产所支付的现金		
对外投资所支付的现金		
支付的其他与投资活动有关的现金		
现金流出小计		
投资活动产生的现金流量净额		
三、筹资活动产生的现金流量		
借款所收到的现金		
收到的其他与筹资活动有关的现金		
现金流入小计		
偿还借款所支付的现金		
偿付利息所支付的现金		
支付的其他与筹资活动有关的现金		
现金流出小计		
筹资活动产生的现金流量净额		
四、汇率变动对现金的影响额		
五、现金及现金等价物净增加额		

现金流量表中涉及的重要概念主要包括：

现金是指民间非营利组织的库存现金以及可以随时用于支付的存款，包括现金、可以随时用于支付的银行存款和其他货币资金。

现金等价物是指民间非营利组织持有的期限短、流动性强、易于转换为已知金额现金、价值变动风险很小的投资（除特别指明外，以下所指的现金均包含现金等价物）。民间非营利组织应当根据实际情况确定现金等价物的范围，并且一贯性地保持其划分标准，如果改变划分标准，应当视为会计政策变更。民间非营利组织确定现金等价物的原则及其变更，应当在会计报表附注中披露。

现金流量是一定时期内民间非营利组织现金流入和流出的数量。当民间非营利组织从各种业务活动收进现金，我们称为现金流入；当民间非营利组织为各种业务活动付出现金，我们称为现金流出。现金流入量减现金流出量的差额，叫做现金流量净额。

现金流量表由表头和基本内容两部分组成。表头部分包括名称、编制单位、编制日期和货币种类、金额单位等内容。基本内容部分是现金流量表的核心，按照民间非营利组织业务活动的性质主要分为业务活动产生的现金流量、投资活动产生的现金流量和筹资活动产生的现金流量三部分。每一类现金流量，一般按现金流入和现金流出总额反映。此外，为了反映采用的现金流量发生日的汇率或期初汇率折算的人民币金额与现金流量表“现金及现金等价物净增加额”中外币现金净增加额按期末汇率折算的人民币之间的差额，表中还设置了“汇率变动对现金的影响额”项目；为了反映民间非营利组织本年度现金及现金等价物变动的金额，设置了“现金及现金等价物净增加额”项目。

民间非营利组织应当采用直接法编制业务活动产生的现金流量。采用直接法编制业务活动产生的现金流量时，有关现金流量的信息可以从会计记录中直接获得，也可以在业务活动表收入和费用数据的基础上，通过调整存货和与业务活动有关的应收应付款项的变动、投资以及固定资产折旧、无形资产摊销等项目后获得。

现金流量表各项目的内容和填列方法：

“接受捐赠收到的现金”项目，反映民间非营利组织接受其他单位或个人捐赠取得的现金。本项目可以根据“库存现金”“银行存款”“捐赠收入”等账户的记录分析填列。

“收取会费收到的现金”项目，反映民间非营利组织根据章程等的规定向会员收取会费取得的现金。本项目可以根据“库存现金”“银行存款”“应收账款”“会费收入”等账户的记录分析填列。

“提供服务收到的现金”项目，反映民间非营利组织根据章程等的规定向其服务对象提供服务取得的现金。本项目可以根据“库存现金”“银行存款”“应收账款”“应收票据”“预收账款”“提供服务收入”等账户的记录分析填列。

“销售商品收到的现金”项目，反映民间非营利组织销售商品取得的现金。本项目可以根据“库存现金”“银行存款”“应收账款”“应收票据”“预收账款”“商品销售收入”等账户的记录分析填列。

“政府补助收到的现金”项目，反映民间非营利组织接受政府拨款或政府机构给予的补助而取得的现金。本项目可以根据“库存现金”“银行存款”“政府补助收入”等账户的记录分析填列。

“收到的其他与业务活动有关的现金”项目，反映民间非营利组织收到的除以上业务之外的现金。本项目可以根据“库存现金”“银行存款”“其他应收款”“其他收入”等账户的记录分析填列。

“提供捐赠或者资助支付的现金”项目，反映民间非营利组织向其他单位和个人提供捐赠或资助支出的现金。本项目可以根据“库存现金”“银行存款”“业务活动成本”等账户的记录分析填列。

“支付给员工以及为员工支付的现金”项目，反映民间非营利组织开展业务活动支付给员工以及为员工支付的现金。本项目可以根据“库存现金”“银行存款”“应付工资”等账户的记录分析填列。

民间非营利组织支付的在建工程人员的工资等，在本表“购建固定资产、无形资产所支付的现金”项目中反映。

“购买商品、接受服务支付的现金”项目，反映民间非营利组织购买商品、接受服务而支付的现金。本项目可以根据“库存现金”“银行存款”“应付账款”“应付票据”“预付账款”“业务活动成本”等账户的记录分析填列。

“支付的其他与业务活动有关的现金”项目，反映民间非营利组织除上述项目之外支付的其他与业务活动有关的现金。本项目可以根据“库存现金”“银行存款”“其他应付款”“管理费用”“其他费用”等账户的记录分析填列。

“收回投资所收到的现金”项目，反映民间非营利组织出售、转让或者到期收回除现金等价物之外的短期投资、长期投资而收到的现金。不包括长期投资收回的股利、利息，以及收回的非现金资产。本项目可以根据“库存现金”“银行存款”“短期投资”“长期股权投资”“长期债权投资”等账户的记录分析填列。

“取得投资收益所受到的现金”项目，反映民间非营利组织因对外投资而取得的现金股利、利息，以及从被投资单位分回利润收到的现金，不包括股票股利。本项目可以根据“库存现金”“银行存款”“投资收益”等账户的记录分析填列。

“处置固定资产和无形资产所收到的现金”项目，反映民间非营利组织处置固定资产和无形资产所取得的现金，减去为处置这些资产而支付的有关费用之后的净额。由于自然灾害所造成的固定资产等长期资产损失而收到的保险赔款收入，也在本项目反映。本项目可以根据“库存现金”“银行存款”“固定资产清理”等账户的记录分析填列。

“收到的其他与投资活动有关的现金”项目，反映民间非营利组织除上述各项目之外收到的其他与投资活动有关的现金。其他现金流入如果金额较大，应当单列项目反映。本项目可以根据“库存现金”“银行存款”等账户的记录分析填列。

“购建固定资产和无形资产所支付的现金”项目，反映民间非营利组织购买和建造固定资产，取得无形资产和其他长期资产所支付的现金。不包括为购建固定资产而发生的借款利息资本化部分，以及融资租入固定资产支付的租赁费。借款利息和融资租入固定资产支付的租赁费，在筹资活动产生的现金流量中反映。本项目可以根据“库存现金”“银行存款”“固定资产”“无形资产”“在建工程”等账户的记录分析填列。

“对外投资所支付的现金”项目，反映民间非营利组织进行对外投资所支付的现金，包括取得除现金等价物之外的短期投资、长期投资所支付的现金，以及支付的佣金、手续费等附加费用。本项目可以根据“库存现金”“银行存款”“短期投资”“长期股权投资”“长期债权投资”等账户的记录分析填列。

“支付的其他与投资活动有关的现金”项目，反映民间非营利组织除上述各项目之外，支付的其他与投资活动有关的现金。如果其他现金流出金额较大，应当单列项目反映。本项目可以根据“库存现金”“银行存款”等有关账户的记录分析填列。

“借款所收到的现金”项目，反映民间非营利组织举借各种短期、长期借款所收到的现金。本项目可以根据“库存现金”“银行存款”“短期借款”“长期借款”等账户的记录分析填列。

“收到的其他与筹资活动有关的现金”项目，反映民间非营利组织除上述项目之外，收到的其他与筹资活动有关的现金。如果其他现金流入金额较大，应当单列项目反映。本项目可以根据“库存现金”“银行存款”等账户的记录分析填列。

“偿还借款所支付的现金”项目，反映民间非营利组织以现金偿还债务本金所支付的现金。本项目可以根据“库存现金”“银行存款”“短期借款”“长期借款”“筹资费用”等账户的记录分析填列。

“偿付利息所支付的现金”项目，反映民间非营利组织实际支付的借款利息、债券利息等。本项目可以根据“库存现金”“银行存款”“长期借款”“筹资费用”等账户的记录分析填列。

“支付的其他与筹资活动有关的现金”项目，反映民间非营利组织除上述项目之外，支付的其他与筹资活动有关的现金，如融资租入固定资产所支付的租赁费。本项目可以根据“库存现金”“银行存款”“长期应付款”等有关账户的记录分析填列。

“汇率变动对现金的影响额”项目，反映民间非营利组织外币现金流量及境外所属分支机构的现金流量折算为人民币时，所采用的现金流量发生日的汇率或期初汇率折算的人民币金额与本表“现金及现金等价物净增加额”中外币现金净增加额按期末汇率折算的人民币金额之间的差额。

“现金及现金等价物净增加额”项目，反映民间非营利组织本年度现金及现金等价物变动的金额。本项目应当根据本表“业务活动产生的现金流量净额”“投资产生的现金流量净额”“筹资活动产生的现金流量净额”“汇率变动对现金的影响额”项目的金额合计填列。

（二）会计报表附注

会计报表附注是指为了帮助会计信息使用者理解会计报表的内容而对报表有关项目等所做的解释。会计报表附注主要包括两项内容：一是对会计报表各项目的补充说明；二是对那些会计报表中无法描述的其他财务信息的补充说明。

会计报表附注至少应当包括下列内容：

（1）重要会计政策及其变更情况的说明；

（2）董事会（或者理事会或者类似权力机构）成员和员工的数量、变动情况以及获得的薪金等报酬情况的说明；

（3）会计报表重要项目及其增减变动情况的说明；

（4）资产提供者设置了时间或用途限制的相关资产情况的说明；

（5）受托代理业务情况的说明，包括受托代理资产的构成、计价基础和依据、用途等；

（6）重大资产减值情况的说明；

（7）公允价值无法可靠取得的受赠资产和其他资产的名称、数量、来源和用途等情况的说明；

（8）对外承诺和或有事项情况的说明；

（9）接受劳务捐赠情况的说明；

（10）资产负债表日后非调整事项的说明；

（11）有助于理解和分析会计报表需要说明的其他事项。

（三）财务情况说明书

财务情况说明书是指对民间非营利组织一定期间经济活动进行分析总结的文字报告。它是在会计报表的基础上，对民间非营利组织财务状况、业务成果、资金周转情况及发展前景等所做的总括说明。

财务情况说明书至少应当对下列情况做出说明：

（1）民间非营利组织的宗旨、组织结构以及人员配备等情况；

（2）民间非营利组织业务活动基本情况，年度计划和预算完成情况，产生差异的原因分析，下一会计期间业务活动计划和预算等；

（3）对民间非营利组织业务活动有重大影响的其他事项。

阅读拓展 8-1

第二节　非营利组织财务报告分析

财务报表分析是指以财务报表和其他资料为依据和起点，采用专门的分析方法，系统分析和评价组织的过去和现在的财务状况和业务活动情况，目的是了解过去、评价现在、预测未来，帮助利益关系集团改善决策。财务报表分析的最基本功能，是将大量的报表数据转换成对特定决策有用的信息，减少决策的不确定性。本节将着重介绍财务报告分析的意义和财务报告的分析方法。

一、财务报告分析的意义

财务报表分析的目的是其内在的本质要求，而财务分析的意义则是其目的的外在表现，是不同财务信息使用者赋予的。就财务报表使用的主体而言，可以划分为捐赠者、内部管理者、国家有关部门和社会监督部门及债权人等。由于不同信息使用者所关注的财务分析结论是不同的，因此，财务分析对于他们的意义也就不同。

（一）从捐赠者角度

捐赠者是向非营利组织提供资金的人，通过对民间非营利组织的财务报告进行分析，捐赠者可以取得自己所关心的民间非营利组织资金的使用及其业务开展情况的信息，进而合理地进行捐赠，使得捐赠的效用能够最大化。

（二）从内部管理者角度

对民间非营利组织本身的内部管理者而言，通过对民间非营利组织的财务报告进行分析，能够充分了解组织财务状况和报告期内的业务成果，剖析民间非营利组织的经济情况，进一步找出组织在运营过程中的薄弱环节，总结民间非营利组织经济管理的经验教训，从而改善经济管理，确定发展方向和决策。由于管理人员掌握着大量的内部信息，对财务分析结果做出的反应最为迅速和直接，因而，管理者对财务信息的要求也更加具体、详细、深入。

（三）从国家有关部门和社会监督部门角度

对国家有关部门和社会监督部门而言，通过对民间非营利组织的财务报告进行分析，能够更好地掌握民间非营利组织业务活动和财务收支状况，检查民间非营利组织资金的运用情况，考察民间非营利组织对财经纪律、法规、制度的遵守情况，分析不同类型、不同地区、不同规模的民间非营利组织在经济运营中存在的问题，并以此作为确定民间非营利组织发展的依据，便于进行宏观调控。

（四）从债权人的角度

债权人是提供资金给组织并得到组织未来一定期限内按时还本付息承诺的人，他们关心的是组织的偿债能力。通过对民间非营利组织的财务报告进行分析，债权人可以从财务报告中取得他们关心的非营利组织的偿债能力信息，为债权人的借贷决策提供依据。

二、财务报告的分析方法

根据财务分析所要达到的目的、不同类型公共组织的资金活动特征，财务分析可采用比率分析法、比较分析法、因素分析法、综合分析与评价法等多种技术分析方法。

（一）比率分析法

比率分析法是比较分析法的发展，是指将影响某个指标的两个相关因素联系起来，通过计算比率来分析它们之间关系，进而分析和评价民间非营利组织财务状况和业务绩效的一种方法。比率分析法是民间非营利组织财务分析的具体分析方法。

1. 流动性比率

流动性比率主要包括流动比率和现金比率

（1）流动比率是流动资产与流动负债之比。

流动比率=流动资产/流动负债

一般来说，该比率越高，说明资产的变现能力越强，短期偿债能力亦越强；反之则弱。一般认为流动比率应在 2∶1 以上。

（2）现金比率反映组织即刻变现能力。

现金比率=（现金+短期有价证券）/流动负债

这里所说的现金是指现金及现金等价物。由于现金及短期有价证券是流动资产中变现能力最强的指标，因此，现金比率是评价民间非营利组织短期偿债能力强弱的最可信的指标。

2. 筹资比率

筹资比率主要反映民间非营利组织筹集资金的能力，包括捐赠比率和资产负债率。

（1）捐赠比率是捐赠收入总额与收入总额之比。

捐赠比率=捐赠收入总额/收入总额

运用捐赠比率可以分析民间非营利组织收入总额中有多少来自捐赠，每年的开支在多大程度上依赖捐赠。

（2）资产负债率反映了单位举债经营的能力，是负债总额与资产总额之比。

资产负债率=负债总额/资产总额

这个指标反映了民间非营利组织的全部资产中，由债权人提供的资产所占比重的大小，反映了债权人向民间非营利组织提供信贷资金的风险程度。

3. 营运能力比率

营运能力比率是衡量资产管理效率的财务比率。

（1）应收账款周转率反映应收账款变现速度的快慢和管理效率的高低。

应收账款周转率（周转次数）=营业收入/平均应收账款余额

其中，平均应收账款余额=（应收账款余额年初数+应收账款余额年末数）/2

应收账款周转期（周转天数）=平均应收账款余额×360/营业收入

一般情况下，应收账款周转率高，表明收账迅速，账龄较短；资产流动性强，短期偿债能力强；可以减少坏账损失等。

（2）存货周转率反映各环节的管理状况以及偿债能力和获利能力。

存货周转率（周转次数）=营业成本/平均存货余额

其中，平均存货余额=（存货余额年初数+存货余额年末数）/2

存货周转期（周转天数）=平均存货余额×360/营业成本

一般情况下，存货周转率越高越好。存货周转率高，表明存货变现的速度快；周转额较大，表明资金占用水平低。

（3）流动资产周转率反映流动资产利用情况。

流动资产周转率（周转次数）=营业收入/平均流动资产总额

其中，平均流动资产总额=（流动资产总额年初数+流动资产总额年末数）/2

流动资产周转期（周转天数）=平均流动资产总额×360/营业收入

一般情况下，流动资产周转率越高越好。流动资产周转率高，表明以相同的流动资产完成的周转额较多，流动资产利用效果较好。

（4）固定资产周转率反映固定资产利用情况。

固定资产周转率（周转次数）=营业收入/平均固定资产净值

其中，平均固定资产净值=（固定资产净值年初数+固定资产净值年末数）/2

固定资产周转期（周转天数）=平均固定资产净值×360/营业收入

一般情况下，固定资产周转率越高越好。总资产周转率高，表明固定资产的使用效率较高。

4. 现金流量比率

（1）现金流量充足率。

现金流量充足率=业务活动现金流量5年之和/资本性支出、存货增加额5年之和

该比率反映民间非营利组织从业务活动中产生的现金满足资本性支出和存货投资需要的能力。

（2）现金再投资比率。

现金再投资比率=业务活动净现金流量/（固定资产+长期投资+其他资产+运营资金）

现金再投资比率是指留存于单位的业务活动现金流量与在投资产之比。公式中的分母各组成部分是某个特定时点上的存量，其中运营资金指的是流动资产减去流动负债之后的余额。

（3）到期债务本息偿付比率。

到期债务本息偿付比率=业务活动现金净流量/（本期到期债务本金+现金利息支出）

该比率反映民间非营利组织业务活动创造的现金支付到期债务本金及利息的能力。到期债务本息偿付比率越大，说明偿付到期债务的能力越强，如果该比率超过1，意味着在保证现金支付需要后，还能保持一定的现金余额来满足预防性和投机性需求。如果比率小于1，说明经营活动产生的现金不足以偿付到期的本息，必须对外筹资、吸引投资或出售资产才能偿还债务。

（4）强制性现金支付比率。

强制性现金支付比率=现金流入总额/（业务活动现金流出量+偿还债务本息付现金额）

该比率反映民间非营利组织是否有足够的现金应付必须发生的偿还债务、支付业务活动费用等项支出。这一比率越大，现金支付能力就越强。

（二）比较分析法

比较分析法是将同一项数据或指标在不同的时间和空间进行对比，揭示客观存在的差异，并进一步分析产生差异的原因的一种方法，具体包括以下几项内容：

1. 绝对差异分析

绝对差异分析主要用于观察差异的规模。

绝对差异=实际值-标准值

2. 相对差异分析

相对差异分析主要用于观察差异的水准。

相对差异=（实际值-标准值）/标准值×100%

3. 差异百分点分析

差异百分点分析主要用于观察差异的程度。

差异百分点=实际百分点-标准百分点

模型中的标准值通常有历史标准、预期标准和同类非营利组织标准等。对于标准的选择不同，分析的意义也会有差异。历史标准主要指以前各期实现的数据或历史最高水平，将实际值与历史标准对比，可以揭示该指标的变化方向与变化程度，进而分析其影响因素，把握变动规律，最终预测出未来的发展趋势。预期标准主要指民间非营利组织制定的关于工作的预算、计划等指标，将实际值与预期标准对比可明确预期指标的完成情况。同类非营利组织标准是指规模、类别等与自己类似的民间非营利组织的平均水平，将实际值与同类民间非营利组织标准进行对比，可以了解该非营利组织与同类民间非营利组织间存在的差距，明确该民间非营利组织在其所处类型中的地位。

（三）因素分析法

因素分析法是当某项综合指标可表示为若干项相互联系的因素的乘积时，按照一定的程序和方法，计算确定各因素的变动对综合指标的影响程度的分析方法。综合指标往往是由多个相互依存的因素构成的，由于每个因素的变化不同，产生的影响也不同，通过因素分析法，可以找出主要的关键因素，为进一步分析和评价非营利组织的财务状况和业务绩效提供依据。一般而言，因素分析法可分为比率因素分解法、连环替代法和差额分析法。

1. 比率因素分解法

比率因素分解法是指把一个财务比率分解为若干个影响因素的方法。在实际的分析中，通常比率因素分解法和比较分析法是结合使用的。比较之后需要分解，以深入了解差异的原因；分解之后还需要比较，以进一步认识其特征。

2. 连环替代法

连环替代法是指根据因素之间的内在依存关系，依次测定各因素变动对经济指标差异影响的一种分析方法，其计算程序一般分为以下五个步骤：①确定分析对象。运用比较分析法计算出分析指标的实际值和标准值的总差异。②找出影响指标的各种因素，建立指标和因素之间的关系式。③按照关系式的排列顺序，依次用各种因素的实际值替代标准值，计算出替代结果。④比较相邻两次的替代结果，得到各因素变动对分析指标的影响方向和程度。⑤检验分析结果。将各因素变动对分析指标的影响值相加，其代数和应等于分析对象，即总差异。

用代数形式来表达上面的步骤可列示如下：

设某一分析指标 M 是由相互联系的 A、B、C 三个因素相乘得到的，下标“0”

为计划值，下标“1”为实际值。

①确定分析对象：$M_1 - M_0$=总差异。②建立关系式：计划指标 $M_0 = A_0 \times B_0 \times C_0$；实际指标 $M_1 = A_1 \times B_1 \times C_1$。③进行连环替代：计划指标 $A_0 \times B_0 \times C_0 = M_0$；第一次替代 $A_1 \times B_0 \times C_0 = M_2$；第二次替代 $A_2 \times B_1 \times C_0 = M_3$；第三次替代 $A_1 \times B_1 \times C_1 = M_1$。④计算影响方向和程度：A 因素变动对 M 的影响 $\Delta A = M_2 - M_0$；B 因素变动对 M 的影响 $\Delta B = M_2 - M_2$；C 因素变动对 M 的影响 $\Delta C = M_1 - M_3$。⑤检验分析结果：$M_1 - M_0 = \Delta A + \Delta B + \Delta C$。

3. 差额分析法。差额分析法是连环替代法的简化计算方法，计算原理与连环替代法完全一致，唯一的不同之处在于差额分析法是直接用各因素的实际值与标准值的差额来计算其影响数额，即将连环替代法中的③与④两步合为了一步进行。

（四）综合分析与评价法

综合分析与评价法主要是在对民间非营利组织已经做了一系列的分析后，要对组织财务状况和业务绩效做出综合分析和评价时所采用的方法，常见的主要有综合指数法和综合评分法。

1. 综合指数法。综合指数法是将综合分析与评价的结果用综合指数表示，首先确定影响综合指数的各项指标，然后将反映综合指数的指标数通过统计学处理，使不同计量单位、性质的指标值标准化，得到各项指标的个体指数，最后考虑各项指标在评价综合结果时具有不同的重要性，给各项指标指数以不同的权重，加权各项指标指数得到综合指数，以这个综合指数的高低反映评价结果的好坏。其基本思路是利用层次分析法计算的权重和模糊评判法取得的数值进行累积，然后相加，最后计算出综合评价指数。

2. 综合评分法。综合评分法是在确定影响综合评价的各项指标后，分别按不同指标的评价标准对各评价指标进行评分，然后汇总得出综合评价分数，以这个综合评价分数的高低反映评价结果的好坏。其适用于评价指标无法用统一的量纲进行定量分析的场合。

第三节 非营利组织财务报告体系的缺陷及其改进

在民间非营利组织快速发展的进程中，有些非营利组织出现了资金管理混乱、擅自改变资金用途、违规收取赞助费、管理费用开支比例过高、工资及福利超标等一系列丑闻，导致人们对非营利组织产生了“信任危机”。现在，人们对非营利组织的关注度越来越高，要求这些组织公布能够反映运营业绩和费用开支的财务报告，以了解机构所进行的活动是否与使命相关，日常运作是否健康，自身管理开销如何，慈善项目能否可持续发展等相关信息。一份高质量的财务报告应该做到全面、真实、公正、透明地反映组织的整体财务状况，目前我国民间非营利组织财务报告在满足上述要求方面还存在不足。

一、我国民间非营利组织财务报告的缺陷

（一）民间非营利组织财务报告内容不完善

根据《民间非营利组织会计制度》第 58 条，对于民间非营利组织接受的劳务捐赠，不予确认，但应当在会计报表附注中作相关披露。这与国际上的通行做法有着明显的不同。《美国财务会计准则》第 116 号“接受捐赠的会计处理”中，对于所获得的捐赠劳务确认收入，应满足两个前提条件：“一是创建或增加非财务性资产；二是需要专门技术，并且由拥有该项技术的个人提供，如果未获得捐赠则需要购买该技术。”并规定：“收到捐赠劳务的组织，应描述使用这些劳务的项目和活动，包括该期收到的捐赠服务的本质特征，并将这些劳务的数额确认为该期收入。”中美在上述规定上的分歧主要表现在：我国对于捐赠劳务的确认和计量持比较谨慎的态度，因其最终经济目标的实现存在较大不确定性，以及具体的计量存在较大难度，而放弃了对该事项的会计确认和计量；而美国对于劳务捐赠根据具体实质性内容，进行了比较细致的划分，对于满足前提条件的劳务捐赠，予以确认和计量。随着我国民间非营利组织的迅速发展，劳务捐赠的事项日益增多，现行规定不利于这些经济业务在财务报告中反映，这必然会对民间非营利组织财务报告质量产生负面影响。

（二）民间非营利组织财务报告体系不完整

我国《民间非营利组织会计制度》要求所有民间非营利组织编制三张会计报表：资产负债表、业务活动表、现金流量表。作为具有慈善和福利性质的民间非营利组织，其资金主要来源于各种形式的捐赠收入，这些非营利组织有义务将资金的使用情况尽可能详细地向捐赠者公布，帮助捐赠者了解所捐资金的用途和去向，让捐赠者知道自己委托给民间非营利组织的资产是否得到了恰当的使用，并可能帮助捐赠者做出追加捐赠等决策。目前，我国的民间非营利组织并没有一张能够详细报告整个组织的费用支出情况的报表，因此无法了解组织为实现其业务目标所发生的各项费用的详细开支情况，比如：会议费用、差旅费用及办公费用的支出比例，员工的福利及退休金的支出数额等；同时非营利组织并未公布其期初预算情况以及预算完成情况，不仅使社会公众对其执行力产生怀疑，各界捐赠者也无法判断组织是否有效地把公益行动渗透到需要的地方。

（三）财务报告信息披露质量不高

尽管《民间非营利组织会计制度》规定了报表附注信息披露应该包括的内容，但在实际工作中，非营利组织会计报告附注信息的披露现状不容乐观，主要存在以下问题：

1. 信息披露不充分

部分非营利组织财务人员虽然编制了会计报表附注，但所披露的会计信息较少且具有局限性。民间非营利组织通常选择披露一些对组织有利的信息，对不利事项披露较少或根本不披露；或是披露一些使用者并不感兴趣的数字，如折旧是多少，

借款的比例，现金的净增加额等。事实上，作为民间非营利组织财务报告信息使用者或捐赠方，他们感兴趣的内容应该是能够体现非营利组织的公益或互益宗旨的相关内容，如非营利组织提供的服务是否与使命相关，提供的数量和质量如何，高级职员的报酬是多少，享受税收减免的数量等。

2. 信息披露不公开、不透明

民间非营利组织财务报告披露的方式单一。民间非营利组织在以纸张为载体的报告环境下，根据持续性披露原则而公布的财务信息仍然难以获取，民间非营利组织的财务信息基本上处于封闭状态，大量的财务数据、财务报告和财务分析以内部文件的形式出现，由此也就降低了组织财务信息的公开性和透明性。

非营利组织常常躲在“黑匣子”里，甚至不愿透露最基本的财务和项目信息，捐款人无从了解所捐助资金的用途和去向。信息分布的不对称使得少数不法分子有机可乘，用公共捐款谋取个人私利。个别非营利组织中的高工资、高津贴现象和侵占公款的丑闻，反映了其财务上的混乱。这类事例引发的不信任感制约了非营利组织通过公众自愿捐款获取资金的能力。相反，良好的会计信息披露可以起到使“黑匣子”透明的作用，使每一个对组织关心或有疑问的人都可以对其进行检查和监督，并为决策提供依据。

3. 附注内容滞后

有的非营利组织故意使内容滞后，如对或有事项、提供担保等需要及时公布的内容有意延期披露；有的非营利组织是非故意的，也造成了信息滞后；还可能主要因为企业管理层及会计人员的素质不高，当时未能正确理解附注应披露哪些内容而造成事后披露。

阅读拓展 8-2

红十字会“郭美美事件”

2011 年 6 月 22 日，新浪微博上一个名叫“郭美美”的女孩，炫耀自己“住大别墅、开玛莎拉蒂”，而且自称是中国红十字会商业总经理，结果招致网上无数的板砖和口水。一时之间，中国红十字会的红色徽标，成为舆论攻击的靶心，将中国红十字会拉进了舆论的旋涡。这场质疑的风暴从商业系统红十字会（以下简称“商红会”）与多家公司的关联，红十字会与商红会厘不清、扯不明的商业运作关系，逐渐演化为对红十字会这一官办慈善组织本身的反思。中国红十字会是人道救助组织，是国际红十字运动的成员，在全国有 32 个省级分会，香港、澳门两个特别行政区分会，333 个地级分会，2 860 个县级分会，95 000 个基层组织，2 026 万会员，还拥有商业系统红十字会、铁路系统红十字会，是中国最大的人道慈善组织。中国红十字会的主要任务是“三救”——救灾、救护、救助和“三献”——无偿献血、造血干细胞捐献、人体器官捐献。

在长达半个世纪的和平时期，公益慈善事业成为各国红十字会行使的主要职能。但在中国，本应属于民间组织的红十字会却已异化为一种与权力体系结合甚密的官办组织。改革开放以后，我国引入国际上的现代基金会管理机制。1994 年，中国红十字会直属基金——红十字基金会在民政部注册登记成立。但红十字总会原有的公募资格和公募牌照资源并没有被同时取消。由此，就出现了红十字会和红十字基金会两个具有独立公募资格的组织。一手垄断权力，一手与商业结盟，将商业与公益混在一起，既有政府的财政拨款，又有民间劝募的善款，中国红十字会创造了一种有中国特色的运营模式。商红会商业化运作模式逐渐浮出水面，其十年来没有进行社团登记、没有进行财务审计的事实被曝光。

此外，红十字会款项的去向透明度也经常受到公众质疑。除了过度的商业运作之外，红十字会近年来也被媒体曝光"开豪车""住豪房""天价餐费""天价帐篷""公款购物"等事件，审计署也曾发布审计报告，称红十字会数百万元金额存在问题。

资料来源　耿玮. 非营利组织财务报告及信息披露问题研究［D］. 大连：东北财经大学，2011.

（四）缺乏财务报告审计制度

为了提高民间非营利组织运营过程中的透明度、规范组织信息披露的行为，我国政府机构制定了一系列的法律法规。

1. 基金会

2004 年发布的《基金会管理条例》第 36 条明确规定：基金会、境外基金会代表机构应当于每年 3 月 31 日前向登记管理机关报送上一年度工作报告，接受年度检查。年度工作报告在报送登记管理机关前应当经业务主管单位审查同意。年度工作报告应当包括：财务会计报告、注册会计师审计报告，开展募捐、接受捐赠、提供资助等活动的情况以及人员和机构的变动情况等。

2. 社会团体及民办非企业单位

1998 年 10 月公布的《社会团体登记管理条例》第 31 条和《民办非企业单位登记管理暂行条例》第 23 条规定：社会团体应当于每年 3 月 31 日前向业务主管单位报送上一年度的工作报告，经业务主管单位初审同意后，于 5 月 31 日前报送登记管理机关，接受年度检查。工作报告的内容包括：本社会团体遵守法律法规和国家政策的情况、依照本条例履行登记手续的情况、按照章程开展活动的情况、人员和机构变动的情况以及财务管理的情况。

但是，目前只有基金会依照规定向业务主管单位及登记管理机关提供了由注册会计师审计的财务报告，社会团体及民办非企业单位的财务报告都没有要求提供注册会计师的审计报告。在现实生活中，社会团体及民办非企业单位的财务审计由业务主管部门负责，但这种由组织内部主管部门执行的审计一般质量不太高，也不够专业，从而也就无法保证信息的公允性。

（五）财务报告提供的会计信息不能得到充分使用

一般情况下，民间非营利组织在制作财务报告，披露组织的会计信息时所使用的都是专业术语，内容也相对比较零散。而会计信息的使用者在获取会计信息后因内外条件的限制无法对其进行有效的加工、整理和分析以便于决策者使用，因此客观上也就造成了所披露的会计信息资源的浪费。而且民间非营利组织并不是以营利为目的的，它们不能像企业那样仅仅通过资产负债表和利润表中的会计信息就反映出其经营业绩。同时，表中一些信息对非营利组织也不是最重要的，从而导致财务报告提供的会计信息不能得到充分使用。

（六）财务报告信息查阅困难

我国民间非营利组织财务报告的信息查阅很困难，对外公布财务报告及其相关信息的民间非营利组织仅占极少部分，还有为数众多的民间非营利组织没有对外公布财务报告及其相关信息。现阶段，财务报告发布的渠道及现状如下：

（1）国家民间组织管理局在其网站上建立了一个基金会信息公布专栏，在这个专栏里公布了部分全国性基金会的年度工作报告。但由于基金会年度工作报告中只规定提交资产负债表、业务活动表和现金流量表，而没有要求提供会计报表附注和财务情况说明书，所以在此处仅能查询到基金会的会计报表的信息，而无法了解会计报表披露的相关信息。实质上，民间非营利组织会计报表附注信息所披露的内容，更能帮助会计报表信息使用者了解机构的活动，做出相关决策。

（2）一些规模较大的民间非营利组织，在本机构网站上公布了年度审计报告或财务报告以及所开展的活动介绍，但这些审计报告或财务报告是翻拍版本，一些数据无法看清楚，使用者很难对报告数据进行利用或分析。

（3）还有一些民间非营利组织在机构网站上提供了部分财务信息，比如说，某个特别项目的财务情况，某笔捐赠的资金使用情况，而没有整体财务报告，无法了解到整个机构的财务状况。

二、民间非营利组织的财务报告的改进

（一）改进捐赠劳务的确认标准

西方相关准则对于捐赠劳务事项，根据具体的实质性内容进行比较细致的划分：对于仍然存在较大不确定性因素的事项不予确认和计量，仅作为表外事项进行披露，但对一些特定的符合会计要素确认条件的捐赠劳务及捐赠承诺，则要求按捐赠收入进行确认和计量。因此，我国非营利组织会计制度不妨以实质重于形式的原则为出发点，兼顾谨慎性原则，区分情况对捐赠劳务进行确认和计量，而且这种收入的确认和计量，也更符合权责发生制原则，同时便于与国际接轨。

（二）增加职能费用表

由于民间非营利组织的资金来源具有广泛性和特殊性，组织有必要向社会公众公开整个组织运营费用的详细情况。因此，民间非营利组织应该在现有的三张基本会计报表的基础上，增加一张职能费用表，以进一步完善我国非营利组织财务报告体系。职能费用表是通过对业务活动表中的费用发生额进行再次分类，从而得到按功能分类费用开支的详细数据，提供整个组织费用开支的用途及金额等相关信息给组织的管理层、监管机构和社会公众。

（三）提高会计报表附注所披露的信息的质量

要提高民间非营利组织会计报表附注信息披露的质量，首先，可以从制度法规上提高其质量。比如在制定或修改相关的制度法规时，可以要求民间非营利组织必须按照规定的格式和要求披露的内容去制作会计报表附注。其次，要从自身做起，提高其质量。对于民间非营利组织来说，它们只有主动去披露一些信息才能赢得公众的信任，才能募捐到更多的资金。因此，民间非营利组织要主动加强自身的诚信意识和对财务人员的培训，充分保障捐赠者的知情权，以提高整个组织的公信力，促使相关的支持者们做出有利于组织可持续发展的决策。

（四）完善财务报告审计制度

2004 年颁布的《基金会管理条例》第 36 条明确提出每年对基金会进行注册会计师审计并提交审计报告的规定。因此，为了接受政府和社会的监督，保证财务报告的真实性、公允性，我国非营利组织的管理部门应制定相应的法规，要求基金会、社会团体及民办非企业单位无论规模大小，都应聘请注册会计师对年度财务报告进行审计。除此之外，民间非营利组织还应建立健全自身的内部控制制度，来约束非营利组织经营管理者干预正常会计过程的行为，从而提高非营利组织财务报告的可靠性和公允性。

（五）加大财务报告中非量化信息的比重，增强信息的可分析性

从民间非营利组织的性质可知它们并不是以营利为目的的，这就使得对它们的业绩评价不能以经济效益为标志，也就表明了它们不能像企业那样仅仅通过资产负债表和利润表就能大致地反映出其经营业绩。

因此，非营利组织的财务报告作为业绩评价的重要依据，应当尽可能提供业绩评价所需要的全部信息。这就使得必须加大财务报告中非量化信息的比重，才能形成真正意义上的非营利组织的财务报告，才能够使相关人员从中分析出非营利组织运营和管理的经济性和社会性，并帮助其做出改进和优化。

（六）改进财务报告信息发布渠道

民间非营利组织财务信息披露应充分利用互联网技术，建立信息披露的专用系统和基于互联网的电子化披露体系。信息披露的负责人应通过该系统进行所有公开信息的披露，民间非营利组织建立历史资料库，收录组织的历史财务信息，包括历年的财务报表等具体信息，并将该资料库与信息披露专用系统相链接，以便信息使用者查询。此外，还可以建立民间非营利组织网络化信息平台，信息使用者通过该平台可以了解某个非营利组织的整体财务状况，可以对非营利组织的资金使用情况进行考核，有效地监督资金的使用效果；还可以对不同的非营利组织进行比较。一个民间非营利组织如果能够做到自愿公开财务信息，接受公众监督，表明这个民间非营利组织管理能力较强，能够很负责任地使用捐赠款项，同时也是组织具有很高公信力的一个重要表现。

复习思考题

1. 民间非营利组织财务报告的目的是什么?
2. 民间非营利组织财务报告可以按哪些标准进行分类?
3. 民间非营利组织财务报告的编制应遵循哪些原则?
4. 对民间非营利组织财务报告进行分析有何意义?
5. 简述民间非营利组织财务报告的分析方法。
6. 结合实际案例，探讨我国民间非营利组织目前存在的缺陷及改进措施。

第九章　非营利组织的财务绩效评估

学习目标：通过本章学习，能够全面理解非营利组织财务绩效评估的相关概念；了解非营利组织财务绩效评估的体系和指标；全方位掌握非营利组织财务绩效评估的方法；认识非营利组织财务绩效评估的问题及影响因素。

第一节　非营利组织财务绩效评估内涵

一、绩效内涵

随着非营利组织数量的日益增多、形式的日益多样化以及社会影响力的日渐增强，政府、捐赠者和社会公众对非营利组织引入“绩效评估”提出了更高的要求。非营利组织需要借鉴和运用绩效评估的各种理论和方法，对组织的绩效进行科学、有效的测量和评估以发现管理中存在的问题，并通过分析和解决这些问题来改善组织绩效、提高组织的管理职能和社会公信力。

从语义学上讲，“绩效”的含义是成绩和效率。学者们一般从个体和组织的层面来界定绩效的内涵，层面不同，绩效所包含的内容、影响因素及其测量方法也不同。目前对于绩效内涵的界定主要存在两种观点：一种观点认为，绩效是在特定时间范围、特定工作职能、特定活动或行为上生产出的结果记录；另一种观点认为，绩效是员工自己控制的与组织目标相关的行为。前者用观察得到的结果状态定义绩效，显得过于狭隘（许多工作结果并非因工作行为而产生）和片面（某些行为能间接产生结果，却未被观测到）；后者以关联性行为来衡量绩效，得到了学术界的普遍认同。

随着绩效评估实践的领域从企业等营利组织扩展到非营利组织，对绩效的探讨视角也从个体扩展到组织，绩效的内涵也得到了不同程度的发展。有些学者将绩效等同于生产率（Productivity）、效率（Efficiency）和效能（Effectiveness）；有些学者认为，绩效不仅体现在时效、速度、理想的产出投入比率上，更体现在组织多元目标的实现上。不管怎样，绩效内涵的核心仍然是与组织目标相关联的行为及其结果。总的来说，绩效主要体现在成果和效率两个方面，绩效应当是衡量人类一切实践活动的客观标准，而成果与效率是相辅相成的，缺一不可。

对于非营利组织而言，绩效是指非营利组织作为一个整体，在管理和服务等行为中所取得的业绩、成就和影响等。运用“绩效”概念衡量非营利组织活动的效果，其外延不仅涉及组织的运营效率层面，还涉及运营成本、社会影响力、发展预期等多元目标的实现。

二、财务绩效评估内涵

评估，是指对管理的对象采用相应的科学方法，以确认的某些标准为尺度进行衡量，将所得到的结果与原预定的目标相比较，从而获得最佳结果的过程。根据内容的不同，绩效评估可以分为财务绩效评估、经营绩效评估和社会绩效评估等。其中，财务绩效评估是以价值形式对组织的财务状况及经营成果进行综合性的考察和剖析，并将活动成果和预先设定的标准或存在的状况进行比较，来判断其现状的优劣，并有效预测未来发展趋势的过程。具体地说，财务绩效评估是通过对组织财务报表的有关数据和其他资料进行汇总、计算、对比和说明，进一步揭示财务状况、盈利水平、经营状况的一种分析评估方法。

非营利组织绩效评估是指运用科学的标准、方法和程序，通过对组织的管理效率、服务质量、公共责任、公众满意度等方面的评价和判断，对非营利组织在公共管理过程中的投入、产出、最终结果所体现出来的绩效进行评定和认可的过程。

阅读拓展 9-1

壹基金牵头百家公益组织“晒账单”

“壹基金秘书长杨鹏的年薪为 50 万元人民币，38 名全职人员薪酬总额为 4 256 213.87 元，来自中国红十字会总会的捐赠为 49 896 575.30 元，占壹基金总收入的 46.14%……”这一切，都来自 USDO 自律吧所公布的数据。2012 年 8 月 21 日，USDO 自律吧启动“自律壹夏晒公益”活动，两周内，百家民间公益组织一起“晒账单”，向社会展示民间公益行业公开、透明、诚信、自律的新形象。“晒”出的“账单”内容包括公益组织捐赠收入、业务活动成本、管理成本、筹资费用等关键数据，对于机构负责人薪酬、全职人员薪酬、前五大捐赠方等信息更做出了前所未有的有力披露。而更重要的是，在准备好足够的勇气“裸晒”的同时，民间公益组织也开始了对财务管理能力的长足建设，以及对现代公益理念文化的传播与培育。

USDO（Union of Self-Disciplinary Organization）自律吧是一个由民间公益组织自发成立的，旨在通过行业自律来提升公信力的网络社区，通过贯彻广泛认可的自律价值观，推动公益组织自律和问责的自愿行动。壹基金是其发起机构和成员机构之一，也是其唯一的资助方。自 2011 年起，除了由各成员执行常规的自律规范之外，USDO 自律吧还会在每年的 8 月份通过网络开展“自律壹夏晒公益”活动。也正是在 2011 年，公益领域一系列危机接踵而至，给整个行业带来前所未有的冲击和考验，业内也产生诸多反思，推动行业透明与自律的行动变得更加重要而紧迫。2012 年，USDO 自律吧开始了推动财务披露规范化的努力，按照其协调小组组长、壹基金公益支持部总监唐艺蕾的表述，就是要考虑“用什么方式把财务‘晒’出来最能令公众理解和接受”。2012 年 1 月，70 多家 USDO 自律吧成员机构共同发出

“要透明，不要零”的年度倡议，反对不切实际的“零管理费运行”模式，倡导公益组织披露真实、完整的财务状况。3月，壹基金资助北京恩友财务开发了《USDO财务信息披露模板》以及“USDO透明指数”两个财务信息披露工具。《USDO财务信息披露模板》是一个非官方的财务信息披露工具，其目标是引导民间公益组织财务信息披露行为规范化、系统化和大众化。“USDO透明指数”是一套简易的财务透明度评估工具，通过简明的维度对公益组织的财务透明进行简单易行的衡量，旨在方便公众理解和参与。

“裸晒”并非没有风险，职员薪酬、管理成本、筹资费用等数据的公开，部分公众很可能无法理解和接受，对此，选择“裸晒”的组织也有了心理准备。“事实上，正是这些因素影响了公益组织财务公开的主观意愿，‘裸晒’需要勇气，俗话说‘枪打出头鸟’，可能财务公开了反倒被口水淹死了，但我们还是要理性看待，要坚信财务公开对于行业可持续发展是有益的。”唐艺蕾说。如对于壹基金秘书长杨鹏的50万元年薪，一些人感觉超出了他们对于公益行业薪酬水平的固有印象，但其实在国际机构当中，秘书长薪水是这个数字的4～5倍，在加入壹基金之前，杨鹏的薪水也比这更高。在更多的民间公益组织当中，低薪仍然是普遍现象。据壹基金统计，六成机构的资金不到50万元，工作人员不到3人，月薪不到3 000元。低薪是公益行业痼疾之一，造成整个行业的人才流失。再比如管理费用、筹资费用的问题，这是USDO自律吧想重点澄清的概念之一。“我认为一些机构提出的‘零管理费模式’是一个伪概念，看上去很纯洁，实际上只不过是把成本转嫁了，可能是另外筹资，也可能是由理事会、志愿者自己出钱。不管成本出自左边口袋还是右边口袋，其实都是社会的口袋，这样做无异于‘朝三暮四’。”唐艺蕾说，这造成的结果是成本更加不清晰、不可控，资金使用效率也更加不可察。事实上，以上理念在国内外公益行业都已有共识，标榜道德的“苦行僧”式的行为已不符合现代公益事业的要求。“我们要做可持续的公益，以一种正常的、健康的、快乐的、向上的面貌来面对公众。”唐艺蕾说。

资料来源 张麒麟. 壹基金牵头百家公益组织“晒账单”[N]. 南方日报，2012-08-28.

第二节 非营利组织财务绩效评估体系

非营利组织财务绩效评估是一种有效的管理工具，可以使管理者更好地了解组织的运作过程，掌握组织的财务状况，合理地使用有限的资源。建立非营利组织财务绩效评估体系，有利于提高组织的管理水平，实现资源的优化配置。

一、非营利组织财务绩效评估的理论基础

（一）委托-代理理论

委托-代理理论主要研究的是委托-代理关系问题（Principal-agent Problem）。所谓委托-代理关系，是指某人或某些人雇用他人去履行特定的权利和责任时所形

成的关系，前者称委托人，后者称代理人，委托人和代理人的权利和义务均在双方认可的雇佣关系中加以明确。这种委托-受托责任关系的范围极为广泛，在各类组织及其合作活动中普遍存在。营利组织的委托-代理关系主要表现在两个层面上。第一层次的委托-代理关系是所有者与经营者之间的产权关系，第二层次的委托-代理关系是经营者与营利组织内部各部门（包括财务部门）之间的非产权性质的托管关系。非营利组织也不例外，并且在第一个层次上表现出与营利组织不一样的特征：资源所有者把资源捐赠给组织时，不仅赋予其使用权和决策权，所有权也同时发生了转移，虽然不同于营利组织的资产委托人对所托资产要求相应的回报，但他们仍希望委托的资源能够得到充分的利用，发挥出最大的效益。

非营利组织与政府、捐赠人、志愿者等实际上形成的是一种委托人-代理人关系。政府、捐赠者、志愿者作为非营利组织的投资者和服务者，可以视为委托人，而非营利组织构成了生产者或经营者，可视之为代理人。代理人接收了委托人的资助和授权，就必须对委托人负起责任，这种委托-代理关系的存在就对非营利组织的运行建立起了一种约束机制，强化了非营利组织的“公共责任导向”（Responsibility Driven）理念。定期对非营利组织进行绩效的测量和评估能够提醒非营利组织时刻肩负起自己的社会责任，只有通过量化的比较分析，才能评估非营利组织是否真正落实了公共责任。

委托-代理关系的存在，使得非营利组织承担了履行其委托-代理责任的义务。而财务信息正是连接委托人与代理人双方的桥梁与纽带。在现实中，财务信息主要是通过财务报告反映出来的，财务报告揭示了资产的保值增值情况和资金使用情况。非营利组织的管理者通过定期提供财务报告，反映其财产责任、事业发展情况和法律责任的履行情况，它是委托人评估和控制代理人业务运营效果的依据之一，同时它也是代理人充分、准确地表述自己工作业绩的手段之一。所以，财务报告就成了非营利组织财务绩效评估的资料来源。

（二）权变理论

权变理论是20世纪70年代在美国经验主义学说基础上发展起来的管理理论。它是以系统观点为依据，研究一个组织如何根据所处的内外部环境可变因素的性质，在变化的条件下和特殊情境中，采用适当的管理观念和技术，提出最适合于具体情境的组织设计和管理活动的管理理论。

所谓权变，即随机应变之意。它认为，世界上根本不存在适用于一切情况的“最好方式”。管理的形式和方法必须根据组织的外部环境和内部条件的具体情况而灵活选用，并随着环境和条件的发展变化而随机应变，这样才能取得较好的效果。

权变理论认为管理方式和技术要随组织内外环境的变化而变化，二者之间的函数关系是权变关系。通常情况下，环境是自变量，管理方式和技术是因变量。权变理论有两个最大的特点：一是它强调根据不同的具体条件，采取相应的组织结构、领导方式、管理机制；二是把一个组织看做社会系统中的分系统，要求组织各方面的活动都要适应外部环境的变化。

根据权变理论，对非营利组织财务绩效的评估及指标体系的建立应使用权变的观点。也就是说，实践中不存在一成不变的、普遍适用的“最好”的绩效评估指标体系，各组织应随机制宜，根据自己的特点和组织的内外部环境要求设计合理科学的绩效评估体系，并随着环境的变化不断调整。同时也要注意，权变理论提出的随机制宜并不等于否定在具有相似性的非营利组织之间存在较通用的评估组织财务绩效基本状况的指标体系，同类非营利组织基于相同或类似的特征与条件，也可以建立一个具有较广泛适用性的财务绩效评估指标体系。

（三）公民社会理论

公民社会是在市场经济发展、市民阶级成长、国家与社会分离的基础上形成的。20 世纪 90 年代中期，我国学术界从西方引进了公民社会理论。经过近 10 年时间的消化，公民社会理论的中国化程度已经大大加深。关于 Civil Society，国内现有三种不同的翻译：“公民社会”、“市民社会” 和 “民间社会”。此处采用俞可平研究员的定义，即“公民社会是指国家或政府之外的所有民间组织和民间关系的总和，不仅包括非营利组织，还包含民间关系的含义，是一个总和的概念”。公民社会的主要要素是非营利组织。当代学者从国家与社会二元理论结构基础上发展出的国家、经济、社会三元理论，将公民社会看做国家与经济控制之外的那个社会领域，亦可称为“第三域”，相当于哈贝马斯的“公共领域”。

公民社会理论认为，市场经济、民主政治与强大的公民社会是不可分离的，正是以公共交往为核心的公民社会将人们从国家与经济的超强控制与统治中解脱出来，并进而在国家、经济、社会三者之间建立一种良性互动关系。公民社会理论认为，在不同政体的国家中，公民社会的地位各不相同，总的来说，公民社会的地位取决于国家的包容度和开放程度。在新权威主义政体，即经济发展、政治专制的政体或者仁慈的权威主义政体之下，公民社会是受怀疑的对象，但随着计划经济的消失，在这些国家，公民社会日益重要，而且发展迅速。

公民社会理论认为，一般来说，公民社会的作用主要有如下四种：一是制衡国家，限制国家的权力和范围，减少腐败，阻止对公民权利的侵犯；二是有助于以国家不便或做不到的方式进行社会动员；三是可以使个人按照民主的方式进行社会化，从而培养合格的社会公民；四是公民社会是通向更为广泛、更为深入的民主制度的道路。

公民社会理论认为，由于妨碍公民社会壮大的主要障碍是专制主义、民族主义、发展迟缓和强大的文化传统，所以强化公民社会的途径主要有两条：一是加强市场经济，以加大向国家范围之外的个人和组织授权的方式，打破国家在配置和动员社会资源方面的垄断地位；二是建立地方自治组织和向地方政府下放权力，以便这些自治的基层组织有广大的发展空间，有机会影响公共政策的制定。

公民社会理论为非营利组织财务绩效评估提供了一个宏观的指引。我们对非营利组织财务绩效评估的最终目标是促进我国公民社会的建设。在政府“转型”的背景下，通过不断地发展和壮大非营利组织，尽可能地填补社会福利的空白，从而在国家、经济、社会三者之间建立一种良性互动关系。

（四）系统理论

所谓系统，是指由若干要素组成的，互相联系又互相制约，为实现一个共同的目标而存在的有机集合体。系统论认为，世界上的万事万物，都构成了大大小小的系统，大系统由许多子系统组成，而每个子系统则由更小的子系统组成。

系统的基本特征：

1. 目标性。每个系统都有特定的目标，系统中的各要素互相配合，都服从于系统的整体总目标。

2. 组织性。组织性即系统的组织结构性，系统可分为总系统和分系统，总系统由分系统组合而成，各分系统又具有一定的独立性。

3. 集合性。系统是由若干个可以相互区别的要素组成的，各要素之间有明确的界限。

4. 相关性。系统内的要素是相互联系和相互作用的。

5. 开放性。系统总是存在于一定的物质环境中，它与外部环境产生物质、能量以及信息的联系。

6. 状态性。系统具有静态和动态的特征。静态系统不随时间变化而变化，是相对稳定的，动态系统随时间的推移而发生变化。任何事物都是静态和动态的统一，对系统的把握就在于对动态和静态的认识。

任何系统都是一个转换机构，即把一定的输入转换为一定的输出，再进一步反馈到输入，如此反复运转。系统评估理论就是把评估对象看成一个系统，评估指标、权重及评估方法均应按系统最优的方法进行运作。以系统论来分析绩效评估问题，可以站在宏观的角度上更加全面地针对不同的评估对象确定考核指标、建立评估标准、选取评估方法，这对提高评估质量无疑是很有益处的。非营利组织财务绩效评估可以借鉴系统论思想作为建立非营利组织财务绩效评估体系的方法论基础。

二、非营利组织财务绩效管理流程

（一）财务绩效计划

要进行有效的财务绩效管理，绩效计划是基础，而绩效计划的关键是建立财务绩效目标。非营利组织不以营利为目的，组织资金绝大部分来自于政府扶持、企业赞助和捐赠财物等。因此，资源最优配置应成为非营利组织财务绩效管理的目标。非营利组织的财务主管在配置、开发、利用与分配财务资源时应遵循公平与效率原则。为了便于管理，财务绩效管理目标可以作为一个体系设计，包括社会目标、经济目标、生态目标等。例如，公平与公正属于基本社会目标；“帕累托最优”属于基本经济目标；保护环境、维护生态平衡属于基本生态目标。

（二）财务控制

财务控制是实现绩效计划的重要保证。财务绩效计划是在财务活动开展前做出的，由于影响财务活动的因素十分复杂，又是不断变化的，因此要保证绩效计划的实现，必须对绩效计划的执行过程进行财务控制。财务控制起始于财务计划的制订和执行，在财务计划的执行过程中，如果实际情况与相关指标数值有较大差异，就必须进行调查研究，并找出产生差异的具体原因，同时采取有效措施对制约因素加以控制，以尽可能地使实际结果接近计划目标。财务控制主要包括对财务计划执行的监督，指标差异的发现、分析和纠正，以及对执行人员的奖励和处罚。

（三）财务绩效评估

财务绩效评估是非营利组织绩效评估的重要组成部分，它主要用以评估组织目前财务状况、资金来源是否稳定、资金分配是否合理、预算成本超支情况以及对财务人员的考核等。财务绩效评估是对财务活动的效果做出准确评估，用以进一步改进操作流程，提高工作效率。完善绩效评估制度，必须落实风险责任制，具体包括以下几个方面：一是实现企业战略、风险控制与价值评估的有机衔接；二是综合运用风险调整指标；三是落实风险价值贡献与风险损失承担责任制，实现薪酬制度与业绩考评制度的紧密挂钩。非营利组织绩效评估财务指标体系不同于企业，因此应根据其所具有的特征、经营特点、管理特征等选择具体的财务指标体系。

（四）绩效反馈

绩效评估后，组织管理人员一定要把评估的结果对组织人员进行反馈，分析这一绩效期间完成计划任务的心得，未能完成计划任务的原因，如何改进等。绩效考评结果可直接与员工经济性激励措施，如工资、奖金等挂钩，也可以直接与非经济性激励措施，如荣誉、工作条件的改善、提供发展机会等相联系。绩效反馈是绩效管理的最终环节，也是进行绩效管理的根本，评估不是目的，只有通过评估分析结果，巩固优势、弥补劣势，才能确保管理落实到位。

三、非营利组织财务绩效评估的目标

（一）满足内部需求

1. 提高组织的管理效率

正确评估非营利组织的财务状况，不仅可以使组织管理者及时发现当前管理模式的不足，而且有利于及时纠正管理效率低下的问题。

2. 实现项目的高效运转

财务绩效评估可以从财务的视角反映出当前正在运行项目的可行性和有效性，为及时调整项目的运行模式提供依据。

3. 更好地履行受托责任

将财务绩效评估的相关结果向外公布，有利于管理者更好地履行受托责任，促使组织更好地完成其社会使命。

（二）满足外部需求

1. 满足社会公众对组织了解和认同的需要

通过对财务绩效的评估和对评估结果的充分披露，可以增加组织的透明度，提高其公信力，与组织外部建立一种良好的互动机制，增进社会公众对组织的认同感。

2. 满足相关部门的监管要求

监管部门的主要责任是对非营利组织在开展业务过程中的合规性、合法性实施监督。非营利组织开展各项活动是否符合相关法律法规的要求，往往可以通过财务绩效评估的结果进行一定程度的反映。因此，开展非营利组织财务绩效评估有利于实现相关部门对其的监管。

四、非营利组织财务绩效评估的主体

（一）政府

政府作为非营利组织的监管方和资源提供方，需要通过对非营利组织的财务绩效评估来评估和判断其资源的配置效率。一方面，政府作为资金的提供方，需要通过对非营利组织的财务绩效评估进行资源配置效率的评估，以确定给予哪些非营利组织以持续性的资金支持；另一方面，政府作为非营利组织的监督者，需要通过对非营利组织的财务绩效评估，判断其资源的使用效率以及资源的使用是否符合社会价值最大化的需求，以确定资源的配置对象。

（二）专业评估机构

专业化的评估机构是非营利组织财务绩效评估的又一主体。专业评估，通常指聘请专家组成绩效考评小组，依据特定的评估标准，对评估对象进行评估。它作为独立第三方评估的代表，在评估过程中发挥着重要作用。专业评估机构通常包括两类：一类是非营利组织聘请的外部专家；另一类是始终处于独立第三方的专业性评估机构。例如，我国青少年发展基金会曾委托中国科技促进发展会对“希望工程”的绩效进行了评估。

（三）非营利组织

自我评估，即非营利组织自身充当评估主体对自己的工作绩效进行评估。自我评估有特定优势，组织本身由于更了解自我的运作机制，与局外人参与的评估相比更容易简化评估程序，真正把握业绩。自我评估的结果或建议容易在今后项目执行过程中得以实现，因为一方面评估者本人就是项目的执行人，另一方面评估者对评估过程中发现的问题有切身的体会。

五、非营利组织财务绩效评估的客体

非营利组织财务绩效评估的客体是指财务绩效评估所涉及的内容。非营利组织的财务绩效评估是从财务视角出发，运用相关指标对其进行的财务评估，其评估的主要内容包括组织的非营利性、筹资能力、运营能力和发展能力。

（一）非营利性

非营利组织“不以营利为目的”的含义是指该组织以服务于社会和团体的公益事业为目的，以社会使命为组织的宗旨，同时从分配上来看，非营利活动过程中所得到的收入，不能作为利润分配给资金提供者。进行非营利组织财务绩效评估，首先需要对组织的“非营利性”进行评估。

（二）筹资能力

非营利组织的筹资能力是指通过自身的努力，从政府及其他渠道获得资金的能力。筹资能力直接决定着非营利组织是否能够可持续地发展。筹资能力是非营利组织绩效评估的重要内容之一，它能够反映非营利组织在一定的规模基础上，通过提高服务质量和水平，扩大社会影响力来努力争取更多资源的能力。

（三）运营能力

运营能力是指投入与产出的比率。运营能力既体现在组织的事业活动中，又体现在日常管理活动中。非营利组织在运营过程中，主要通过提高运营能力、树立良好的社会形象努力争取各种形式的资助，通过自我宣传和项目申请来获得经费支持。在开展公益性活动的同时，开展与自身业务相符且并不以营利为目的的合法经营活动，努力做到自食其力。运营能力的强弱，充分体现了非营利组织的竞争能力，是财务绩效评估的核心内容之一。

（四）发展能力

发展能力反映了非营利组织的发展潜力，通过对一系列相关指标的分析来评估和判断非营利组织的发展动力是否充足。随着市场经济体制的逐步确立，非营利组织的发展与壮大已成为必然趋势，组织之间的竞争越来越激烈，要想在激烈的竞争中取胜，组织必须有长远的发展眼光，并不断增强自身的竞争力。因此，全面考核和评估非营利组织的发展能力，成为非营利组织财务绩效评估的重要内容之一。

六、非营利组织财务绩效评估的依据

绩效评估就是通过对效率实际水平与期望水平之间进行对比，并与其他激励约束机制相结合，建立一种促进效率提高、实现管理目标的引导机制。如果把绩效评估看做一个过程，那么它既是管理过程，也是一个信息加工与传递过程。在绩效评估系统中，输入的是非营利组织活动的相关数据，输出的则是履行受托责任并有助于组织内外制定支持或管理决策的信息。输入的数据来源于会计信息系统，会计信息系统作为管理系统的重要组成部分，通过与管理系统其他部分供应、生产、销售、设备管理等子系统的紧密联系，对组织的生产经营活动做出综合性的反映。不同的组织，其管理的具体内容与方法各不相同，但是会计信息系统作为组织管理的中枢神经系统的作用是不变的，组织活动的数据总会被纳入到会计信息系统中。财务绩效评估系统的输入信息主要来源于财务会计信息系统形成的财务报告。财务报告是反映非营利组织财务状况、收支运营情况、现金流量等信息的书面报告。

财务报告的基本功能体现在以下三个方面：提供本期如何获得和使用资金的信息；提供期末可供未来使用的资金信息；报告组织在将来持续提供服务的能力。为了确保绩效评估信息的可靠性，财务报告须经过外部独立鉴证机构的审计。为了确保绩效评估信息对非营利组织利益相关各方的可获得性，财务报告还应对外公开披露。财务绩效评估的具体实施者既可以是组织外部的社区，也可以是组织内部的管理者，他们进行绩效评估的信息来源都是财务报告。组织内部管理者具有相对信息优势，在进行财务绩效评估时会根据需要使用财务报告之外的管理会计信息系统的部分数据。

七、非营利组织财务绩效评估的内容

（一）财务实力评估

非营利组织的财务实力是一个内容丰富的概念，它不仅体现在组织短时间某一时点或长时期一段时期的支付能力，而且体现在持续性与经常性获取资金来源的能力上。因此，分析财务实力不仅要看财务状况表提供的信息，还应分析业务活动表中组织的收入、支出、基金余额的变动情况。在对现金流量表中组织各项活动的现金流情况在规模不同的非营利组织之间进行财务实力的对比时，还要排除规模因素的影响。

（二）财务风险评估

财务风险是指有可能使组织不能继续完成目标的财务问题，这些问题是筹资、投资、资金运营中财务问题的综合反映，并最终体现在资金方面，包括当前存在的支付困难与将来可能出现的支付困难。评估财务风险对管理者的意义在于通过预警措施防范风险，对外部利益相关者则在于帮助制定支持或参与决策。

（三）财务发展潜力评估

财务发展潜力主要反映非营利组织可持续性发展的财务能力。财务发展潜力的形成，主要依托于非营利组织不断扩张的资金来源。潜力是指潜在的能力，对它的衡量需要结合财务实力、财务运营绩效、财务风险等三方面综合考虑，因此设计全面反映财务发展潜力的指标通常比较困难。基于这一考虑，可以用衡量组织持续发展能力的指标如增长率来替代，增长率指标与财务实力、财务运营绩效、财务风险的衡量指标重合度小，而且可靠性较强。

八、非营利组织财务绩效评估的标准

（一）内部评估标准

1. 预算标准

预算标准是使用较为广泛的评估标准。它具有良好的可比性，可以量化并且易于操作。预算指标在制定过程中应遵循严密性和制定标准成员的独立性的原则。预算标准是比较理想的评估标准，对于非营利组织而言，具有较强的适用性。

2. 组织的历史平均水平

以组织的历史平均水平为参照，可以进行组织内部的纵向比较。非营利组织之间业务活动的差异性，使得组织之间难以恰当地按照某一特定标准进行比较，组织自身的历史数据对于评估非营利组织的财务绩效更具有说服力。历史数据标准按照基期的不同可分为同比和环比两种，其优点是数据容易获得，获取数据的成本较小。

（二）外部评估标准

1. 行业主管部门或政府颁布的数据标准。由行业主管部门或政府颁布的数据标准，多是针对非营利组织的非营利性要求提出来的。这种标准一般具有强制力，是非营利组织必须共同遵守的强制性规定。例如，我国国务院令第400号公布的《基金会管理条例》第29条明确规定："公募基金会每年用于从事章程规定的公益事业支出，不得低于上期总收入的70%；非公募基金会每年用于从事章程规定的公益事业支出，不得低于上一年基金余额的8%。基金会工作人员工资福利和行政办公支出不得超过当年总支出的10%。"这些强制性规定，为非营利组织进行财务绩效评估提供了一定的标准。

2. 同类型组织的平均水平。按照不同的标准对非营利组织进行分类，再按照不同类型的非营利组织，设置不同类型组织的平均水平，作为财务绩效评估的标准，能够对非营利组织进行很好的定位，以评估组织的财务绩效，确定其发展水平和方向。

九、非营利组织财务绩效评估报告

评估报告是评估人员在完成评估工作后，向进行评估工作的委托方提交的说明评估目的、程序、标准、依据、结果以及基本结构分析等情况的文件，它是财务绩效评估系统的成果体现。非营利组织的财务绩效评估是一个综合系统（见表9-1），系统内各因素之间相互影响、相互联系。不同的财务绩效评估目标决定了不同的评估对象、评估指标和评估标准的选择，其评估报告形式也不同。

表9-1　**非营利组织财务绩效评估框架**

评估目标	内部需要
	外部需要
评估主体	政府
	专业评估机构
	非营利组织本身
评估客体	非营利性
	筹资能力
	运营能力
	发展能力
评估依据	财务报告
评估指标	整体层级
	项目层级
评估方法	单指标分析法
	财务绩效综合评估法
评估报告	财务绩效评估报告

十、非营利组织与营利组织财务绩效评估框架的比较

（一）评估主体不同

营利组织的绩效评估主要来源于组织内的评估。非营利组织的评估主体较为复杂，包括政府、组织外部专业性评估机构等。评估主体的不同，表明了非营利组织对外部环境的广泛影响力，同时也说明构建非营利组织财务绩效评估体系的复杂性。

（二）评估客体不同

营利组织的财务绩效评估以提高组织的盈利能力为根本目的。非营利组织在进行财务绩效评估的过程中，重点关注组织的财务运营状况，关注非营利组织是否在完成组织使命的同时，保证了资金的合理、有效使用。

（三）评估过程不同

营利组织的经营活动在一定的时期内具有相对稳定性和重复性，这就使得对营利组织的评估可以相对模式化和固定化。非营利组织主要通过项目开展活动，而项目的重复度较低，使得组织在进行财务绩效评估过程中模式化和固定化程度较低，建立的各项财务指标针对不同的项目不具有广泛的适用性，不同的财务指标在不同的组织之间，甚至在同一组织的不同时期可比性较差。

（四）评估指标不同

相对于营利组织，非营利组织不以营利为目的，它所提供的货物或服务通常只是象征性地收取部分费用甚至全部免费，对其业绩的评估不像营利组织那样，以“利润最大化”为绩效指标，也没有投资收益率、总资产收益率、市场占有率等可明确量化的指标。对非营利组织的财务绩效评估应从社会价值、社会投资效益等多方面进行。

第三节 非营利组织财务绩效评估方法

一、财务绩效评估指标的设计原则

（一）重要性原则

重要性原则有两层含义：第一，全面性与重要性相结合原则。在非营利组织财务绩效评估指标体系的建立过程中应充分考虑全面性，有助于从影响绩效的各个财务方面综合评估组织的绩效。第二，遵循成本效益原则。如果为获取该项指标所需成本大于其带来的价值，一般应放弃该项指标，转而启用其他替代指标。

（二）系统性原则

系统分析的基本思想是整体最优化，必须考虑局部评估与整体评估的结合。因此，在财务绩效评估指标体系的设置上，应以构建科学、完整的评估系统为出发点，既考虑各指标对实现评估目标的重要程度，又考虑各指标在评估指标体系中的

合理构成，以及指标间的勾稽关系和逻辑关联度，通过指标的合理取舍和指标约束的设置，达到评估指标既能突出重点，又能保持相对的均衡统一，实现评估系统的最优化。

（三）相关性原则

相关性原则是指财务绩效评估指标要能满足非营利组织利益相关者的要求。无关的指标不仅不能够反映非营利组织的绩效状况，而且会造成资源的浪费。

（四）可操作性原则

为了满足评估的需要，应从非营利组织的实际情况出发，财务绩效评估指标应该概念清晰，表达方式简单易懂，数据易于采集，具备实际可操作性。

二、财务绩效评估指标的设计思路

设计非营利组织的财务绩效评估体系时，应充分考虑组织的业务活动特点。不同类型的非营利组织活动领域和运作方式不同，可以将非营利组织分为以“项目”为主要运作模式和以“流水作业”为主要运作模式两种基本类型。在两种基本类型的基础上，分别建立不同的财务绩效评估系统，满足不同类型的非营利组织的评估需要。

三、财务绩效评估指标的设计步骤

（一）了解组织的特点和外部环境

组织使命决定组织绩效的范畴，以组织使命为出发点，在一定程度上保障了组织在社会效益和经济效益之间做出正确的权衡和取舍。同时，由于非营利组织类型的多样性，非营利组织的财务在具有共性的基础上也具有其自身的特点。了解组织的特点、资金来源渠道、社会使命等，有利于更好地设计财务绩效评估指标。

（二）确定影响组织财务绩效的关键因素

对非营利组织的财务绩效进行评估，应分析影响绩效的关键因素。通常影响非营利组织财务绩效的关键因素包括资产结构、资产使用效果、资产使用效率、财务风险、收入结构、支出结构、收入完成情况、支出控制情况、收入弥补支出的能力等。不同类型的非营利组织应该根据自身的特点，分析其财务绩效的关键影响因素。

（三）收集相关信息，设计、补充和修正指标

非营利组织应根据自身特点设计指标，并对某些不适用的指标进行补充和修正。非营利组织的财务绩效评估系统是一个开放的体系，应该在充分收集信息的基础上，不断地更新或者修正补充评估指标，保证其符合组织发展的需要。

（四）从整体上分析和评估指标体系

虽然非营利组织的财务绩效评估指标体系是一个开放的体系，但并不意味着各个指标是分散、无逻辑联系的。我们对各指标的评估都应同时考虑它与其他指标之间的关系。各指标得出的结论可能相差较大，也可能相悖，这就要求我们从整体上

把握并分析产生差异的原因，排除不正常因素的干扰，以使得指标体系能够与组织使命和环境相适应。

非营利组织财务绩效指标设计流程图如图 9-1 所示。

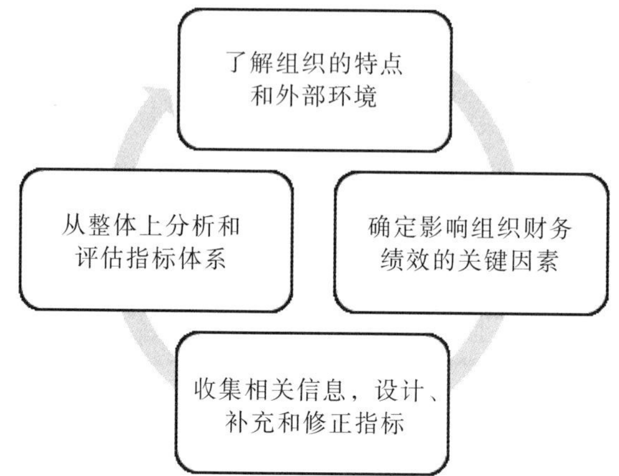

图 9-1 非营利组织财务绩效指标设计流程图

四、非营利组织财务绩效评估指标体系的建立

（一）从整体层次构建指标体系

为非营利组织的整体财务绩效评估设置指标，首先要按照事先确定的评估客体，将预设置的评估指标体系中的各个指标按其属性分为若干组。每一组作为一个层次，同一层次的指标作为准则对下一层次的指标起支配的作用，这种由上而下的支配关系构造了一个递阶层次结构。本书按照需要把层次划分为三层：最高层，表示解决问题的目标或理想结果，又称目标层。中间层（策略层、准则层），表示采用某种政策或措施实现预定目标所涉及的中间环节，它可以由若干个子层次组成。最底层（指标层），表示为实现目标可供选择的各项评估指标。非营利组织的财务绩效评估系统应能充分反映非营利组织在运行过程中以“效益（社会效益和经济效益）”为核心的管理要求，体现财务绩效分析与评估的基本思路。对应上述层次划分的结果，非营利组织财务绩效评估指标体系分层的具体情况如下：目标层为非营利组织的综合财务绩效。准则层进一步细分为非营利性、筹资能力、运营能力、发展能力四项。指标层则包含了反映非营利组织财务绩效的各项具体指标。具体的财务绩效评估指标体系结构如表 9-2 所示。

1. 非营利性指标

（1）公益事业支出占总支出的比率。

公益事业支出占总支出的比率=年度公益事业支出额/年度支出总额

这一指标数值高，说明非营利组织的支出中用于公益事业的支出多。这个指标是非营利组织非营利性的主要反映，也是非营利组织绩效水平的综合反映。该指标数值越高，说明非营利组织的绩效越高。

表 9-2　**非营利组织财务绩效评估指标**

目标层	准则层	指标层
非营利组织财务绩效评估指标	非营利性指标	公益性事业支出占总支出的比率
		公益性事业支出占上一年收入的比率
	筹资能力指标	总收入
		总收入增长率
		非财政补助收入占总收入的比率增长率
		非财政补助收入增长率
		筹资费用率
	运营能力指标	收入支出比率
		公益事业支出增长率
		单位准公共产品成本
		单位准公共产品成本降低率
		经营收入增长率
		经营收入成本费用率
		人均创收额
		行政支出占总支出的比率
	发展能力指标	资产负债率
		总资产增长率
		人均培训费用增长率

（2）公益事业支出占上年收入的比率。

公益事业支出占上年收入的比率=本年度公益事业支出额/上一年度收入总额

这一指标说明非营利组织上一年度的收入总额中用于本年度的公益事业的比例。该指标数值越高，说明非营利组织的公益事业支出越多、绩效越高。

2. 筹资能力指标

（1）总收入。

这一指标反映非营利组织年度内通过各种途径所筹集到的无须偿还的资金额度。这是非营利组织开展非营利活动的财力保障。年度内获得的总收入越多，说明非营利组织的筹资能力越强。

（2）总收入增长率。

总收入增长率=（年度收入总额-上一年度收入总额）/上一年度收入总额

这一指标说明非营利组织总收入较上一年增长变化的程度。该指标数值越高，说明非营利组织的筹资能力越强、绩效越高。

（3）非财政补助收入占总收入的比率增长率。

$$\text{非财政补助收入占总收入的比率增长率}=\frac{\text{本年度非财政补助收入额}}{\text{本年度收入总额}}-\frac{\text{上一年度非财政补助收入}}{\text{上一年度收入总额}}$$

非营利组织的收入分为财政补助收入与非财政补助收入，随着财政体制的改革，财政对非营利组织的补助越来越理性，非营利组织应当积极自创收入并争取社会捐赠与企业资助，从而扩大非财政补助收入，扩大筹资渠道。非财政收入在总收入中所占比率越高，说明非营利组织的筹资能力越强、绩效越高。

（4）非财政补助收入增长率。

$$\text{非财政补助收入增长率}=\left(\text{年度非财政补助收入额}-\text{上年度非财政补助收入额}\right)/\text{上一年度非财政补助收入额}$$

这一指标说明非财政补助收入较上一年增减变化的程度。该指标数值越高，说明非营利组织的筹资能力越强、绩效越高。

（5）筹资费用率。

筹资费用率=筹资费用额/年度筹资总额

这里的年度筹资总额包括非营利组织的全部收入，也包括负债而筹集到的资金。该指标数值低，说明非营利组织能够运用较低的筹资费用，筹集到较多的资金。该指标越低，说明其筹资能力越强、绩效越高。

3. 运营能力指标

（1）收入支出比率。

收入支出比率=年度收入总额/年度支出总额

这一指标说明年度收入对支出的保证程度。指标数值越接近于“1”，说明非营利组织的运营能力越强、绩效越高。

（2）公益事业支出增长率。

$$\text{公益事业支出增长率}=\left(\text{本年度公益事业支出额}-\text{上一年度公益事业支出额}\right)/\text{上一年度公益事业支出额}$$

这一指标说明公益事业支出规模的增长变化程度。该指标数值越高，说明非营利组织的运营能力越强、绩效越高。

（3）单位准公共产品成本。

单位准公共产品成本=提供一定数量的公共产品所耗费的成本/所提供的准公共产品数目

准公共产品是指非营利组织为社会公益提供的各种服务，是非营利组织生产的产品。准公共产品成本是生产并提供一定种类和数量的准公共产品所消耗的以货币表现的全部实有资源的总和。单位准公共产品成本越低，一定资源所能生产和提供的准公共产品越多，说明非营利组织的运营能力越强、绩效越高。

（4）单位准公共产品成本降低率。

$$\text{单位准公共产品成本降低率}=\left(\text{上一年单位准公共产品成本}-\text{本年单位准公共产品成本}\right)/\text{上一年单位准公共产品成本}$$

这一指标说明单位准公共产品成本的降低程度。该指标数值越高，说明非营利组织的运营能力越强、绩效越高。

（5）经营收入增长率。

经营收入增长率=（年度经营收入额-上一年度经营收入额）/上一年度经营收入额

经营收入是指非营利组织在其实现社会使命的业务活动之外开展经营活动取得的收入，经营收入的增加能补充资金以支持公益事业的发展。因此，经营收入增长率越高，说明非营利组织的运营能力越强、绩效越高。

（6）经营收入成本费用率。

经营收入成本费用率=年度内为获取经营收入而发生的成本费用/年度经营收入额

经营收入成本费用率越低，说明非营利组织经营能力越强，也在一定程度上反映出非营利组织的绩效越高。

（7）人均创收额。

人均创收额=年度收入总额/年度内员工平均人数

人均创收额越高，说明非营利组织的运营能力越强、绩效越高。

（8）行政支出占总支出的比率。

行政支出占总支出的比率=年度行政支出额/年度支出总额

这一比率越低，说明非营利组织运营能力越强、绩效越高。但这一比率并非越低越好。任何一个组织开展活动都会有一定的行政开支，非营利组织也应当注重自身的能力建设，包括对员工的培训。只有非营利组织的行政能力得到提高，资金才能被更为有效地利用。

4. 发展能力指标

（1）资产负债率。

资产负债率=年末负债总额/年末资产总额

这一指标反映非营利组织的资产负债情况。资产负债率越低，说明非营利组织发展能力越强、绩效越高。但这个比率并非越低越好，适度负债可以较好地解决资金瓶颈问题，获取更多的发展资源。

（2）总资产增长率。

总资产增长率=（年末资产总额-年初资产总额）/年初资产总额

资产的增加意味着提供服务的能力增强。该指标越高，说明非营利组织的发展能力越强、绩效越高。

（3）人均培训费用增长率。

人均培训费用增长率=（年度人均培训费用-上一年度人均培训费用）/上一年度人均培训费用

提高员工的素质有利于提高组织的发展能力。该指标越高，说明非营利组织发展能力越强，有利于绩效的提高。

阅读拓展 9-2

基金会财务绩效评价指标体系

中国青少年发展基金会（China Youth Development Foundation，CYDF，简称“中国青基会”）是具有独立法人地位的全国性非营利性社会团体，由共青团中央、中华全国青年联合会、中华全国学生联合会和全国少先队工作委员会于 1989 年 3 月联合创办。该基金会以“通过资助服务、利益表达和社会倡导，帮助青少年提高能力，改善青少年成长环境”为使命，倡导“社会责任、创造进取、以人为本、追求卓越”的价值观。基金会业务范围包括：组织实施符合本基金会使命的资助服务项目；面向海内外开展符合本基金会使命的募捐活动；组织开展和资助开展有益于青少年身心健康的各项活动；支持并组织实施青少年研究和非营利组织发展的研究；奖励青少年优秀人才及为青少年事业做出杰出贡献的个人和团体；开展与港澳台同胞、海外侨胞、国外友好团体和人士以及国际青少年组织、非营利组织的友好交流与合作；基金会章程规定的投资活动。

中国青少年发展基金会开展的许多活动都具有广泛的影响力，比如“希望工程”“保护母亲河”等，特别是“希望工程”更是被大家所熟知和认可，该项目实施10年来，先后有1亿多人次捐款，募集资金累计17.8亿元人民币，已经救助200多万因贫失学少年儿童重返校园，为贫困地区援建7 000多所“希望小学”，为农村小学捐建1万套“希望书库”、2 000套“三辰影库”少儿音像制品系列及配套录放设备，培训和表彰了6 000余名乡村小学教师，可谓是硕果累累，青基会已然成为我国公益事业的一个形象代表。

如此巨大的社会影响力，也使得它成为社会关注的焦点，它对资金的使用是否合法合规，是否充分发挥了应有的效益，都是人们所关心的话题。要正确评价它的财务绩效，应当怎样构建财务绩效指标体系？

首先，基金会作为非营利部门的组织形式之一，不以追逐利润最大化为目的，而以提供公共物品和服务，提高社会福利为宗旨。其次，基金会的筹资能力应该是衡量一个公益基金会项目运作成功与否的重要标准，没有资金作为保障，何谈为社会提供公共物品和服务？再次，相对于由政府提供公共物品和服务，非营利部门理应有更高的资源配置效率，对于公益型基金会来说，资源配置效率的高低部分地反映在项目运作成本和实际募捐金额比例的大小上。最后，基金会社会效益的发挥，必须通过组织自身的发展和壮大来实现，非营利性、筹资能力、运营能力、发展能力的衡量，归根结底都是为了组织更好地发展。

由此，我们可以归纳出影响青基会财务绩效四个维度的衡量指标，作为青基会财务绩效评估体系的依据（见表9-3）。

表9-3 **中国青少年发展基金会财务绩效指标**

目标层	标准层	指标层	指标说明
青基金会财务绩效	非营利性	工作人员工资福利和行政办公支出占总支出的比例	公募基金会每年用于从事章程规定的公益事业支出，不得低于上一年总收入的70%
		公益事业支出占上年度总收入的比例	工资福利和行政办公支出不得超过当年总支出的10%
		业务活动成本占费用比例	
	筹资能力	捐赠收入占总收入的比例	
		投资收入占总收入的比例	
		筹资费用率	筹资费用率=筹资费用/非经营性收入（注：这里的非经营性收入主要包括捐赠收入和政府补助收入）
	运营能力	管理费用占总支出的比例	
		筹资费用占总支出的比例	
		年度收支比	年度收支比=支出总和/收入总和
	发展能力	现金储备率	现金储备率=现金及现金等价物/年度支出总额×100%
		资产负债率	资产负债率=负债总额/资产总额×100%
		总收入增长率	总收入增长率=（上年总收入－本年总收入）/上年总收入×100%
		固定资产比率	固定资产比率=固定资产/资产总额×100%

资料来源 贺毅. 非营利组织财务绩效评价研究［D］. 湖南大学，2007.

（二）项目层次财务绩效评估指标的设置

一般认为“项目”是在一定时间内，为了达到特定目标而调集到一起的资源组合，是为了取得特定的成果而开展的一系列相关活动。因此，也可以说项目是特定目标下的一组任务或活动。通过项目的实施最终达到一定目的，其结果既可能是所期望的一种产品，也可能是所期望得到的一种服务。项目和常规任务之间的区别在于，项目通常只做一次，并且一般规定了开始和结束的时间，是在一定的资源条件下开展的。对于那些项目内容繁杂、项目数量较大的非营利组织来说，要对每一个项目都进行全面详细的绩效评估既没有必要，也是不可行的。目前我国的非营利组织经费普遍紧张，而对组织绩效进行评估，也存在一定的成本，特别是那些庞大复杂的项目，往往牵涉到很多的地区和人群，信息的生成、收集、整理和分析无疑要耗费大量的人力和物力，对绩效评估面面俱到，必将影响组织对信息的及时掌握，甚至会成为项目财务的包袱，这样就违背了我们进行绩效评估的初衷。所以，只需对具有较大规模和社会影响力或捐赠者有特殊要求的项目进行评估，除此之外的其他项目可以采取随机抽样的方法，对少数项目进行随机评估，以促使非营利组织开展的所有项目整体上取得更好的效果。

1. 项目评估的内容

项目评估是评估主体根据预定的项目目标，对项目的适应性、效益、效果、社会影响等进行的判定与评估。

（1）适应性。项目的适应性包括三个方面：实施的项目是否与非营利组织的使命相一致；实施的项目是否与目标群体的需求或认知价值相一致；实施的项目是否是对目标群体需求的及时回应。

（2）效益。项目的效益包括：项目的成本效益如何；是否有利于技术知识的扩散；是否促进了社区、地方或国家的经济发展。

（3）效果。效果是指项目的实际结果达到或实现预期目标的程度，包括绝对量和相对比例两方面。

（4）社会影响。社会影响是指所取得的效益和效果对社会和经济生活产生的长远影响。

2. 项目财务绩效评估的指标

投入指标，即项目所投入的人力、物力、财力指标。例如，扫盲项目中所投入的资金数、工作人员数和投入的设备价值等。

产出指标，即通过项目的投入直接导致的成果。例如，扫盲培训项目中举办的扫盲培训班的期数、接受培训的文盲人数与人次、编写的培训教材数等。

结果指标，即通过项目产出所达到的效果（直接结果）或影响（间接结果）。例如，扫盲项目中脱盲的人数、脱盲的比例、实际脱盲人数与预计脱盲人数之比、实际脱盲率与预期脱盲率之比就属于直接结果指标；而由于脱盲促使就业和收入的提高、生活质量的提高等就属于间接结果指标。

效率指标，即每一单位的投入所导致的产出。例如，扫盲项目中平均每单位成本的扫盲期数和扫盲人数。

效能指标，即每一单位投入所导致的结果。例如，扫盲项目中平均每单位成本的脱盲人数和脱盲率。

3. 项目财务绩效评估标准

由于非营利组织的不同，以及同一非营利组织不同时期开展的项目的不同，对项目进行财务绩效评估的标准也不可能完全相同，缺乏横向和纵向的可比性，这就使得组织财务绩效评估的参照物难以统一。因此，要对非营利组织开展的各个项目的财务绩效得出一个合理并可检验的评估结果，最具可行性和科学性的方法是以每一个项目的“预算”或“绩效预算”指标作为评估标准。

五、非营利组织财务绩效的评估方法

（一）单指标分析法

1. 绝对分析法

绝对分析法是将实际数与基数进行对比，通过差异找出问题的一种方法。基数的选择，如计划数（定额数）、上期数、历史最好水平和同业先进水平等，一般取决于财务绩效分析的对象。绝对分析法中实际与计划（定额）进行对比，可以分析非营利组织计划完成情况；本期与上期、历史最好水平进行对比，可以分析非营利组织发展变化趋势；实际与同业先进水平进行对比，可以分析非营利组织所处位置并找出与先进水平之间的差距。采用绝对分析法要注意对比指标必须是同质的，在经济内容、计算方法、计算期间等方面具有可比性。

2. 相对分析法

相对分析法是对财务会计报告两项之间的比率进行数量分析的一种方法。相对分析法是财务绩效分析的重要方法。相对分析法包括相关比率分析法和构成比率分析法。所谓相关比率分析法，是计算财务会计报告两个性质不同却又相关的项目之间的比率，以此来分析非营利组织财务状况和经营成果。构成比率分析法是对财务会计报告某个组成部分占总体的比重进行数量分析的方法。

3. 趋势分析法

趋势分析法是通过连续计算若干期间相同指标，揭示和预测发展趋势的一种方法，连续若干期间相同指标可以使用绝对数，也可使用相对数。趋势分析法包括定比分析和环比分析两种方法。定比是指报告期水平与某一固定时期水平之比，表明这种现象在较长时期内总的发展状况。环比则是指报告期水平与前一时期水平之比，表明现象逐期的发展状况。采用趋势分析法时，也要注意比较指标必须是同质的，在经济内容、计算方法、计算期间等方面具有可比性。

总之，财务绩效分析的三种方法各有所长，实际运用中要以相对分析法为主，辅之以绝对分析法、趋势分析法。财务绩效分析的目的在于全方位揭示非营利组织的经营理财状况，进而对其评估，因此，我们要运用联系的观点进行系统分析。设计、运用多方位的财务绩效指标体系，从总体上把握组织财务状况和经营成果。另外，我们还要将当期的财务比率与历史比率和标准比率进行对比分析，做出正确的财务绩效评估。

（二）财务绩效综合评估法

1. 雷达图分析法

雷达图分析法亦称综合财务比率分析图法或蜘蛛网图法。雷达图分析法是将主要财务分析指标进行汇总，绘制成一张直观的财务分析雷达图，从而达到综合反映非营利组织总体财务状况目的一种方法。为了充分发挥雷达图的分析功能和作用，通常将被分析的各项财务比率指标与行业平均水平或组织自身希望达到的水平或历史最高水平进行比较，以便进一步反映非营利组织财务状况优劣，找出原因，有针对性地提出改进措施。

雷达图分析法通过图表能够清晰地反映出数据的各种特征，能够比较全面、直观、准确地反映组织的现实运行轨迹与预定发展方向的差距。但它也存在一定的不足之处：一是各个指标的重要性没有加以区分反映；二是没有对财务状况给出一个综合性的评估结论，无法发挥综合评估对财务状况总体趋势反映的功能。

2. 沃尔比重评分法

沃尔比重评分法是财务综合评估创始人亚历山大·沃尔提出的，当时在进行财务分析时，人们常遇到的一个困难是在计算出各项财务比率后，无法判定其是偏高还是偏低，将所测算比率与非营利组织的历史水平或计划、定额标准相比，也只能看出非营利组织自身的变化，很难评估其在市场竞争中的优劣地位。为了弥补这一缺点，沃尔在《信用预测研究》和《财务报表比率分析》中提出了信用能力指数的概念，他把选定的七项财务比率用线性关系结合起来，并分别给定各自在总评估中占的比重，总和为 100 分，然后确定标准比率并与实际比率相比较，得出各项指标的得分，最后求出总评分，根据总评分对非营利组织财务状况做出综合评估。

沃尔比重评分法最先提出了财务综合评估的模型。该模型的思路一直影响着以后综合评估的研究。但是沃尔比重评分法存在两个缺陷：一是所选定的七项指标缺乏证明力，从理论上讲，并没有方法加以证明为什么要选择这七个指标以及每个指标所占比重的合理性；二是从技术上分析，沃尔比重评分法存在一个问题，即当某项指标严重异常时，会对总评分产生不合逻辑的重大影响，这是由于相对比率是比重相乘引起的，例如，财务比率如提高 1 倍，评分将增加 100%，而财务比率缩小 1 倍，评分只减少 50%。所以，在应用沃尔比重评分法评估非营利组织的综合财务状况时，必须注意由于技术性问题导致的总评分结果异常的问题，否则，可能会得出不正确的结论。

3. 综合评分法

由于原始意义上的沃尔比重评分法存在一定的缺陷，人们对该方法进行了相应的改进，提出了综合评分法，或称为改进的沃尔比重评分法。

综合评分法为各指标设定了分配比重，并且在技术上对沃尔比重评分法进行了改进，通过最高分、最低分的设定避免了某项指标异常对总评分不合逻辑的影响，使得评分趋于合理。但综合评分法亦有它不可忽视的缺陷，即不具有智能调节功能。综合评分法的评估结论是，评分越高，非营利组织的财务状况越好，这里就隐含一个假设，即认定综合评分法中所有指标都是越大越优的，而这种假设是与一些指标的特性相违背的，这一假设影响了该指标的综合评估结果的可信度。

4. 多元统计评估法

作为数理统计重要分支的多元统计评估法是采用多个变量进行统计分析的一种定量分析方法。综合绩效评估是一种多变量（多指标）的定量分析，因此，各种多元统计评估法自然而然地被引入到财务综合评估实践中来，特别是随着电子计算机技术的发展和 SAS、SPSS 等商品化统计分析软件的推广应用，使得多元统计评估法在绩效评估实践中得到了广泛的应用。

从目前我国综合评估实践来看，多元统计评估法中的主成分法、因子分析法、聚类分析法、判别分析法等都先后被人们应用于各类综合评估活动中。它们的主要作用是对反映事物不同侧面的各个指标进行综合，将其合成为少数几个因子，进而计算出综合得分，便于我们对被研究事物的全面认识，并找出影响事物发展现状及趋势的决定性因素，达到对事物更深层次的认识。但是多元统计评估法忽视了各指标自身价值的重要性，解释性较差。

5. 模糊综合评估法

模糊综合评估法是一种应用非常广泛和行之有效的模糊数学方法。所谓模糊综合评估法，就是运用模糊数学和模糊统计方法，通过对影响某事物的各个因素的综合考虑，对该事物的优劣做出科学评估的方法。模糊数学是由美国控制论专家查德于 1965 年提出的，它是针对现实中大量的经济现象具有模糊性而设计的一种评判模型和方法，在综合评估中得到了广泛应用。客观事物的不确定性有两大类：一类是事物对象是明确的，但出现的规律有不确定性，如晴天、下雨，这是明确的，但出现规律是不确定的；另一类是事物对象本身不明确，如年轻、年老、严重、不严重等这一程度上的差别没有截然的分界线。后一类对象的不确定性是与分类的不确定性有关的，即一个对象是不是属于某一类，可以是也可以不是，所以首先要对集合的概念予以拓展，引入模糊集合的概念，一个元素 X 可以属于 A 集合，也可以不属于 A 集合，引入隶属度，运用隶属函数这一概念，进行模糊评估。

模糊综合评估法有以下五个基本步骤：

第一，建立因素集 U，U=（U_1，U_2，，U_3，…，U_n），因素是对象的一种属性或性能，人们通过这些因素来评估对象，也就是建立指标体系。

第二，建立权系数矩阵 W，W =（W_1，W_2，…，W_n），对每个因素赋予不同的权数。权重的大小受评估目的、评估主体的偏好、价值观等因素的影响。

第三，建立评估集 V，V =（V_1，V_2，V_3，…，V_n），它由事物不同等级的评语所组成。

第四，通过对单因素评估，建立起 U 与 V 之间的模糊关系矩阵 R。

$$R=\begin{bmatrix}R_1\\R_2\\\vdots\\R_n\end{bmatrix}=\begin{bmatrix}r_{11}&r_{12}&\cdots&r_{1m}\\r_{21}&r_{22}&\cdots&r_{2m}\\\vdots&\vdots&\cdots&\vdots\\r_{n1}&r_{n2}&\cdots&r_{nm}\end{bmatrix}$$

其中，r_{ij}是指从第 i 个因素开始，对被评估对象作为第 j 种评语的可能性程度（$0<r_{ij}<1$，i=1，2，…，n；j=1，2，…，m），r_{ij}表示 u_i关于 v_j的隶属程度，（U，V，R）则构成了一个模糊综合评判模型。确定各因素重要性指标（也称权数）后，记为 W={w_1，w_2，…，w_n}，满足 $\sum_{i=0} a_i=1$ 合成 B=W · R。

第五，进行模糊综合评估，B=W · R，综合考虑所有因素，对事物做出最后评估，其中的数字是这样确定的：将 W 中从左到右每个数字与 r 中第 j 列从上到下相对应位置的数字相比取较小者，再从这 n 个较小者中取最大者。在模糊综合评估中，评估过程是可以循环的，这一过程的综合评估结果，可以作为后一过程中综合评估的投入数据。

第四节　非营利组织财务绩效评估的问题及影响因素

一、非营利组织财务绩效评估的问题

目前虽然非营利组织财务绩效评估的理论与方法多种多样，已经形成了比较成熟的应用体系，但是由于非营利组织本身所具有的特点，绩效评估还存在着一些问题和难点。

（一）绩效评级体系上存在缺陷

非营利组织财务绩效评估的标准难以统一，造成了财务绩效混乱的局面。这主要表现在两个方面：一是由于非营利组织财务绩效评估的目的有诸多，难以针对一个目标来制定财务绩效评估的标准；二是标准确定的模糊性，导致往往和财务绩效评估的客观实践不符合，背离了非营利组织财务绩效评估的意义。

（二）财务绩效评估方法较为单一，指标体系不科学

一是我国非营利组织的绩效评估采用的评估方法和手段与营利组织相比有很大的差异，超出经济学类的方法较少，非营利组织的财务绩效评估在定量方法和模型上的研究和应用较少；二是目前非营利组织财务绩效评估的指标体系不够科学，各个指标之间的比重失调，青睐经济指标而忽略了非货币性指标，另外，指标的可操作性也不强。

（三）财务绩效评估的信息不全，范围狭窄，忽视结果

非营利组织财务绩效评估的设计不全面，评估的结果往往比较狭隘，难以满足财务绩效评估的目标需要。另外，在评估中也存在片面性，往往只重视评估过程，如非营利组织投入资金的多少、成本的多少，对投入和产出的比例的评估欠缺。

（四）财务绩效评估监督乏力，反馈不及时

非营利组织财务绩效评估只是一个手段，其目的是提高非营利组织的运营能力、提高社会的资源配置效率、提高准公共产品的供应能力和效率，这就需要对评估的结果进行及时的反馈，以便于政府及时调整。但是我国非营利组织财务绩效评估后，并没有一个及时的、畅通的反馈机制，没有相应的组织构建、管理流程重组、管理层改造等路径来落实评估结果，也没有相应的监督措施来督促绩效评估结果的利用。

二、非营利组织财务绩效的影响因素

（一）内部治理因素

1. 非营利组织理事会

一个规模比较大的理事会，其跨越边界和从环境中吸纳资源的能力更强，扩大理事会规模能为非营利组织提供更多的信息和资源，增强非营利组织对外部环境的控制能力。从整体来看，在理事会规模比较小的情形下，扩大理事会规模对非营利组织财务绩效的改善效果更加明显。因此，当面临资金约束时，非营利组织可尝试运用理事会规模策略突破约束，控制组织对外部环境的依赖程度，改善组织财务绩效。

理事会的政治联系对非营利组织财务绩效的改善具有积极影响。理事会中现任国家工作人员数、高级职务人员数与非营利组织财务绩效显著正相关，他们拥有的政治网络资源能帮助非营利组织改善财务绩效。然而，尽管比较多的现任国家工作人员、高级职务人员可以带来更多资源并改善组织财务绩效，但这同时也会对理事会的独立性产生影响。在现阶段，我国非营利组织需要在独立性和资源依赖性之间进行均衡考虑。

2. 非营利组织的组织创新

非营利组织需要持续创新，通过资源或能力的再投入以及将原有的资源重新进行整合，不断改善自身所处的竞争地位，从而有助于延伸非营利组织的竞争优势。创新也是非营利组织变革的一种手段，不管是作为适应环境变化的反应，还是作为先发行动去影响环境，创新都可以达成某种竞争优势，由此实现卓越财务绩效。此外，技术创新会驱使非营利组织对其制度方面进行相应的调整，非营利组织在采用技术创新的同时，如果不同时配合管理制度和组织结构上的创新，则有可能给组织带来负面影响。

3. 非营利组织的组织学习能力

组织学习能力是指组织为了实现自己的愿景或适应环境的变化，在个体、团队（集体）、组织层和组织间进行的不断产生和获得新知识的行为，并对其进行解释、整合和制度化的循环上升的社会互动过程。对于非营利组织来说，组织学习能力的高低会影响组织的资金利用效率以及资源的整合能力，因此组织学习能力越高，非营利组织的财务绩效越高。

（二）外部环境因素

1. 非营利组织与政府的关系

非营利组织与政府的关系越密切，越可能得到更多的政府资金的支持，同时，与政府关系密切的非营利组织也更具有公信力和声誉，能够吸引更多的捐款。非营利组织购买设备、租用办公场所和活动场所、培训员工、构建专业化的人才队伍以及项目的开展都需要资金的支持，政府的资助和外界的捐赠有利于促进非营利组织的运作，优化非营利组织的资源配置效率，提升非营利组织的研究开发能力，增强非营利组织的实力，提高非营利组织的财务绩效。

2. 非营利组织公众参与度和满意度

非营利组织的公众参与度和满意度越高，其社会关注度、声望、知名度越高，公信力越强，有利于非营利组织吸引更多的捐赠，提高非营利组织的筹资效率，推动非营利组织的运作，从而提高非营利组织的财务绩效。同时，随着社会关注度的不断提高以及自身影响力的扩大，社会对非营利组织资金流动的监督力度也越来越大，在公众的监督和舆论压力下，非营利组织会更加注重对资金使用效率的优化和财务绩效的提高。

阅读拓展 9-3

复习思考题

1. 非营利组织财务绩效评估的内涵是什么？
2. 非营利组织财务绩效评估的目的是什么？
3. 非营利组织财务绩效评估的主体和客体包括哪些？
4. 简述非营利组织与营利组织财务绩效评估框架的区别。
5. 非营利组织财务绩效评估的基本指标有哪些？
6. 非营利组织财务绩效评估的方法有哪些？

第十章　非营利组织的财务监督

学习目标：通过本章学习，能够充分理解非营利组织财务监督的基本内容；掌握非营利组织财务监督的内涵；基本了解非营利组织政府财务监督机制；全面熟悉非营利组织财务监督过程中存在的问题、成因及完善措施。

第一节　非营利组织财务监督的内涵及机制

一、非营利组织财务监督的内涵

非营利组织财务监督，是指根据国家有关方针、政策和财务制度的规定，对非营利组织的财务活动和其他有关的经济活动所进行的监察和维护。财务监督是保证非营利组织财务活动有序进行的重要手段，是财务管理工作的重要组成部分，也是保证非营利组织管理者履行其受托责任的条件之一。受托责任是非营利组织管理者所承担的最基本、最重要的一种责任。它意味着管理者在进行财务决策或采取特定财务行为时，必须谨记社会公益最大化的组织宗旨，向利益相关者承担相应的财务责任，同时向各方充分披露信息，解释其经济资源的使用方式及结果，致力于保护和提升组织的公共形象和声誉。

非营利组织财务监督的具体内涵包括以下几项：一是监督主体。非营利组织财务监督的主体是多元化的，既有政府部门、社会公众、新闻媒体等外部利益相关者，也有理事会、监事会等内部利益相关者。二是监督客体。监督客体即被监督对象，通常指非营利组织资金运动过程中涉及的各项经济活动。三是监督内容。财务监督是对非营利组织财务活动、财务关系、资源利用进行的监督。

二、非营利组织财务监督的机制

非营利组织财务监督机制，指的是非营利组织监督系统运行的过程和方式，以及系统内各构成要素相互作用的关系。它是非营利组织财务管理工作的重要组成部分，并与非营利组织的财务活动密切相关。对于规范组织的财务活动，保证预算的实现和严肃组织的规章制度意义重大。非营利组织财务监督管理机制的要素包括以下几个方面：一是监督的内容，包括：监督主体的权利及义务、责任；监督客体的权利及义务、责任、监管的方式和手段等。二是各种监管主体之间的关系。三是监督的动力，指的是促使监督主体行使监督权利、履行监督义务的动力。四是监督的客体，即监督行为所作用的对象。

对非营利组织来说，只依靠对管理者的信任、指望其自觉履行受托责任，不可能实现良好的财务运行，因为在缺少财务监督的情况下，非营利组织管理者作为理性经济人可能会采取机会主义行为，追求个人私利、规避财务责任，从而降低经济资源使用的有效性。所以，非营利组织财务监督应当贯穿于组织财务活动的全过程、各环节，通过特定的方法来规范管理者的财务行为，以确保其符合财务管理目标的要求。

非营利组织财务监督机制的目标指的是确保其服务的供应，保护服务对象的利益，保护捐赠者的利益，维护内部员工的利益，保持公平有序的竞争环境，在政府提供资金时确保资金的利用效益，保护与非营利组织竞争中的中小营利性商业组织的利益，保护政府不受非营利组织过度的政治影响。

非营利组织财务监督机制的构建应当考虑其自身的业务运营和财务特征。与企业相比，非营利组织实施财务监督面临着特有的困境，主要表现在以下几个方面：非营利组织的产出属于服务性的非市场产出，其数量和质量难以测度，而且社会效果具有时滞性，缺乏价格信号和消费者的自由选择，因而缺乏检验和传递质量信息的机制和渠道；物品或服务购买者不是最终消费者，由于存在中间环节，导致获取信息困难，增加了监督难度；非营利组织面对多样化的监督主体，其中捐助者和服务对象无疑是最重要的群体，但由于监督的动力不足和主体缺失，捐赠者很难发挥监督作用，而服务对象是处于不平等地位的弱势群体，在信息获取和处理、利益诉求和资源动员等方面存在能力缺陷，也不能有效发挥监督作用；非营利组织外部监督机制薄弱，除了缺少公共部门权责明确的制度化监督机制，也缺少企业中“用手投票”和“用脚投票”的监督机制。尽管面临着诸多困境，非营利组织财务监督依然是可以有效实施的，这在很大程度上取决于对其监督主体以及实施条件等问题的解决方式。

（一）非营利组织财务监督管理的三种基本类型

1. 基于道德的监督

通过提升公民道德修养来实现监督管理的目标，通过学习和教育等途径让社会大众对非营利组织的要求转化成自身的道德观念，培养为社会公共利益服务的意识和品质，帮助人们树立正确的人生观和价值观，严格要求自己，并行使好手中的权利。

2. 基于权力的监督

用自身的权力去制衡权力，对权力实行适度的分割，将整个社会权力配置达到最优，并使不同的权力主体之间形成相互监督的关系，其核心在于分权。

3. 基于权利的监督

通过运用公民自身权利与义务来实现对非营利组织监管的目标。在权利监督中，充分利用公民自身权利，通过权利运用达到约束权力实行的作用。运用公民的权利保证公民对非营利组织滥用权力或有其他不当行为时做出一些积极的反应。

（二）非营利组织财务监督的构成

非营利组织财务监督按照监督的时间顺序可分为事前监督、事中监督和事后监督；按照监督的范围和内容可分为全面监督和专项监督；按照监督的组织方式可分为内部监督和外部监督。各种监督互相配合，共同保证非营利组织按国家有关规定运作，保证国有资产的完全完整，维护财务制度及财经法纪的严肃性。这里我们重点讨论内外部监督。外部监督的运行主体大致可以分为政府部门、税务部门和社会大众、新闻媒体等机构。而内部监督的运行主体大致可以理解为非营利组织自身的制度建设、文化建设及同行业组织之间的相互监督等。外部财务监督机制又可以进一步细分为政府财务监督机制和社会财务监督机制。

1. 非营利组织外部财务监督机制

外部监督主要指的是政府部门的监督、税务部门的监督、审计部门的监督等行政监督的方式，同时还可以通过社会大众监督来实现非营利组织的长远发展。

政府部门财务监督机制包括政府监督组织机制、政府监督运行机制、政府监督信息反馈机制。政府作为社会的管理者和非营利组织资金来源的提供者，有必要对组织的财务活动及财务关系的合法性、合理性、有效性进行监督。与其他监督主体相比，政府拥有公共权力，对非营利组织财务进行监督的效力高，能够对非营利组织的发展起到关键性的引导作用。

社会财务监督主要由新闻媒体、社会公众和社会组织的监督组成。社会财务监督主体与政府财务监督主体同属于外部监督主体，但是社会财务监督的权威性与后者相比较弱。社会财务监督可以有效提高社会财务监督动力和效力、强化社会财务监督效果，解决各外部利益相关者在权利保障的情况下开展对非营利组织财务的监督工作。

2. 非营利组织内部财务监督机制

所谓内部监督，主要指的是行业组织内部监督、组织内部法律法规和规章制度的监督、组织内部设置相应的部门进行的监督，通过组织自身文化建设提升内部人员素质，以此来完善对非营利组织内部监督的目的。非营利组织内部财务监督机制与外部财务监督机制是相辅相成的关系。非营利组织内部监督包括理事会、监事会、组织各职能部门和员工等按照权责和层次划分的监督。内部财务监督机制主要包括完善非营利组织治理结构、建立组织内部相应的规章制度、建立内部职能部门对组织财务进行日常监督、通过内部财务监督激励机制提高内部监督的动力。

第二节　非营利组织的外部财务监督机制

一、非营利组织的政府财务监督体系

政府无论是作为非营利组织的出资者还是社会的管理者，在对非营利组织公共责任履行情况的监督方面，承担着不可推卸的责任。建立非营利组织的政府财务监

督机制，有利于非营利组织更好地完成社会使命。

政府财务监督的主要形式是政府法律监督和政府行政监督，政府法律监督既是对非营利组织财务行为的系统约束，又是判断其行为正当性的基本标准。政府行政监督则是由独立行政机关实行，包括规制制定（准立法职能）、执行（行政职能）和裁决（准司法职能）。

（一）法律监督体系

1. 非营利组织财务监督的法律环境

近年来，我国已颁布了一些与非营利组织相关的法律法规，为非营利组织的财务监督提供了保障和支持。纵观我国非营利组织所处的法律环境，大致可以分为法律、行政法规、部门规章和地方性法规四个部分。

（1）法律。非营利组织相关的法律有：1990 年颁布的《中华人民共和国公益事业捐赠法》，1999 年颁布的《中华人民共和国合同法》，这两部法律对关系到非营利组织财产来源的捐赠问题进行了规定；1999 年颁布的《中华人民共和国个人所得税法》规定个人向教育事业和其他公共事业捐赠的可以从个人所得税中扣除；2001 年颁布的《中华人民共和国信托法》对公益信托进行了规定。

（2）行政法规。对非营利组织的一般性规定主要是国务院颁布的四个条例：《社会团体登记管理条例》、《基金会管理条例》、《事业单位登记管理暂行条例实施细则》和《民办非企业单位登记管理暂行条例》。这四个条例是目前政府对非营利组织进行财务监督的主要法律依据。

（3）部门规章。除了法律和行政法规之外，国务院各职能部门制定的部门规章也有关于非营利组织的规定，成为非营利组织法律环境的重要组成部分。为了做到依法行政，民政部和有关部门也出台了一系列的配套性政策规章，比如民政部颁布的《社会福利机构管理暂行办法》《救灾捐赠管理暂行办法》《基金会信息公布办法》，财政部颁布的《事业单位财务规定》《民间非营利组织会计制度》，财政部、国家税务总局、海关总署联合颁布的《扶贫、慈善性捐赠物资免征进口税收暂行办法》等。

（4）地方性法规。为了能更切实地规范非营利组织，各地方政府结合本地实际情况，制定并颁布了若干与非营利组织有关的地方性法规，成为非营利组织法律环境不可或缺的部分，如《广东省社会救济条例》《深圳经济特区捐赠公益事业管理条例》《上海市红十字条例》《上海市华侨捐赠条例》等。

2. 法律对非营利组织的财务监督内容

我国关于非营利组织的法律法规体现了政府对民办非企业单位、基金会、事业单位等各种非营利组织的财务监督职能，主要体现在三个方面：

（1）非营利的约束。非营利性原则是非营利组织活动应遵守的基本原则之一。许多国家的法律都对此进行了立法规范，我国对此也作了规定。1989 年的《社会团体登记管理条例》第 4 条规定："社会团体不得从事以营利为目的的经营性活动。"1998 年的《社会团体登记管理条例》不但保持了该原则，还规定社会团体收入来源和支出用途必须合法，组织的资金盈余不得在会员中分配。另外，政府允许非营利组织从事营利活动，但为了保持整个组织的非营利性，对此类活动也有特殊规定。如《事业单位登记管理条例》规定：事业单位依法举办的营利性经营组织，必须实行独立核算，依照国家有关公司、企业等经营组织的法律法规登记管理。

（2）受赠财产支出约束。《捐赠法》规定：非营利组织应当将受赠财产用于资助符合其宗旨的活动和事业。对于接受的救助灾害的捐赠财产，应当及时用于救助活动。《基金会管理条例》第 29 条对非营利组织的资金支出进行了一系列的规定，不但包括资金支出的比例，还包括资金支出的方向等。而《社会团体登记管理条例》也有规定：社会团体接受捐赠、资助，必须符合组织的宗旨和业务范围，必须根据与捐赠人约定的期限、方式和用途合法使用。

（3）财务公开制度。财务公开是指非营利组织的财务账目应当接受有关部门的监管，同时向社会公众和捐赠人公开，接受社会监督。《社会团体登记管理条例》规定社会团体应当向业务主管单位报告接受、使用捐赠、资助的有关情况，并应当将有关情况以适当的方式向社会公布。2006 年 1 月生效的《基金会信息公布办法》则有如下规定：信息公布人应当在每年 3 月 31 日前，向登记管理机关报送上一年度的工作报告。登记管理机关审查过后 30 日内，信息公布义务人按照统一的格式要求，在登记管理机关指定的媒体上公布年度工作报告的全文和摘要。以上法律法规对保证非营利组织的非营利性，资金使用的合理性、透明性发挥了重要的作用，同时也规定了监督部门的职责，以及对非营利组织的惩罚措施，这也为政府部门对非营利组织进行财务监督提供了依据。

（二）行政监督体系

政府对非营利组织的行政监督是行政监督主体依据法定权利和程序对非营利组织及其工作人员的行为实施督导和控制的一种机制。我国的非营利组织实行双重管理体制，须接受登记部门和业务主管部门的监督和管理。另外，财政部门、税务部门和审计部门也是非营利组织的官方监督主体。

1. 登记部门的监督

我国的大部分非营利组织是在民政部下注册登记的，也有的是在工商部门注册登记。其采取这样一种监管方式：国家设置较高的登记门槛，登记前需要审查非营利组织是否具备完善的财务会计制度、是否从事非营利事业等，而不符合条件的组织不予登记注册。登记管理部门的这种管理方式在一定程度上保证了非营利组织的合法性和规范性，降低了非营利组织发生财务问题的风险，从源头上对非营利组织进行了规制，也是政府部门对非营利组织进行财务监督的第一步，这种管理方式也被称为“预防制”。除此之外，登记管理机关还负责对非营利组织实施年度检查，检查内容就包括财务管理和经费收支情况。

2. 业务主管部门的监督

我国政府对非营利组织的监督和管理实行的是“双重管理机制”，除了登记管理部门，还要接受业务主管部门的监督。非营利组织成立后，必须有一个政府部门作为该组织的业务主管部门。业务主管部门对非营利组织的财务监督主要体现在以下几个方面：（1）指导监督非营利组织依据法律和章程开展公益活动。（2）负责非营利组织年度检查的初审。非营利组织向登记管理机关送报年度工作报告，接受年度检查前，应当先送业务主管单位且获得其审查同意。审查的内容应当是对年度工作报告的财务会计报告、注册会计师审计报告等项目进行真实合法性的检查，如果发现问题应当责令改正。（3）配合登记管理机关、其他执法部门查处非营利组织的违法行为。

3. 其他行政部门的监督。在我国，财务部门、税务部门和审计部门也是非营利组织的官方监督主体，分别对非营利组织行使会计监督、税务监督和审计监督。其中，财务部门主管我国非营利组织行使会计监督工作，是非营利组织会计监督的最高监管机关，其监督内容包括：检查非营利组织是否依法设置会计账簿；监督非营利组织的会计报告等资料是否真实合法；制定一些非营利组织会计的规章制度；检查非营利组织的会计人员是否具备相应资格。在会计监督的基础上，税务部门主要通过对非营利组织会计资料的审查来发现问题，其监督的重点是非营利组织的财务活动是否符合非营利性质，是否符合税法优惠政策及财务会计资料是否真实、合法等，以此来督促非营利组织财务活动符合非营利宗旨，否则取消其税收优惠政策待遇。而审计机关则有权检查非营利组织的财务收支资料、对发现的问题进行调查取证、将审计结果向相关政府部门和社会公告。

二、非营利组织社会财务监督机制

（一）非营利组织社会财务监督保障机制

1. 社会财务监督的制度保障

为了增强社会财务监督的权威性，首先应该通过正式制度来维护社会财务监督主体的权利。社会财务监督的正式制度主要包括国家按照一定的目的和程序制定的一系列法律法规，它们共同构成对行为主体的激励和约束。

2. 社会财务监督的信息保障

社会财务监督的信息保障包括信息渠道的多样性和信息来源的可靠性。监督主体对非营利组织财务活动和财务行为施行监督，可以通过以下途径获取相应的材料信息：（1）通过非营利组织登记管理机构或者业务主管部门取得相关的资料。这种方式能够了解组织的申报情况、免税资格、财务运行情况等，但是程序比较烦琐。（2）翻阅非营利组织印发的书面报告。非营利组织的书面报告通常具有清晰、准确的特点，符合人们通过阅读报告获取信息的习惯。（3）信息化网络渠道。通过网络化财务信息的披露，可以发挥电子媒体时效性强、容量大的特点，使信息使用者及时查阅非营利组织的财务信息。

3. 社会财务监督的组织保障

非营利组织社会财务监督包括的主体广泛，仅靠单个组织对非营利组织进行监督，不但会加大监督成本、影响监督效率，而且监督效果也难以保证。通常可以通过强化第三方审计的审计监督作用，来进行非营利组织的社会财务监督。例如，可以由国家授权会计师事务所代表分散的社会监督主体对非营利组织财务进行监督，并且通过成立专项基金用于支付审计费用，充分发挥社会审计对非营利组织的财务监督作用。

（二）非营利组织社会财务监督实施机制

1. 以注册会计师审计为主的社会监督

国家可以完善对非营利组织的相关审计制度，强制要求非营利组织每年至少接受一次以注册会计师审计为主的外部审计。同时，非营利组织自身也应加强聘请外部审计机构对组织进行财务审计的意识。

2. 其他外部利益相关者的监督

可以发挥其他外部利益相关者对非营利组织的监督作用。金融机构作为非营利组织的债权人，可以通过了解非营利组织的内部财务状况监督其资金运营情况。捐赠人作为非营利组织重要的资金提供方，可以通过了解组织资金的运作、查阅组织财务资料、对有疑问的地方提出质疑对组织进行监督，以提高资源的使用效率。社会公众作为资源的享有者，可以通过监督其资源的利用情况对非营利组织进行财务监督。新闻媒体可以利用新闻媒体宣传非营利组织存在的重要性，增强公众对非营利组织的了解，为后续的监督打好基础。还有其他一些外部利益相关者，如研究人员可以通过对非营利组织的研究成果，间接地发挥对组织财务的监督作用。

（三）非营利组织社会财务监督的信息反馈机制

建立非营利组织财务监督的信息反馈机制是保证监督效果的重要举措。在我国，通过注册会计师审计监督发现的非营利组织财务问题都会通过审计报告的形式反映出来，有关管理部门会据此采取相应的措施。非营利组织的资金提供者发现组织问题后能够通过停止资助等方式加强对组织的约束。对社会公众来说，可以依靠网络手段，建立统一的信息反馈网络，让公众对非营利组织有更多的了解，提高对非营利组织的关注，一旦发现可疑的问题或者有好的建议，公众便可以通过信息反馈网络与政府等主管部门进行沟通，促进非营利组织更好地发展。

阅读拓展 10-1

非营利组织监督与声誉监控机制失灵

健全的外部监管机制可有效避免经济主体机会主义行为泛滥，保证声誉对行为主体的约束力。然而，非营利组织的特质属性和管理体制不完善使外部利益相关者包括政府和民众等难以有效掌握和监控组织运作信息，导致组织短期行为预期明显。

一方面，非营利组织受利润非分配性约束，具有社会服务导向特色，并表现在使命、动机等方面，且员工是服务于公共利益而非自身薪酬。因此，这种对于商业价值和操作的意识排斥，使非营利组织天然被赋予比企业更为良好的声誉，并在温和、友好社会监督体系下运作，即利益相关者如民众、捐赠者通常给予其高度信任，而较少考虑采取措施来审视和怀疑非营利组织声誉问题。并且，在社会转型期，我国民众通常具有较弱的参与公共治理的意识和参与社会建设的主动性，缺乏作为非营利组织外部核心利益相关者监督非营利组织的动机。尽管任何一个资金捐赠者都能够要求非营利组织提供相关财务信息，但他们缺乏索求此类信息以用于监督的动机。由于都面向公共利益并为之服务，非营利组织与政府间具有紧密的纽带关系，因此，我国政府往往在直接或间接为这些官办或半官半民的非营利组织进行担保，而非营利组织也通过租借政府声誉赢得社会公众信任，这也会直接导致非营利组织声誉缺乏信息含量。可以说，优质声誉的天然赋予和国家声誉的担保，使非营利组织能得到社会监督的豁免，从而为其失信动机与行为的产生提供社会情境性温床。

另一方面，根据传统社会组织管理体制下双重管理要求，为获取行政合法性，非营利组织需要在向相关民政部门注册登记前获得业务主管单位批准。受体制和观念因素影响，一些政府主管部门视草根性组织为不稳定因素制造者并提高准入门槛或限制注册，一些组织无法找到所谓挂靠单位而成为缺乏行政认可的群体，或者说，这些大量体制外的非营利组织还不是法律意义上的合法组织。结果是，制度性排斥不仅剥夺了某些草根性组织合法运作的资格，同时也使相关政府部门和公众难于通过正规渠道有效监督、规制这些组织。在合法行政地位丧失所引致的外部性“他律”缺失下，宗旨层面上亲社会主义的草根性组织极有可能在行为层面上异化为社会不和谐因素制造者，呈现出半公开或地下的运作态势并极易走入歧途，从而影响整个非营利部门的声誉。同时，现行社会组织体制也决定了我国非营利领域监管现状是以民政和业务主管部门为主导、工商和税务等部门共同参与的多监管主体状态，这直接导致各部门监管责任划分不明确，监管“碎片化”特征明显。在实践中，非营利组织除接受统一“年检”外，几乎缺乏必要的政府监管和社会监督机制制约，并且相关法制建设的不足导致监管缺乏明确依据与要求，这也使非营利领域良莠皆存，损害了真正致力于社会公益促进的非营利组织。

资料来源　张冉．社会转型期我国非营利组织声誉研究：危机溯源与重塑路径［J］．浙江大学学报：人文社会科学版，2014，44（1）：100-112.

第三节　非营利组织的内部财务监督机制

一、内部组织治理结构中多层次的财务监督主体

非营利组织的内部治理结构通常涉及发起人、理事会、秘书长及其管理人员、一般员工等，设计一套制度机制来处理以上这些不同利益主体之间的关系，成为非营利组织内部财务监督机制的基础，即组织的治理结构是内部财务监督机制的基础。运用什么样的内部治理模式，决定着内部财务监督机制的建立。非营利组织与企业等营利组织的内部治理结构的对比见表10-1。

表 10-1 **非营利组织与营利组织内部治理结构对比**

机构	组织类型	名称	职能
最高法定权力机构	营利组织	股东大会	决定经营方针与投资计划
			选举董事
			批准公司财务决策
			决议公司清算、分立、合并
			审核董事会报告，审查监事会报告
	非营利组织	无	无
决策机构	营利组织	董事会	具体财务战略
			预算决算
			设置内部管理机构和具体管理制度
	非营利组织	董事会（或称理事会）	具体财务战略
			预算决算
			设置内部管理机构和具体管理制度
			听取秘书长报告，检查其工作
执行机构	营利组织	经理人员	拟订各项计划
			具体日常财务策略
			财务分析与报告
			实施财务预算
	非营利组织	秘书长或其他高管	拟订各项计划
			具体日常财务策略
			协调各分支机构开展工作
监管机构	营利组织	监事会	检查公司财务
			监督董事、高管行为
			提议召开临时股东大会
	非营利组织	监事会	检查财务和会计资料
			监督理事会遵守法律和章程情况
			提出质询和建议并向登记机关、业务主管单位以及税务、会计主管部门反映

非营利组织的治理与财务监督有着密切的关系，二者相辅相成。有效的治理机制能够为财务监督营造良好的运行环境，为财务监督提供制度保证与实施基础。严格履行财务监督职能，也有利于非营利组织治理机制的完善。

（一）改善组织治理，发挥内部财务监督职能

进一步规范非营利组织治理结构中不同权利主体的职责和行为，充分发挥内部财务监督职能。

（二）建立理事会财务监督框架

非营利组织应该建立以理事会为核心的财务监督框架。在以理事会为核心的治理模式下，制定明确的财务监督制度性框架，进行有效的财务监督。

（三）引入利益相关者财务监督主体，建立独立理事制度

独立理事的职责包括审查理事会提交的财务会计报告以及查核监事会报告，对重要决策享有决议权，评价理事会、监事会及其他高管的业绩。

（四）强化监事会的财务监督职能

非营利组织应该强化监事会的财务监督职能，充分保证其独立性。首先，保证监事会在非营利组织中的地位是独立的，监事会成员的任免由业务主管部门、捐赠人等分别选定，人员构成主要以外部监事为主。其次，加强监事会人员的素质，尤其是道德品质和财务会计专业知识。监事会的职能主要是检查组织的财务会计资料和监督其他高管的行为，这就要求监事会成员必须对非营利组织的财务会计制度以及相关的国家法律法规非常熟悉，充分发挥其监督职能。最后，为了保障相关利益者的利益，无论组织是否存在问题，监事会都应该将监督的具体信息进行披露，包括组织机构、工作开展情况、财产的管理和使用情况。

二、非营利组织日常财务监督的主要部门

（一）非营利组织理事会

作为利益相关者，特别是资源提供者的代表，非营利组织理事会不仅享有管理财务决策权，而且也有对管理者实施财务监督的权利和义务。这主要体现在：该机构有权制定重大财务战略来约束管理者行为，监督管理者是否贯彻执行其财务决策意见，是否取得令人满意的财务业绩，从而决定是否继续聘任或解聘管理者。非营利组织理事会应当监督管理者执行财务决策，及时纠正其偏离财务决策目标的行为；监督管理者正确行使其财务权利，避免出现或消除机会主义行为，维护和提升组织的社会形象，实现社会公益最大化的组织宗旨；解聘不称职的管理者，并追究那些牟取个人私利、侵犯组织利益的管理者的法律责任。

但是，在缺少具体的评价参数和市场信号来反映组织的使命、服务质量以及效率的情况下，为了实施组织生存所必需的监督，非营利组织理事会必须建立一套自己的评价和控制体系。可以说，非营利组织理事会实施财务监督，有助于约束管理者的财务行为、提高财务运行的有效性。为提高财务监督的效果，非营利组织理事会可以充分利用由财务、会计、法律等专业人士组成的审计委员会以及内部审计机构的工作。

（二）非营利组织监事会

非营利组织监事会是由利益相关者代表的内部自律性机构，负责对理事会和管

理者履行财务职责的过程及结果进行专门的财务监督，从而保证其正确行使财务权利。因此，该机构是为减少非营利组织理事会和管理者不负责任行为而做出的一种制度安排。

非营利组织监事会应当对组织的一切活动进行监督，但其重点在于保证财务决策的制定程序和执行结果不会对组织及其利益相关者的正当利益造成损害。为了实现财务监督，非营利组织监事会应当列席理事会会议，并就组织中存在的财务问题向理事会提出建议；进行必要的财务检查，并有权要求理事会向其提供说明；对组织的财务运行过程进行监督，制止董事、管理者的财务违规、越权行为并要求其予以纠正；就重大财务问题提议召开理事会，并在必要时提请司法部门介入。

在实践中，非营利组织监事会的财务监督及实施范围等，应当在组织章程等有关治理文件中做出明确规定，以保证监事会可以正常行使权利，也可以避免引起与理事会或管理者的冲突，或者对财务活动造成过度制约。

（三）非营利组织独立董事

非营利组织可以引入外部独立董事，以增加其理事会的独立性，完善组织治理结构，形成对管理者更有效的监督力量，消除理事会失灵带来的诸多问题，降低代理成本。非营利组织独立董事应当享有特定的财务权利，如参与理事会重大财务决策的表决、及时监督财务运行过程、审核财务活动方案等。在西方国家，非营利组织独立董事主要来源于社会知名人士、咨询公司、律师事务所及会计事务所等，并通过两种方式行使财务监督权：一是直接参加理事会会议以影响组织的财务决策；二是在审计委员会、财务委员会等专门委员会中任职，通过承担额外的财务责任，以发挥对理事会和管理者的制约作用。

尽管非营利组织独立董事可以在促进理事会进行有效的财务监督方面扮演重要角色，但这种制度安排也存在缺陷，因为引入不享有剩余要求权的独立董事，并期望他们能够尽职尽责地监督管理者的财务行为，实际上是一种不现实的、勉为其难的选择。所以，非营利组织必须考虑采取合理措施，建立独立董事施行财务监督的动力机制，以防止产生新的代理问题。

（四）非营利组织财务总监

对管理者进行财务监督是非营利组织理事会的重要职责，但由于理事们不一定具备相关的财务知识，因而无法有效地履行其财务监督职责。所以，非营利组织应当设立财务总监制度，对管理者进行适当的财务监督。非营利组织财务总监的职责主要包括：参与制定内部财务管理制度，监督检查活动和资金收支情况；参与拟订财务预算、决策方案；审核财务信息，与管理者共同确定其真实性，并上报理事会；对管理者的重大财务问题及时报告给理事会处理等。尽管非营利组织财务总监的许多财务权利都是非正式的，但他们对组织财务决策的影响不可低估。

阅读拓展 10-2

非营利组织的财务管理

非营利组织绩效评估时要考虑账册的完备性、合法性和财务制度健全性等问题。绩效的评估是组织的一种自我检测，而提高组织绩效、实现组织目标是一种组织伦理的体现。

非营利组织与企业的关系常常建立在财务资金上。有些非营利组织依赖企业的财力支持，有些非营利组织则直接由企业出资成立。因此，非营利组织与企业之间存在微妙关系。非营利组织一方面寻求强有力的财源必须向企业募捐，才能使组织的各项业务活动得以运作；另一方面却必须保持自主性，因为非营利组织若因财务问题而受制于企业，将失去自主性，否则，不但破坏了非营利的基本精神，更丧失了公众信赖的基础。所以，在财务与自主的两难困境间，如何保持两者间的平衡，是非营利组织面对的重大挑战。

因为非营利组织的特性，政府经常通过各种各样的政策，来鼓励非营利组织形成与发展。政府给予非营利组织直接、间接的补助或特许，使其能在市场上募集社会资源及享受免税优惠；而正因为这样的优惠和身份，使得非营利组织有可能沦为营利组织避税的工具。

从组织的伦理角度而言，非营利组织以服务社会公众为依据，在社会使命的光环下，更应该洁身自好，为社会建立良好典范，更应该在财务上采用较高的伦理标准：完备的财务账册——不虚伪造假；财务的独立自主——不受捐赠企业的控制；仅接受企业合理的捐赠——避免沦为企业避税的工具；最适合的资源配置——资源应使用在目标客户身上；完整、翔实的财务报表——充分公开组织的财务状况，依法报税（属营利行为的收入需按照规定申报所得税），接受社会大众的监督。

资料来源　李维安. 非营利组织管理学［M］. 北京：高等教育出版社，2005.

第四节　非营利组织财务监督的问题及完善措施

一、非营利组织财务监督的问题

非营利组织的可持续发展离不开有效的财务监督。近年来，我国非营利组织发展中出现了许多问题，筹资及运营目标异化、捐款物资滥用、损失浪费严重、资金使用效益低下、私分组织盈利等。从目前情况看，我国非营利组织财务监督主要存在以下问题：

（一）国家对非营利组织财务的监督效率低下

作为非营利组织的监督主体之一，国家的作用是不可替代的。国家独有的强制力是有效监督的基本保障。国家对非营利组织财务的监督效率低下，主要原因是监督法规不完善以及政府组织机构职责分工不明确。

（二）社会对非营利组织财务的监督动力不足

非营利组织财务资源的公益产权性质，导致对非营利组织的监督缺乏事实上的监督主体，许多利益主体都没有主动监督的意识；而非营利组织的相关法规不完善，使非营利组织的运行蒙上一层神秘的面纱，即使利益主体有监督意识往往也无从下手。

（三）非营利组织内部财务监督效力缺失

从非营利组织内部来看，由于利益驱动、信息不对称、激励不相容、监督不严密等现象的存在，非营利组织中同样有可能存在"内部人控制"现象。组织的代理人利用自身拥有的信息优势和权利，谋取自身利益，损害相关利益者的利益，使得组织的运行脱离了公益宗旨。虽然有些组织在内部通过制定相关的制度或建立专门的监督部门来规范组织的财务活动，但是由于"内部人控制"的现象，监督活动容易被阻碍，往往只能流于形式，起不到约束的作用。

二、非营利组织外部财务监督的完善

（一）完善国家对非营利组织财务的监督

1. 完善非营利组织财务法规

我国非营利组织财务法规还不健全，非营利组织的募捐和捐助政策、财务与税务、评估与监督、审计和财务信息披露、财务违规处罚等方面都没有建立有效的规章制度。由于法律法规和政策的不健全，非营利组织的发展就面临许多问题。引导非营利组织进行有效的财务监督，必须先完善非营利组织相关财务法规。比如，其登记管理制度和财务监督制度等。由于登记管理的"高门槛"，许多非营利组织都没有浮出水面，《财经》杂志曾经就披露过："中国不登记的非营利组织数量要远远大于注册了的非营利组织。"壹基金计划就是一个很好的例子。在这种情形下，对非营利组织的监督就失去了依托，尤其是对于根本没有在任何地方登记的非营利组织，对其的监督更是无从谈起，所以要加强监督，就必须了解非营利组织相关信息，可以适当降低门槛，没有登记的非营利组织也需要到相关部门进行备案。另外，要颁布强制性财务信息披露的规定，让非营利组织的财务透明化，以便监督有法可依，有渠道可行。

阅读拓展 10-3

壹基金计划

2007 年，壹基金计划在北京正式启动。壹基金以"帮助人、救助人、壹基金、一家人"为宗旨，致力于传播创新的、人人参与的公益文化，关注环保、教育、扶贫、健康几大领域，传播公益慈善文化，搭建诚信透明、可持续发展的公益平台，以推动公益事业的发展，同时尽可能地为各种自然灾害提供人道主义捐助。壹基金成立以来，公众对慈善的关注达到了前所未有的程度。据壹基金官网公布，截至 2010 年 12 月 31 日，壹基金捐赠总额达 2.9 亿元。壹基金为了获得合法地位，就和中国红十字会签署了三年的担保合同，在此期间，壹基金作为私募基金就挂靠在有公募资格的中国红十字会名下，可借助中国红十字会的名义向社会公开募捐，做公募基金会的项目。2010年年底，三年合同期将至，在名为“李连杰：激情与理性”的节目中，李连杰首次透露，壹基金存在中断的可能。李连杰坦言，壹基金就像是一个没有身份证的孩子，在其弱小的时候还没什么问题，但一旦成长，需要和他人合作的时候，就会被别人质疑。

清华大学创新与社会责任研究中心主任邓国胜表示，壹基金计划是挂靠在中国红十字会下面进行公募的专项基金，在中国红十字会这种合作方式很独特。最大问题就是李连杰提及的身份不明不白。邓国胜称，壹基金一直在打擦边球，在很多场合，它的一些做法是违反现行规定的。他曾在出租车后的宣传广告上看到，壹基金计划的公益广告上并没有标注中国红十字会。严格来说，它在没有标注中国红十字会的前提下，是没有权利做这种公益广告的。对于壹基金将来的动向，邓国胜表示，要么继续打擦边球，要么升级为公募基金会，“但是现行的法律法规里，要实现很难”。他认为，这件事反映出的最核心的问题是，在我国公募基金会都是官方垄断的，民间想要成立公募基金会是很难的，所以才会有了“怪胎”壹基金。

资料来源　徐顽强. 非营利组织管理［M］. 北京：科学出版社，2013.

2. 整合国家相关部门的监督

国家为了保持对各社会经济主体的有效控制和监督，设立了财政、税务、审计等部门。这些综合经济管理部门从不同的职责参与国家对社会经济主体的宏观管理与监督。国家对非营利组织的财务监督必须明确各部门的分工，整合这些部门的力量。财政部门作为政府的理财部门，主要是负责规范的设计、制定和颁布，但是在如何落实和监督方面并没有起到相应的作用。财政部门监督的重心往往放在国有企业，对于非营利组织并没有具体的监督政策，而且受财政部门的技术手段、监督资源、职责权限等方面的限制，即使监督也只是流于形式。作为政府的理财部门，财政部门应当对享受财政资金补助的非营利组织进行财务监督，确保财政资金有效地运用于社会公益事业；作为财务规范的设计、制定和颁布部门，财政部门应当根据我国非营利组织发展的现状，设计、制定和颁布有益于非营利组织发展的财务规范。非营利组织由于其公益特征，可以享受多种减免税优惠，这些都是对非营利组织发展的政策性鼓励。

随着非营利组织业务活动范围的扩大、服务类型多样化，一些非营利组织利用税收优惠的屏蔽进行违反公益目的的活动。税务部门应当加强对非营利组织的财务监督，适当提高非营利组织免税资格认定的门槛，每年不定期地进行税务抽查，建立健全赏罚机制，对执行较好的组织进行适当税收补贴，对违反税收征管规定的非营利组织进行相应处罚，如取消其免税资格。在美国，国税局负责对非营利组织进行监督，国税局每年会抽查或对一些重点的非营利组织进行审计，对严重违反规定的组织将取消它们的免税资格。

我国政府审计以前主要着重于政府部门与国有单位。政府审计涉及对事业单位组织的财务收支情况进行监督，但是忽视了非营利组织这一部分。2006年修订的《中华人民共和国审计法》，已经将“国家的事业组织和使用财政资金的其他事业组织的财务收支”以及“其他单位受政府委托管理的社会保障基金、社会捐赠资金以及其他有关基金、资金的财务收支”纳入政府审计监督的范围，即部分非营利组织已经被纳入政府审计监督的范围。非营利组织特殊的公益产权性质决定了非营利组织并非私有组织，政府审计是对财政收支与财务收支最权威的监督，所有非营利组织都应当纳入政府审计监督的范围。

（二）完善社会对非营利组织财务的监督

从国际经验上看，不同国家有不同的非营利组织监督管理制度，但社会监督均是必不可少的组成部分。缺乏社会监督是对非营利组织社会公信度的危害。非营利组织财务的社会监督主体包括资财供给者、会计事务所、社会公众、媒体。

1. 资财供给者监督

非营利组织有赖于资财供给者的持续资助，非营利组织作为受托人管理组织的资财，通过运作使之实现公益目的。资财供给者将资金投入非营利组织不图回报，但求资金被有效合理地运用。但是近年来，一些非营利组织存在为了局部利益而随意报销、私设小金库、人为调节结余等现象，且会计信息失真现象严重，这不仅破坏了市场秩序、损害了信息使用者的利益，也降低了资财供给者对非营利组织的信任度。作为资财供给者，有权了解非营利组织资金的运作，查阅组织财务资料，对有疑问的地方提出质疑，非营利组织应当主动配合对方的监督，这样对双方都有利无害。

2. 会计事务所监督

会计事务所监督是指注册会计师审计监督，注册会计师以超然独立的第三者身份，对被审计单位财务报表是否合法与公允发表审计意见。这种通过审计报告发表的书面意见，具有鉴证作用，得到政府及其各个部门和社会各界的普遍认可。注册会计师审计监督，对于提高非营利组织的社会公信度十分重要，也有助于组织内部财务制度的完善。非营利组织自身要强化自觉聘请会计事务所对组织财务进行审计的意识。

3. 社会公众监督

这是最宽泛的社会监督形式。组织的公益性决定了非营利组织有义务向社会公众公开其财务、活动、管理等方面的信息，需要对相关的利益人有明确的交代。非营利组织对公共责任的交代应该包括被动公开和主动公开两种形式。前者是指任何一个社会公众对有关数据、信息，包括组织的详细财务报表，有权随时索要、查询、质疑并得到答复；后者指每个非营利组织要将上述重要信息定期以简报或者在公共媒体上发布。从理论上说，这两种形式都应该能够在国内实施，但是从我国目前的情况来看，并没有得到很好的实践，其主要原因是缺乏相关的信息公开制度。政府应当完善非营利组织信息公开制度，要求非营利组织提供的财务报表必须经过注册会计师审计，确保非营利组织所提供的财务信息合法性与公允性，从而使社会公众对非营利组织的监督落到实处。

4. 媒体监督

媒体监督即舆论监督，曾被形象地称为“另一个法庭——社会舆论的法庭”。媒体的一个重要取向是揭露政府、非营利组织和企业的违规现象，特别是公共部门的失误行为。舆论监督涉及范围广，而且能够引起人们的关注，因此媒体对非营利组织有很强的威慑作用。

三、非营利组织内部财务监督的强化

事实上，加强非营利组织自律意识才是关键。借鉴企业财务监督的含义，结合非营利组织自身的特点，可将非营利组织内部财务监督定义为利用有限的资源实现最大限度的社会效益目标前提下，组建内部财务监督组织，利用各种财务与非财务手段对组织各项活动进行调节、引导、监督，其主要目的是改善运营效率，实现组织整体的社会效益最大化。由于“内部人控制”现象，在考虑监督手段时要注重监督的独立性的发挥，以强化内部监督效果。

（一）组建内部财务监督委员会

为了进行有效监督，在组织内部建立监督机构是首要解决的问题。根据非营利组织的内部治理结构特征，可以在理事会下设财务监督委员会。它的主要职能是建立监督制度、分析和判断组织目前的财务情况、对新的财务决策做出最终决议建议、审查组织内部的违规违法行为、对可能发生的财务风险进行预警并提出解决措施。对于委员会成员的选聘，应该遵从公开、公正的原则，其成员的组成至少包括财务方面和熟悉非营利组织所在行业特征的专家以及少数非营利组织的工作人员，也就是兼容财务与经营管理人才，二者结合能够发挥更好的作用。

内部财务监督委员会应当通过建立相应的监督制度来保障监督执行效果，监督制度包括：事先监督——预算制度、事中监督——财务分析决策和预警制度、事后监督——执行效果奖惩制度。制度的设计要考虑非营利组织内部与外部环境，强化信息沟通，既保障自主性的发挥又保护相关利益者的权益。在这个过程中，监督委员会要做好以下几点工作：（1）制定财务控制的标准，主要通过财务预算加以细化和规范；（2）衡量财务执行效果，非营利组织根据自身特点可利用平衡计分卡建立合适的评价体系；（3）建立财务预警系统，主要是用以防范非营利组织存在的财务管理目标风险、筹资领域的风险、资金支出方面的风险、投资方面的风险等；（4）分析实际运行偏差进行反馈和纠正。

（二）内部审计

非营利组织内部审计由组织内部审计人员承担，直接服务于组织最高管理部门，独立监督和评价本单位及所属单位财务收支、经济活动的真实性、合法性和效益，包括工作质量和效率，提出改进建议，以促进加强管理和组织目标的实现。内部审计立足于提高效益，侧重于专业化、系统化、程序化的分析、跟踪、审计、把关，在增强工作的前瞻性、力求决策的科学性、寻求解决弊端的有效性、评判绩效的客观性、树立追究责任的权威性、保持机制的长效性等方面做管理性的工作，为单位领导当好参谋长，为经济活动当好裁判官，为管理工作当好智多星。内部审计与财务监督委员会的区别在于：第一，人员构成不同。内部审计的人员在内部人员中挑选产生，而监督委员会成员可以是非组织员工。第二，工作重心不同。内部审计的主要工作内容是采用系统化、规范化的方法对风险管理控制及治理程序进行评价，提高它们的效率从而帮助实现组织目标。

（三）信息技术监督

随着社会信息化进程的日益加快和信息网络的不断建设，一个网络化的信息环境正在迅速形成。作为社会大系统中的一员，非营利组织不可能置之度外。如何开发信息资源并利用信息技术对组织资金运作进行监督应该成为非营利组织的重要课题。非营利组织的信息技术监督指的是组织为了实现其宗旨，综合运用各种手段，通过对信息活动中各要素的全面管理，降低成本，提高效率，并且使组织运作更为有效。借鉴企业信息技术监督手段，在条件许可的情况下，建议规模较大的非营利组织成立资金结算中心来对其资金进行统一控制，其中主要包括预算管理、收入管理和支出管理。资金管理应以最大限度地实现社会使命为目标，集中用好每一笔资金，防止资金的浪费和闲置，尽量使每笔开支都合法合规。通过信息技术对非营利组织日常资金运作进行监督，可以增加资金运行的透明度，提高整体资金利用效率，从制度上、管理上防止挤占和挪用的现象产生。

四、非营利组织财务监督的信息沟通

对于非营利组织的财务监督，应当加强监督主体的信息交流以促进监督效果。

（一）国家各职能部门信息传递

国家财政、税务和审计各管理部门都对非营利组织财务起到一定的监督作用，为了提高监督效率，减少多头监督、重复监督等现象，建议各地区将所能掌握信息的当地非营利组织财务监督状况每年进行备案，最后将信息反馈到一个集中的系统。通过对系统的访问，各部门都能够看到其他政府组织所调查到的非营利组织财务收支、税务缴纳、审计结果等。对信息的综合分析，可以为下年确定监督对象、监督重点打下基础。

（二）建立社会监督信息反馈平台

作为社会监督的各个群体，尤其是社会公众，成员多而且分散，如何才能够把他们了解的组织情况反映上去呢？应当依靠网络手段，建立统一的信息反馈网。为了防止恶意炒作，每个登录成员先进行注册，通过核查批准后方可注册成功。社会成员许多都是潜在的受益对象，他们有权利了解非营利组织的财务运营情况，而且更有切身的体会。通过媒体宣传，让大众对非营利组织以及自身利益有更多的了解，提高对非营利组织的关注，一旦发现可疑的问题或者有好的建议，便可以通过信息反馈网与政府等主管部门进行沟通。当然这其中还需注意到信息反馈平台由谁管理以及成员的隐私保密等问题。

（三）内外审计信息交流

非营利组织财务监督机制框架是“三位一体”，即审计主体包括国家审计机关、会计师事务所以及组织内部审计机构。这三方面的信息沟通能够更好地保障非营利组织财务信息透明度，提升财务监督的可靠性。比如采取定期的会议方式，让三方相关人员聚集到一起，对组织的财务法规执行情况、财务收支合理性、是否存在财务违规现象等进行沟通。

阅读拓展 10-4

四川汶川地震的善款运用得“恰到好处”吗？
——从审计署的公告到财务监督的思考

2008 年 5 月 12 日，四川汶川发生了 8.0 级特大地震，地震发生后，在党中央、国务院的领导下，全国各级党委、政府带领各族人民团结一致，发扬一方有难、八方支援的精神，坚持以人为本，及时实施各项救助、安置措施，全力抢救伤员和安置受灾群众，努力恢复灾区生产，抗震救灾工作取得了重大胜利。从 5 月 14 日至 11 月底，全国各级审计机关对 18 个中央部门和单位、31 个省（自治区、直辖市）和新疆生产建设兵团的 1 289 个省级部门和单位、5 384 个地级部门和单位、24 618 个县级部门和单位进行了审计，延伸审计了四川、甘肃、陕西、重庆、云南 5 省（市）的 3 845 个乡镇、9 526 个村，并对 76 709 户受灾群众进行了调查。抗震救灾资金物资审计过程中，审计署发布 3 次阶段性审计情况公告。

一、救灾款物筹集、使用和结存的基本情况

（一）中央及地方财政安排救灾资金的基本情况

1. 截至 2008 年 11 月底，中央和地方各级财政安排抗震救灾资金 1 287.36 亿元。中央财政共安排抗震救灾资金 382.42 亿元（其中，直接安排专项补助资金 264.96 亿元，通过交通部、卫生部等中央部门和相关单位安排资金 109.3 亿元，其他用于灾区粮食调拨、灾区市场供应及教育抗震救灾）；安排灾后恢复重建资金 651.71 亿元。全国 31 个省（自治区、直辖市）和新疆生产建设兵团共安排财政性救灾资金 253.23 亿元。

2. 四川、甘肃、陕西、重庆和云南 5 个地震受灾省市收到中央及地方各级财政性救灾资金共计 1 166.48 亿元，已支出 480.17 亿元，其中，综合财力补助支出 20.41 亿元，民政救济支出 266.07 亿元，卫生支出 13.22 亿元，物资储备和调运支出 13.13 亿元，基础设施抢修支出 79.7 亿元，公安、教育、广电等支出 49.63 亿元，其他支出 38.01 亿元。

（二）社会捐赠救灾款物基本情况

18 个中央部门单位、31 个省（自治区、直辖市）和新疆生产建设兵团共接受救灾捐赠款物 640.91 亿元，其中，18 个中央部门单位直接接受救灾捐赠款物 127.81 亿元，31 个省（自治区、直辖市）和新疆生产建设兵团直接接受救灾捐赠款物 513.1 亿元；支出 231.76 亿元，主要用于民政救济、物资储备和调运、基础设施抢修等方面；转入灾后恢复重建结存款物409.15亿元（其中，资金402.36亿元，物资6.79亿元）。

在接受捐赠的社会团体和各类基金会中，中国红十字会总会及红十字基金会接收46.9亿元，支出19.97亿元，结存26.93亿元；中华慈善总会接收9.2亿元，支出8.37亿元，结存0.83亿元；海峡两岸关系协会接收6.73亿元，支出6.73亿元（含转交民政部）；中华全国总工会接收3.26亿元，支出3.26亿元（含转交民政部）；中国共产主义青年团中央委员会接收0.56亿元，支出0.56亿元（含转交民政部）；中国宋庆龄基金会接收0.42亿元，支出0.15亿元，结存0.27亿元；中国扶贫基金会接收1.95亿元，支出0.51亿元，结存1.44亿元；中国教育发展基金会接收1.72亿元，支出1.02亿元，结存0.7亿元；中国光彩事业基金会接收1.89亿元，支出1.52亿元，结存0.37亿元；中国妇女发展基金会接收0.26亿元，支出0.06亿元，结存0.2亿元；中国儿童少年基金会接收1.34亿元，支出0.34亿元，结存1亿元；中国青少年发展基金会接收2.31亿元，支出0.64亿元，结存1.67亿元；中国光华科技基金会接收0.15亿元，支出0.1亿元，结存0.05亿元。

截至2008年11月底，承诺向灾区捐款但由于按捐赠协议应分期捐赠、捐赠项目未确定、部分认捐单位资金周转困难以及无法与认捐单位和个人取得联系等原因，未到账金额在10万元以上的单位和个人共有89个，这些承诺捐款总计为2.78亿元。

（三）“特殊党费”基本情况

全国共有4 559.7万名党员缴纳“特殊党费”97.3亿元，其中，汇缴到中央组织部“特殊党费”专户91.89亿元（不含专户利息），留存四川、陕西、甘肃等地5.41亿元。中央组织部已从“特殊党费”专户向灾区拨付12亿元，其余部分（不含专户利息）已按照中央组织部、国家发展改革委员会、民政部、财政部联合制定的使用管理办法，转缴到民政部中央财政汇缴专户，将用于支援四川、甘肃、陕西、重庆、云南5个灾区省（市）抗震救灾和灾后恢复重建工作。

二、审计评价

按照党中央和国务院关于所有款物要及时用于灾区，用于受灾群众，向人民交一本明白账、放心账的要求，民政部、财政部等救灾款物主管部门根据救灾工作的需要，出台了一系列加强救灾款物管理的规章制度和管理办法，提高了救灾款物的管理水平和使用效率；灾区各级党委、政府积极贯彻落实抗震救灾各项政策，在全力开展抗震抢险、安置受灾群众和恢复工农业生产的同时，根据灾区的实际，进一步完善和细化了对救灾款物的管理，努力实现分配使用的公开、透明，不断提高救灾款物管理使用效益；红十字会、慈善总会等接受救灾捐赠款物主要机构，严格对接受救灾捐赠款物的管理，建立了比较完善的内部制约机制，确保了救灾款物筹集及时、管理安全与使用有效；监督检查部门及时介入，密切配合，形成了监管合力，通过及时查处、纠正各种违法违纪和管理不规范问题，有效预防了问题的发生和蔓延，确保了中央制定的各项政策措施落实到位。

审计结果表明，救灾资金和物资基本做到了筹集合法有序、拨付及时到位、分配公开透明、管理严格规范、使用合规有效、存放安全完整，各类救灾资金和物资账目比较清楚。审计中，未发现重大违法、违规问题。

截至2008年11月底，审计署共接到群众举报1 962件，其中有176件有较明确的问题线索，已批转审计机关核查168件、转地方政府处理8件。批转审计机关核查的已全部办结，对于核查属实的违纪、违规事项，审计机关和有关部门依法依纪进行了严肃处理。

三、审计发现的主要问题及整改情况

全国各级审计机关在审计过程中，按照边审计、边规范的要求，随时发现问题，随时提出建议，随时督促整改，以多种方式提出了在严格执行国家各项救灾政策，强化对救灾款物接收、分配和使用的管理，提高救灾款物的使用效益和防止损失浪费等方面的审计建议共计3 640多条。各级政府和部门、单位对审计提出的建议高度重视，已采纳2 940多条，根据审计建议出台了570多项规定和制度，确保了救灾款物的科学、合理、有效使用。例如，四川省抗震救灾指挥部为解决审计反映的6个重灾市州大量救灾物资积压问题，制定了《剩余抗震救灾药品医疗器械处置意见》；汉源县根据审计建议，纠正了部分乡镇将必须拆除自家危房作为向“三无”困难群众发放临时生活救助条件的不正确做法。

（一）救灾款物管理使用问题的整改情况

审计署2008年6月24日发布的汶川地震抗震救灾资金物资审计情况第2号公告中，揭示了财政安排的救灾款物管理不够规范、政策不够完善、执行不完全到位等问题。对此，相关地方政府十分重视，制定和完善了政策规定，全面规范，认真整改。对于揭示的一些地方和部门在救灾捐赠款物筹集、管理、分配等方面存在的一些不规范问题，相关部门认真研究解决办法，制定和完善了相关制度，强化了对救灾捐赠款物的监管，规范了救灾款物的管理，确保了各项政策的贯彻落实。

审计署2008年8月4日发布的汶川地震抗震救灾资金物资审计情况第3号公告中，反映了社会救灾捐赠款物结存于一些部门、单位，个别地方抗震救灾物资积压和不适用，少数地方和个别单位在发放补助时搭车收费、自行提高标准，个别地区活动板房建设与灾区实际需求衔接不够等问题。相关地方和部门及时出台了管理制度和办法，加大了对社会救灾捐赠款物的整合、统筹力度，及时调剂、处置不适用和积压的物资，全面纠正搭车收费、自行提高标准的行为，调整活动板房建设计划，提高了救灾款物的使用效益，避免了损失浪费。

（二）主要问题及整改情况

在2008年8月4日至10月底的审计中，发现个别地区、单位在救灾款物管理使用中存在以下问题：

1. 个别地区灾情上报不准确。由于震后交通、通信不便，难以实地核实灾害数据和情况，部分地区、单位依据局部灾情对本地区、本单位损失情况进行推算、估算，以及对相关政策、要求的理解有偏差等原因，导致了在抗震救灾初期上报的受灾损失和受灾人数不准确。例如，四川省崇州市旅游局、交通局将通往九龙沟和鸡冠山景区的 47 千米公路受灾损失作为各自行业损失同时上报，造成数据汇总重复，多列受灾损失 12.34 亿元；甘肃省天水市报表反映的“三无”人员数大于县乡两级汇总数，存在填报“三无”人员数不准确的情况。上述两市的问题经审计指出后，崇州市政府及时组织相关部门对上述受灾损失重新进行了核定，纠正了多报损失的问题；天水市政府组织人力严格按照规定程序进行核查，共核减“三无”人员 71 419 人。

2. 少数地区救灾资金拨付、使用不及时，体现在如下几个方面：（1）救灾资金拨付不及时。如四川省财政厅将收到财政部安排的地震引发次生地质灾害调查评价经费 2 000 万元未及时拨付到位，造成省地矿局等项目实施单位不得不自行垫支经费开展工作。审计指出后，省财政厅已于 9 月 5 日将上述经费拨付给有关单位。（2）救助金发放不及时。截至 2008 年 9 月底，陕西省财政厅共下拨给市县救助金 46 000 万元，市县未发放 18 514.15 万元，占 40.25%。安康市收到省财政厅下拨的灾民救助金 4 476 万元，未发放 4 403.28 万元。对于审计发现的上述问题，陕西省政府高度重视，要求各市县落实整改，截至 2008 年 10 月 20 日，全省各市县发放救助金已占应发放数的 82.06%，其中，安康市的发放比例已达 83.46%。（3）个别地区地震遇难人员家属抚慰金发放缓慢。截至 2008 年 9 月 20 日，四川省茂县尚未兑付 3862 名遇难人员家属的抚慰金。审计指出这一问题后，该县在组织对遇难人数核查的前提下，加快了抚慰金发放。（4）资金开支范围、标准不够明确，导致资金结存大。四川省阿坝州财政局 2008 年 5 月和 6 月拨给黑水县的抗震救灾资金共 1 259 万元，至 9 月 17 日作为借款仍留存在县财政局。彭州市建设局 6 月和 7 月收到财政拨给的抢险救灾资金 490 万元，至 8 月 4 日仍未使用。审计指出上述问题后，相关地区和单位正按照规定的用途使用资金。

3. 个别单位救灾物资管理不规范。一是个别救灾物资未纳入统计。截至 2008 年 8 月 20 日，四川省彭州市抗震救灾抢险指挥部、市公安局接受捐赠的 302 万元移动电话充值卡收、发、余情况，未纳入救灾物资统计，也未对外公示和上报。根据审计意见，上述物资已于 10 月 21 日全部纳入救灾物资统计。二是部分接受物资未入账核算。由于接受物资的资产权属不清、缺少发票等原因，截至 2008 年 8 月 16 日，四川省彭州市人民医院、中医院等 31 家医疗机构接受了捐赠和上级调拨的 320 台（套）X 光机、监护仪、越野车等物资，绵阳市交通局、建设局、水务局等单位接受了捐赠的 124 台设备、260 辆汽车、78 台（套）精密仪器，上述固定资产均未及时入账核算。审计指出上述问题后，彭州市相关医疗机构已于 8 月 31 日完成了固定资产入账工作，绵阳市相关单位也已按照有关规定对相关物资进行评估，履行入账核算的必要程序和手续。

4. 少数单位救灾物资未按需采购，部分物资价格偏高。一是由于部门之间缺乏有效的信息沟通机制，导致救灾物资重复采购。四川省卫生系统截至 2008 年 7 月 31 日库存消毒杀菌药品 1 700 余吨、喷雾器 7 800 余台。在此情况下，四川省动物防疫监督总站于 8 月 13 日又采购消毒杀菌药品 300 吨、喷雾器 12 500 台。二是采购价格明显偏高。四川省医药公司在根据省卫生厅通知对省内8家企业生产的消毒杀菌药品实行临时统购措施时，仅按照生产企业报价进行结算并支付价款2 044万元。后经审计抽查成都奥凸科技有限公司发现，该公司供应给四川省医药公司的两类消毒杀菌药品，其价格比地震前批发价分别高16%和32%。天津市红十字会和陕西省民政厅因采购时间紧迫，在未进行市场调查或询价的情况下，于5月份分别向蓝通工程机械（天津）有限公司采购照明灯车45台和100台，其价格比该公司2008年1—6月同型号产品平均售价高40%以上。

对于审计发现的上述问题，有关地方政府十分重视，建立健全了部门之间信息沟通机制，及时出台了严格物资采购的办法，加大了价格监管力度，并责成相关单位核减了物品的价款。

5. 个别单位擅自改变救灾资金用途。一是四川省茂县卫生局将县财政拨入的捐赠资金2.02万元以会务费的名义列支，用于抗震救灾先进个人和集体奖励。审计指出此问题后，该局已使用办公经费抵顶了在抗震救灾专项资金中列支的奖金。二是共青团甘肃省委将上级拨付给以及自行接受的救灾捐赠资金下拨至基层单位用于工作经费86万元。根据审计意见，团省委已下发通知，将下拨的经费全部用于组织灾区重建青年志愿者服务行动。三是甘肃省陇南市交通征稽处将省交通征稽局下拨的抗震救灾专项补助款用于奖励、发放职工补助和防暑费4.96万元。目前，该处已纠正上述不合规资金支出，调账归还了抗震救灾专项补助款。

6. 部分行业募集的本系统内职工捐款大量结存。四川省电力公司、成都铁路局等7家中央在川单位组织本系统职工为灾区群众和本系统内受灾职工捐献的救灾资金，截至2008年8月底，尚有2 640.43万元存放在这些单位。审计指出此问题后，这些单位正按照规定渠道安排使用募集的捐款。

针对审计发现的少数人员违法违纪问题，相关地方党委、政府和部门，迅速采取措施，追究相关人员的责任，涉嫌违法犯罪的已移交司法机关处理。审计机关移送给纪检、监察和司法机关案件146起，涉案人员162人；相关责任人已分别受到了党纪政纪处分或被依法追究法律责任。

审计署组织对汶川地震抗震救灾资金物资进行的全过程、全方位跟踪审计任务已顺利完成。2008年9月以来，审计署对灾后重建项目进行了跟踪审计和审计调查，2011年年底完成全部审计工作。审计署将根据国务院同意的《审计署关于汶川地震灾后恢复重建审计工作安排意见》，重点审计恢复重建物资和资金筹集、分配和管理使用，灾后恢复重建政策实施，灾后恢复重建规划落实和恢复重建工程质量等情况，同时将按照“谁审计、谁公告”的要求，由审计署和地方审计机关分别适时向社会公告灾后恢复重建审计情况。

分析提示：

1. 审计体系的完善

非营利组织的财务信息既不涉及国家安全机密，又不涉及企业商业秘密，完全可以实现审计供给。但是近几年来，由于一系列诈捐、善款流失及不明使用去向等问题的出现，我国民众对慈善组织的信任明显下降，极大地损害了捐赠者的积极性，也阻碍了我国慈善事业的进一步发展。究其原因，其中很重要的一点就是我国慈善捐赠过程中的财务内控制度不完善，财务管理流程仍存在漏洞，慈善财务信息的透明度不高，由于捐赠者和慈善机构委托-代理关系的存在，不可避免地会有逆向选择和道德风险的存在，由于内控制度的缺失，使得慈善组织也不能对其财务状况实施实时、动态、深入的监督。所以，在审计制度的构建上，我们建议建立内部审计、社会审计、政府审计、公众审计相结合的方式。组织内部审计是审计的起点，也是第一道防线，对于非营利组织财务信息的透明度具有极其重要的意义。

（1）内部审计主要是对捐赠款物的收据、记账保管拨付、管理费计提、物资采购程序、信息披露及审计监督等问题做出严格的规定。

（2）公众审计是慈善组织通过捐赠方委托方式，即捐赠者代表加入理事会选择独立、称职的会计师事务所进行独立审计。

（3）社会审计主要是对慈善组织捐赠款物的接收、拨付以及结余情况的审计结果进行公告，内容主要包括审计报告、抗震救灾银行接受捐款情况表、抗震救灾货币资金收入支出明细表、抗震救灾收到捐赠物资明细表、抗震救灾转赠物资明细表等部分等进行合法性、真实性和完整性的审计。慈善组织也可以对重大公共危机救助活动邀请会计师事务所开展专项审计，并通过媒体及时公开披露，以便社会各界监督。对救灾物资采购等风险区域的审计信息披露，切实落实绩效审计理念，实施非营利组织捐赠审计。

（4）慈善组织政府审计应定位为在充分利用慈善组织内部审计和社会审计信息的基础上，有重点地开展抽查审计，由点及面地揭示深层次的制度缺陷，为制定政策法规和行业监管提供依据。政府审计主体主要包括民政部、审计署、税务部门等，应清晰界定各部门监管职能与权限，避免监督工作重复、监管资源浪费。民政部主要负责非营利组织财务信息的年度检查，对非营利组织进行行业综合监管；审计署主要负责对非营利组织重大救助活动开展专项审计，查处违法违规行为，揭示制度层面的缺陷与漏洞，提出政策建议；应强调突出税务部门对非营利组织的监督地位，严格非营利组织纳税申报制度，设立免税审核制度，统一捐赠票证管理和加强捐赠税收抵扣监督。

同时，应进一步严肃违法、违规案件的移送制度和处理力度，进一步完善政府审计公告制度。社会公众对非营利组织进行监督，具有成本低、范围广、潜力大等特点，应引导非营利组织通过网站、报纸等媒介公开披露审计报告，畅通公众监督举报途径，创建“公民社会、公民监督”的氛围，引导我国政府管理向“小政府、大社会”的公共治理方向发展。通过以上方式有序地开展慈善机构财务信息的审计工作，环环相扣、积极执行，才能提高我国非营利机构审计的质量和效率。

2. 做好灾后跟踪审计工作

跟踪审计是指审计人员旨在提高被审计对象的绩效（这里的绩效既指经济效益，也指被审计对象的合规性、合法性等），对被审计对象进行适时评价、持续监督和及时反馈的一种审计模式。通过对汶川地震灾后捐赠款物跟踪审计的实践，可以在监督财政资金的管理使用、防止损失浪费、促进国家有关政策的贯彻落实、提高资金使用效益等方面发挥积极作用，更加有效地发挥了审计部门的“免疫功能”，实现了审计理念的改变和审计模式的转变，不仅完善了传统的审计方式，而且推进政府完善制度、改进机制，有效发挥了审计部门的保障和促进作用。

资料来源　谢晓霞. 民间非营利组织财务管理理论与实务［M］. 北京：经济管理出版社，2013.

复习思考题

1. 非营利组织财务监督主要包括哪些类型？
2. 非营利组织外部财务监督机制包含哪些内容？
3. 简要说明非营利组织政府财务监督机制与社会财务监督机制的差异。
4. 试分析非营利组织内部财务监督机制的主要内容。
5. 试画出非营利组织财务监督体系的构架框架。
6. 结合实际案例，谈谈非营利组织财务监督存在的问题、原因及解决对策。

模拟题及答案——A 卷

模拟题及答案——B 卷

附　录

民间非营利组织会计科目名称和编号检索

顺序号　编　号　名　称

一、资产类

1　1001　库存现金
2　1002　银行存款
3　1009　其他货币资金
4　1101　短期投资
5　1102　短期投资跌价准备
6　1111　应收票据
7　1121　应收账款
8　1122　其他应收款
9　1131　坏账准备
10　1141　预付账款
11　1201　存货
12　1202　存货跌价准备
13　1301　待摊费用
14　1401　长期股权投资
15　1402　长期债权投资
16　1421　长期投资减值准备
17　1501　固定资产
18　1502　累计折旧
19　1505　在建工程
20　1506　文物文化资产
21　1509　固定资产清理
22　1601　无形资产
23　1701　受托代理资产

二、负债类

24　2101　短期借款
25　2201　应付票据
26　2202　应付账款
27　2203　预收账款
28　2204　应付工资
29　2206　应交税费
30　2209　其他应付款
31　2301　预提费用
32　2401　预计负债
33　2501　长期借款
34　2502　长期应付款
35　2601　受托代理负债

三、净资产类

36　3101　非限定性净资产
37　3102　限定性净资产

四、收入费用类

38　4101　捐赠收入
39　4201　会费收入
40　4301　提供服务收入
41　4401　政府补助收入
42　4501　商品销售收入
43　4601　投资收益
44　4901　其他收入
45　5101　业务活动成本
46　5201　管理费用
47　5301　筹资费用
48　5401　其他费用

主要参考文献

［1］王名．中国非政府公共部门［M］．北京：清华大学出版社，2004．

［2］俞可平．中国公民社会：概念、分类与制度环境［J］．长春：中国社会科学，2006（1）：109-122，207-208．

［3］王向南．中国非营利组织发展的制度设计研究［D］．长春：东北师范大学，2014．

［4］田凯．西方非营利组织治理研究的主要理论述评［J］．经济社会体制比较，2012（6）：201-210．

［5］张冉．社会转型期我国非营利组织声誉研究：危机溯源与重塑路径［J］．浙江大学学报：人文社会科学版，2014（1）：100-112．

［6］王名．非营利组织的社会功能及其分类［J］．学术月刊，2006（9）：8-11．

［7］李玫．非营利组织管理学［M］．北京：高等教育出版社，2016．

［8］王智慧．非营利组织管理［M］．北京：北京大学出版社，2012．

［9］崔向华，张婷．非营利组织管理导引与案例［M］．北京：中国人民大学出版社，2012．

［10］董森，张彦明，王海东．现代企业财务管理［M］．哈尔滨：哈尔滨工程大学出版社，2013．

［11］王秀华，孙建强．非营利组织财务管理目标选择研究［J］．财务与金融，2008（6）：64-68．

［12］宁小银．我国非营利组织的财务管理［J］．财务与金融，2008（4）：78-82．

［13］魏乾梅．中美非营利组织预算管理比较分析［J］．财会通讯，2011（7）：141-142．

［14］苗丽静．非营利组织管理学［M］．大连：东北财经大学出版社，2016．

［15］王名．非营利组织管理概论［M］．北京：中国人民大学出版社，2010．

［16］白燕，康小齐．高校预算管理案例分析与研究［J］．财会通讯，2009（35）：50-51．

［17］包晓岚．基于战略导向和绩效基准的非营利组织预算研究［D］．武汉：华中农业大学，2009．

［18］石宏．非营利组织预算管理研究［D］．泰安：山东农业大学，2004．

［19］吴风珍，刘德建．中国非营利组织的资金来源及分析［J］．法制与社会，

2006（23）：210-211.

［20］周批改，周亚平. 国外非营利组织的资金来源及启示［J］. 东南学术，2004（1）：91-95.

［21］宫艳妮. 我国政府对非营利组织的资金监管问题研究［D］. 沈阳：沈阳师范大学，2013.

［22］常丽，何东平. 政府及非营利组织会计［M］. 大连：东北财经大学出版社，2016.

［23］罗伟峰. 非营利组织会计管理模式设计与创新——以广东工业大学教育发展基金会为例［J］. 财会通讯，2017（1）：55.

［24］欧文雪. 非营利组织资金管理研究——以Q基金会为例［D］. 天津：天津财经大学，2014.

［25］曲国霞，郭培良. 我国民间非营利组织收入管理有关问题研究［J］. 社会科学家，2006（11）：71-74.

［26］孙长江，卢凤娟. 政府及非营利组织会计［M］. 北京：科学出版社，2012.

［27］王姝雯. 非营利组织资金运作策略探讨——以中国青少年发展基金会财务分析为例［J］. 党政干部学刊，2013（5）：46-51.

［28］杨明，李婧，卢凤娟. 政府及非营利组织会计［M］. 北京：中国财政经济出版社，2014.

［29］张蓉芳. 国际非营利组织项目资金管理实例研究——以DM项目为例［D］. 北京：首都经济贸易大学，2013.

［30］王洛忠. 中国非营利组织的筹资困境及改善对策——以美国非营利组织的筹资经验为借鉴［J］. 新视野，2012（1）：82-85.

［31］邓雪莉. 非营利组织筹资模式创新研究［J］. 财会通讯，2017（17）：20-24，129.

［32］李文秀，王淑梅. 非营利组织筹资问题与解决对策［J］. 商业会计，2017（19）：76-78.

［33］张雁翎，陈慧明. 非营利组织财务信息披露的筹资效应分析［J］. 财经研究，2007（11）：104-113.

［34］张彪，彭希. 非营利组织筹资策略与风险防范［J］. 统计与决策，2010（22）：142-144.

［35］曾强. 非营利组织筹资问题研究［D］. 厦门：厦门大学，2008.

［36］韩泽龙. 非营利组织筹资对策研究［J］. 财会研究，2014（6）：25-27，30.

［37］中华人民共和国财政部. 民间非营利组织会计制度——会计科目和会计报表［Z］. 财会〔2004〕7号.

［38］中华人民共和国财政部. 财政部关于印发《民间非营利组织会计制度》的通知［Z］. 财会〔2004〕7号.

［39］张纯．非营利组织理财［M］．上海：上海财经大学出版社，2007．

［40］黄兰敏．非营利组织的“盈利”投资管理［N］．财会信报，2008-02-18．

［41］何宁，丁伟国．非营利组织与企业投资合作的实证分析［J］．学术交流，2012（12）：101-103．

［42］田丽．非营利组织资金运营管理研究［D］．大连：东北财经大学，2012．

［43］缪匡华．公共组织财务管理［M］．厦门：厦门大学出版社，2014．

［44］杜英．我国民间非营利组织财务报告的改进［D］．成都：西南财经大学，2008．

［45］曾洁．张宝国．我国民间非营利组织财务报告缺陷分析及改进研究［J］．行政事业资产与财务，2015（1）：76-78．

［46］蔡一璇．民间非营利组织财务报告的局限性和改进［J］．内蒙古农业大学学报，2011（6）：72-74．

［47］耿玮．非营利组织财务报告及信息披露问题研究［D］．大连：东北财经大学，2011．

［48］夏炜，等．非营利组织绩效评估理论综述［J］．软科学，2010（4）：120-125．

［49］姜宏青．我国非营利组织绩效会计相关问题研究［J］．会计研究，2012（7）：32-38．

［50］高向丽．我国非营利组织绩效测评指标体系研究［J］．企业经济，2012（2）：43-46．

［51］胡杨成．基于主成分分析的非营利组织绩效模糊综合评价［J］．技术经济，2011（10）：120-125．

［52］王锐兰，谭振亚，刘思峰．我国非营利组织绩效评价与发展走向研究［J］．江海学刊，2005（6）：96-101．

［53］仲伟周，曹永利．我国非营利组织的绩效考核指标体系设计研究［J］．科研管理，2006（3）：116-122．

［54］韩国明，魏丽莉．试论平衡计分卡在非营利组织绩效评价中的应用［J］．科技管理研究，2007（4）：98-100．

［55］王名．非营利组织管理概论［M］．北京：中国人民大学出版社，2002．

［56］张彪，姚君芳．非营利组织财务监督体系的构建［J］．求索，2009（7）：41-43．

［57］徐顽强．非营利组织管理［M］．北京：科学出版社，2013．

［58］李维安．非营利组织管理学［M］．北京：高等教育出版社，2005．

［59］谢晓霞．民间非营利组织财务管理理论与实务［M］．北京：经济管理出版社，2013．

［60］王智慧．非营利组织管理［M］．北京：北京大学出版社，2012．

[61] WOLF T.Managing a non-profit organization in the twenty-first century [M]. NewYork: Simon & Schuster, 1999.

[62] JESSOP B.The rise of governance and the risk of failure: the case of economic development [J]. International Social Journal, 1998 (2): 29–45.

[63] YOUNG D R. Alternative models of government-nonprofit sector relations: theoretical and international perspective [J]. Non-profit and voluntary sector Quarterly, 2000 (1): 149–172.

[64] HERZLINGER R E. Managing the finances of nonprofit organizations [J]. California Management Review, 1979 (3): 60–69.

[65] HERZLINGER R E.Can public trust in non-profits and government be restored [J]. Harvard Business Review, 1996, (2): 151–164.

[66] SCHUH R G, LEVITON L C. A framework to assess the development and capacity of non-profit agencies [J]. Evaluation and Program Planning, 2006 (5): 171–179.

[67] HILL C E, LIO B H. Innovation in non-profit and for-profit organizations: visionary, strategic, and financial considerations [J]. Journal of Change Management, 2006 (3): 53 65.

[68] SALAMON L M.The rise of the nonprofit sector [J]. Foreign Affairs, 1994 (4): 16–39.

[69] DRUCKER P F.Managing the non-profit organization: principle and practices [M]. NewYork: Harper Collons, 1990.